나는 '나쁜' 장애인이고 싶다

다양한 몸의 평등한 삶을 꿈꾸며

나는 '나쁜' 장애인이고 싶다

2002년 9월 5일 초판 1쇄 발행
2016년 4월 18일 초판 9쇄 발행
2020년 7월 15일 2판 1쇄 발행

펴낸곳 (주)도서출판 **삼인**

지은이 김창엽 외
펴낸이 신길순

등록 1996.9.16. 제25100-2012-000046호
주소 03716 서울시 서대문구 성산로 312 북산빌딩 1층
전화 (02) 322-1845
팩스 (02) 322-1846
전자우편 saminbooks@naver.com

표지디자인 끄레디자인
출력 문형사
인쇄 수이북스
제본 은정제책

ⓒ (주)도서출판 삼인, 2002

ISBN 978-89-6436-179-5 03330

값 15,000원

나는 '나쁜'

다양한 몸의 평등한 삶을 꿈꾸며

장애인이고
싶다

김창엽 외 지음

삼인

서론: 장애와 차별 논의의 의미

김창엽

혹시 가까운 곳에서 인터넷을 할 수 있는 여건이라면 어느 신문이라도 좋으니 기사 검색 기능에서 '장애인'이라고 입력해 보자. 굳이 자세히 살피지 않고 목록만 얼른 훑어보더라도 기사가 세 가지쯤으로 나뉜다는 것을 쉽게 알 수 있다. 장애의 비참함, 안타까움 같은 것을 다룬 비탄조의 기사들이 그 하나이고, 장애 극복을 다룬 '영웅담' 보도가 또 다른 유형이며, 마지막이 정부의 대책이나 민간의 '봉사'를 꾸짖거나 추어올리는 종류이다.

그러면 다음과 같은 기사는 어디에 속할까.

"지체 장애인이 지하철역에 설치된 장애인용 리프트를 이용하다 추락해 숨졌다. 19일 오후 7시 10분경 서울지하철 5호선 발산역 1번 출구에서 1급 지체 장애인인 윤모씨(62 · 서울 강서구 등촌동)가 전동 휠체어를 탄 채 리프트를 이용하다 전동 휠체어와 함께 리프트 뒤쪽 계단으로 굴러 떨어졌다. (중략) '장애인 이동권 쟁취를 위한 연대회의'(대표 박경석)는 '발산역에 설치된 장애인용 리프트는 올해 들어 30여 차례 고장이 난 것으로 확인됐다'며 '리프트의 안전 장치가 부실해 사고가 난 것으로 본다'고 주장했다. 또 이동연대측은 '99년부터 지금까지 파악된 지하철역 리프트 사고만도 6건에 달한다'며 '전동 휠체어의 무게가 200킬로그램이나 되는데 지하철역 리프트의 한계 중량이 225킬로그램밖에 안 되는 데다 리프트 바닥 면적도 전동 휠체어보다 좁아 사고 위험이 높다'고 지적했다."[1]

군이 나누자면 장애인이 겪는 현실적인 문제를 다룬 것이라 하겠지만, 새삼 가슴이 답답해지는 것을 참기 어렵다. 이건, 이런저런 분석을 떠나 한심하고 비참한 우리의 현실이다.

어디 이뿐이랴. 답답한 이야기는 한둘이 아니다.

"우리 나라 고용 의무 사업체의 82.5퍼센트는 장애인 의무 고용률을 지키지 않고 있으며, 특히 장애인 고용 촉진에 앞장서야 할 정부 기관 역시 장애인 고용에 매우 소극적인 것으로 나타났다. 분석 결과 고용 의무 사업체 1천 891곳의 총 장애인 고용률은 0.95퍼센트로 이 중 332개 사업체(17.5퍼센트)만이 고용 의무를 이행한 반면, 82.5퍼센트인 사업체 1천 559곳은 의무 고용률을 지키지 않는 것으로 나타났으며, 특히 장애인을 1명도 고용하지 않은 사업체도 367곳(19.4퍼센트)이나 됐다. 또 작년 4월 발표 기준으로 30대 기업 집단에 속하는 사업체의 경우 장애인 의무 고용률은 전체 평균인 0.95퍼센트보다 낮은 0.68퍼센트에 그쳤다. 정부 기관

---

1) 『동아일보』 2002년 5월 22일자.

의 경우 중앙 행정 기관 48곳의 의무 고용률이 1.26퍼센트에 그치는 등 정부 기관 전체 의무 고용률은 1.48퍼센트에 그쳤으며, 특히 사법 관련 기관들의 고용률이 0.57퍼센트로 최하위였다."[2]

하루 이틀된 이야기도 아닌데, 초보적인 이동도 못하게 막고 있는 공공 시설이며, 법으로 지키게 되어 있는 장애인 고용 의무도 정부가, 그것도 언필칭 '사회 정의'를 구현한다는 사법부가 앞장서서 깔아뭉개고 있는 것을 무엇으로 설명할 수 있단 말인가.

분명 여기에는 장애인의 참담한 현실에 개탄하면서, 한편으로는 영웅적인 장애 극복 노력을 찬양하는 것으로는 해결할 수 없는 어떤 문제가 도사리고 있는 것이 틀림없다. 또 정부의 대책을 준엄하게 꾸짖는 것으로, 또 민간의 헌신적인 봉사를 소재로 평범한 사람들의 부채 의식을 자극하는 것만으로는 넘을 수 없는 울타리가 있을 터이다.

상품으로서의 노동, 시장에서의 '배제'

장애에 대한 우리 사회의 태도가 하루아침에 만들어진 것은 아니겠으나, 지금 장애의 문제는 사람의 사회적인 쓰임새 혹은 가치와 밀접하게 연관되어 있다. 노동 행위를 종교적인 구속에 의한 보상으로 보는 프로테스탄티즘의 전통이든, 노동 그 자체 내에서 가치를 찾는 르네상스적 노동관이든, 현대 자본주의 세계는 '노동하는 인간'을 질서 유지의 근본으로 삼고 있다고 해도 지나친 말이 아닐 것이다. 그러나 노동하는 인간은 진

---

2) 『연합뉴스』 2002년 4월 18일자.

지한 토론의 대상이기는 하되 여기에서 그 자체로 문제를 삼을 작정은 아니다.

우선, 일할 수 있는 장애인에게 적절한 일자리를 마련해 주고 이를 통해 소득을 얻게 하는 일은 매우 중요하다. 신체적 장애든 정신적 장애든 일할 수 있다는 것은 개인의 자기 성취와 정상적인 사회 생활을 위하여 필수적일 뿐 아니라, 소득이 있다면 장애에 반드시 따르는 가난의 문제도 어느 정도는 풀 수 있기 때문이다. 그러므로 제대로 된 직업 훈련을 제공하고 충분한 일자리를 찾는 일은 장애에 대한 대책으로 결코 가볍게 여길 것이 아니다. 대부분의 장애인 대책에 포함되어 있는 노동과 직업에 대한 고려는 몇 번을 강조하여도 지나치지 않을 것이다.

그러나 이렇게 하더라도 장애인이 제대로 일할 수 있는 조건이 되기에는 갈 길이 멀어 보인다. 정책으로 다 해결하기에는 장애인의 '일' 문제는 좀더 뿌리가 깊어 보이기 때문이다. 즉 이 문제의 근본은 노동의 가치와 의미를 어떻게 부여하든, 지금의 자본주의 질서가 노동하는 인간의 가치를 극단적으로 상품화하여 그 생산성을 거의 유일한 평가 대상으로 삼고 있다는 것에서 찾아야 할 것이 아닌가 한다.

지금처럼 노동이 오로지 상품 가치로 평가받는 상황에서 생산성이 낮다면 그 노동은 당연히 경쟁에서 진다. 장애가 있으면서도 온전히 모든 노동 능력을 발휘하는 경우는 매우 드물다는 점을 고려하면, 장애인이 자본주의 사회의 노동력 경쟁에서 이기기란 좀처럼 쉬운 일이 아니다. 장애인이 자영업을 하면 그럴 일이 없겠지만, 고용을 통해 노동력을 팔아야 한다면 경우가 달라진다. 장애인을 고용하는 사용자가 노동력을 얼마나 활용할 수 있을지 모를 리 없다. 그토록 법으로 압박하고 사회적인 비난을 퍼부어도 장애인 고용이 목표에 턱없이 미치지 못하는 이유는, 다른 조건을 바꾸지 않는 한 장애인을 고용한 조직이 노동력 경쟁에서 불리하기 때문이다. 혹은 편견을 가지고 그럴 것이라고 믿기 때문이다.

솔직히 말해 일반적으로 장애를 가진 사람과 그렇지 않은 사람이 같은 생산성을 가지고 있다고 할 수는 없다. 설사 어떤 분야에서 대등한 생산성을 가졌다 하더라도, 그 생산성이 실현되려면 부수적인 비용을 더 들여야 하는 경우가 태반이다. 따라서 냉혹한 자본주의 논리에 따라 움직이는 사용자가 장애인을 고용하지 않으려 하는 것은 지극히 경제적인, 그리하여 매우 합리적인 판단의 결과일 것이다. 때로 장애인의 노동 능력을 '능력의 장애'(disabled)가 아니라 '다른 종류의 능력'(differently abled)을 가지고 있다고 표현하는 것은, 정글의 법칙이 적용되는 시장에서는 하나의 수사(修辭)로 받아들여질 가능성이 크다. 나아가 이런 표현이 정치나 복지를 위한 강조라 하더라도, 사회 구성원의 가치를 오직 노동 능력과 생산성으로 보는 것은 마찬가지라는 점에서 경쟁의 논리에서 크게 벗어나 있지 않다.

이처럼 장애인과 그의 삶은 노동 능력에 따라 그 가치가 정해져야 하는가. 그가 경제적인 부가 가치를 창출하지 못하면 사회적으로 배제되거나 혹은 최소한의 삶의 조건에 기꺼워해야 하는가. 비장애인조차 노동력과 생산성을 기준으로 노동 시장에서 축출되고 사회에서 떨려나는 마당에, 장애인이 사회에서 온전히 포섭되어야—노동을 통한 것이든 아니든—한다는 것은 분명 낯설다. 그러나 이런 낯선 주장과 인식으로 장애에 대한 이 사회의 배제를 뒤엎지 않고서는, 현재 장애가 없는 사람을 포함해서 모두가 결국 사회에서 배제되는 처지를 면하기 어려울 것이다. 우리 사회가 장애와 꼭 같은 논리로 노인을 배제하고 있는 것을 생각해 보면, 장애(인)의 문제는 단숨에 보편적인 문제로 넓어진다. 상품으로서의 노동에 가장 높은 가치를 두는 자본주의 인간관의 문제를 어떻게 극복할 것인가 하는 물음이 되는 것이다.

사회적 편견과 오명: 장애를 어떻게 볼 것인가

노동의 문제와 더불어 장애를 둘러싼 심각한 문제 한 가지는 장애에 대한 차별과 편견이다. 장애가 가장 강한 편견과 오명의 대상이 되는 것은 장애를 '도덕적'으로 해석하는 경우이다. '천벌'이나 '죄 값'으로 장애가 생겼다고 보면 장애를 가진 개인이 받게 되는 사회적 편견과 오명은 엄청날 수밖에 없다.

물론 최근 들어 장애를 천벌이나 죄 값의 결과로 보는 시각은 많이 줄었다. 그러나 불과 얼마 전까지도 천형(天刑)으로까지 불린 한센씨병(나병)의 예에서도 보듯이, 질병 또는 장애에 대한 사회적 반응은 특별한 과학적 이유가 있다기보다는 다분히 문화적이고 사회적이다.[3]

과거에 장애를 도덕적으로 해석하는 것이 주로 종교적이거나 주술적인 것에서 유래하였다면, 최근 들어 장애에 대한 또 다른 도덕적 해석이 성행할 기미를 보이고 있는 것은 특기할 만하다. 전에 비하여 사고나 질병에 의한 후천적 장애가 많아지면서, 이러한 장애를 원인의 측면에서 개인의 '책임'과 관련시키는 경우가 늘어나고 있다.

예를 들어 뇌졸중(중풍)의 후유증으로 장애가 있는 경우, 당사자는 흔

---

3) 여기에 대해서는 이 책에 실린 정근식의 글을 볼 것.

히 평소 고혈압이나 담배, 술과 같은 위험 요인을 제대로 관리하지 않았을 것이라는 책임과 도덕적 비난에 시달린다.(비록 암묵적으로라도) 또 음주 운전과 같은 명백한 잘못은 물론이고, 심지어는 교통 사고의 피해를 입은 많은 사람들도 그 상황에서조차 주의를 충분히 기울이지 않았다는 책망을 듣게 되는 경우가 있다. 이런 상황이 평소의 개인적인 삶의 다른 특성과 겹치게 되면, 장애의 책임이 순전히 개인에게 돌아오는 것은 순식간이다. 장애를 입은 사람이 게으르고 자기 관리가 부족한 사람이라거나 부주의한 사람이라는 식의 편견 또는 오명을 쓰게 되는 경우도 드물지 않다. 전형적인 '피해자 비난하기'(victim blaming)라 할 것이다.

장애를 도덕적으로 보지 않는 경우에도 어떤 장애에 대해서는 사회적인 편견과 오명이 상대적으로 더 심한 경우를 볼 수 있다. 정신 장애가 대표적인 경우이다. 정신 장애가 신체적인 장애보다 더 심한 편견과 오명을 가지게 되는 것은 모든 질병이나 장애 중에서 사회 체계를 위협하는 일탈(deviance)의 성격이 가장 강하기 때문이다.[4] 즉 대부분의 신체 질환이 '조건부로 정당화된 일탈'이라면, 정신 질환은 사회적으로 정당화될 수 없는 일탈이다. 정신 질환은 대체로 비정상적인 인간 관계, 사회적 규범의 무시, 생산성 저하, 타인에 대한 의존 등 자본주의 사회 체계를 위협하는 상태로 간주되고 있다. 이러한 일탈이 전체 인구에 일반화될 경우 사회의 다른 집단, 조직, 제도의 기능 수행에 심각한 문제가 생길 것으로 예상하는 것은 이상한 일이 아니다.

장애를 도덕적으로 해석하는 것을 극복하거나 일부 한정된 장애에 남아 있는 그러한 흔적을 지우더라도, 의학 혹은 의료의 눈으로 장애를 보

---

4) 이 책에 실린 김창엽과 신영전의 글을 참고할 것.

는 시각은 좀처럼 넘어서기 어렵다. 의학적 관점에서 장애는 치료(cure)하여야 할 비정상적 상황이고, 전문 의료인 또는 의학 기술이 개입하여야 하는 대상이다. 이런 시각에서 바라보게 되면 장애는 당연히 개인(!)의 문제가 된다.

의학적 관점에서 '비정상적' 상황은 파슨즈(Talcott Parsons)가 말하는 '환자 역할'(sick role)과 밀접하게 연관되어 있다. 환자 역할이란 질병이나 장애를 가지면 사회적 의무에서 면제되고 그 원인에 대해 도덕적 비난을 받지 않는 대신, 전문인의 도움을 받아 회복이나 개선을 위하여 노력해야 할 의무를 지는 것을 말한다. 장애와 질병은 당연히 비정상적인 것 혹은 일탈이며, 장애인과 환자는 열심히 노력해서 '정상'으로 돌아가야 할 책임이 있다는 것이다.

많은 장애나 만성 질환이 본래 상태로 회복할 수 없는 경우가 많다는 점은 빼더라도, 의학적 관점에서 장애는 정상적인 상태로부터 벗어난 상태, 즉 일탈로 간주될 뿐이다. 비록 사회적 의무에서 면제된다는 점이 있지만, 이는 장애를 특별히 관리되어야 할 대상으로 보는 관점에서 벗어나지 못한다. 뿐만 아니라 이런 시각으로는 장애에 대한 전문인, 특히 의료 전문직의 부권주의적(父權主義的, paternalistic) 지배를 탈피하기 어렵다.

과연 장애는 '특별한 그 무엇'인가? 이미 그건 아니다. 심지어 의학적 관점에서 보더라도 장애는 더 이상 특별한 것이 아니다. 대부분의 사람은 살아가는 동안 여러 종류의 장애를 경험한다. 공식적인 장애인 실태 조사에서도 전체의 89.4퍼센트가 후천적 장애일 정도로 장애는 우리 가까이에 있다.[5]

일시적인가 지속되는 것인가 하는 차이는 있지만 누구도 아무런 장애

없이 평생을 살기 어렵다. 우리 주위에서 흔히 볼 수 있는 근시나 노안은 일상 생활에 많은 불편을 주는 장애이고, 심각한 위장 장애가 있어 계속 약을 먹고 음식을 조절해야 하는 사람도 마찬가지이다. 무릎이 아파서 오래 걷지 못하는 사람, 이가 성치 못해 음식을 먹는 데 불편한 사람, 비만이나 고지혈증으로 음식을 가려먹는 사람도 생활의 불편이라는 점에서는 장애의 범주에서 벗어나지 않는다. 우리 주위에 이런 일은 얼마나 흔한가. 결국 장애는 정상에서 벗어난(일탈) 상태가 아니라 다양한 삶의 한 측면으로 이해하여야 한다.

이러한 다양함 혹은 '다름'에 어떻게 반응을 보이는가 하는 것은 사회적이고 정치적인 선택이다. 다양한 장애에 대해 서로 다른 사회적 반응이 나타나는 것의 문제는 이런 종류의 장애와, 얼굴에 흉터가 있다거나 키가 아주 작은 것과 같은 장애가 달리 취급된다는 데에 있다. 생활에는 근시나 위장 장애가 더 불편할 수 있는데도 얼굴의 흉터나 작은 키가 더 심각한 장애로 간주된다.[6] 말하자면 사회적인 반응이 다르다. 이를 국제연합(UN)이 분류한 장애 개념에 따라 해석하자면, 문제는 impairment나 disability가 아니라 handicap이다.[7] 대부분의 사람이 알고 있는 대로, handicap은 impairment나 disability의 결과로 한 개인이 사회적으로 기대되는 역할을 수행하는 데에 제한을 받는 것을 뜻한다. 따라서 handicap은 장애를 가진 사람과 환경 사이에서 벌어지는 상호 작용을

---

5) 변용찬 외, 「2000년도 장애인 실태조사」 (한국보건사회연구원, 2001).
6) 근시나 위장 장애와 같은 장애는 이른바 '보이지 않는'(invisible) 장애로, 장애에 대한 인식과 반응은 눈으로 식별 가능한가 하는 문제와 밀접하게 연관되어 있다.
7) 이 책에 포함된 정근식의 글에서는 손상, 불능, 불리 등으로 번역되어 있으나, 그래도 우리 말 번역이 마땅치 않아 영어를 그대로 쓴다.

의미하는 것으로, 장애를 가진 사람에게 가해지는 문화적·사회적·물리적 접근의 제한을 가리킨다. 결국 사람의 삶에 영향을 미치는 현실적인 상태로서의 장애는 사회적으로 만들어진다. 장애에 대한 관점이 의학적 모델을 지나 경제적 모델로, 여기서 다시 사회-정치적(socio-political) 모델로 나아갈 수밖에 없는 것은 이러한 이유에서다.[8]

여성 장애인의 차별 문제는 이와 같은 사회-정치적 모델의 유용성을 나타내는 대표적인 경우이다. 여성 장애인에 대한 '이중적' 차별은 상식으로도 전혀 이상한 일이 아니다.[9] 장애에 대한 차별이 있는 중에 성 차별이 이를 더욱 가중시킨다는 것은 장애가 단순히 몸의 문제가 아니라 생물학적 실재(biological reality)가 사회적으로 재구성된 것임을 뜻한다.[10]

정책에서 운동으로

장애에 대한 우리 사회의 반응은 이제 겨우 기초적인 수준은 지나가고 있는 듯하다. 예산이나 정책, 행정 어느 면에서도 장애 문제는 복지 서비스의 중요한 대상으로 인정되고 있고, 장애인에 대한 의무 고용이 시행될 정도로 제도적 틀은 모양을 갖추어가고 있는 것처럼 보인다.

그러나 한 걸음만 더 들어가면 이러한 상황 인식은 지나치게 안이하다는 것을 금방 알 수 있다. 한 조사에 의하면 장애인 중 3분의 2가 공공 단

---

8) H. Hahn, "Advertising the acceptably employable image: disability and capitalism," *Policy Studies Journal*, vol. 15 n. 3, 1987, pp. 551~570.
9) 우리 나라의 여성장애인 문제는 이 책에 포함된 글과 아울러 다음을 참고할 것. 오혜경·김정애. 『여성장애인과 이중차별』(학지사, 2000).
10) S. Wendell, *Towards a feminist theory of disability* (Hupatia, 1989), 4(2), pp. 104~122.

체나 정부 기관으로부터 어떤 도움도 받은 적이 없다고 하였으며, 장애인의 80.9퍼센트가 우리 나라 복지 제도에 대해 부정적으로 평가하였다.[11] 이러한 수준이라면 장애인에 대한 복지 서비스의 기초를 언급했다고 할 형편이 못 된다. 비단 제도나 복지 서비스 영역뿐만이 아니다. 장애인 문제 해결을 위하여 가장 시급한 것을 물은 결과 '장애인에 대한 편견 제거'가 가장 많이 응답한 항목으로 꼽혔다. 장애인 문제가 편견이나 차별과 같은 초보적인 문제에서 여전히 벗어나지 못하고 있는 것을 나타낸 것이다.

초보적인 문제라고 하지만, 이것이 가장 쉽고 간단하다는 의미는 아니다. 오히려 가장 기본적인 문제이기 때문에 머뭇거리게 된다. 장애인에 대한 서비스가 부족하고 장애인 정책이 미흡한 것이 겉으로 보기에는 정부의 정책 우선 순위나 예산 등 실무의 탓처럼 보이기 쉽다. 그러나 그 바탕에는 당연히 차별, 배제, 시혜 등 장애에 대한 사회 구성원과 사회 체계의 근본적인 시각이 깔려 있기 때문이다. 따라서 장애인 정책은 항상 중요하지만, 그것만으로는 충분한 답이 되지 못한다. 정책은 결코 저절로 시작하고 발전하지 않는다.

그런 점에서 미국의 경험은 많은 것을 가르쳐준다. 미국뿐 아니라 세계적으로도 장애인 정책에 획기적인 전기를 마련한 것으로 평가되고 있는 것이 1990년 제정된 '장애가 있는 미국인법'(ADA)이다. 흔히 이 법은 모든 영역에서 장애인 차별을 금지하는 내용 때문에 자주 거론된다. 그러나 내용도 내용이지만 우리 형편에서 더 주목할 것은 이 법이 제정될 때까지

---

11) 한국갤럽, 「한국 장애인과 일반인의 의식」 (2001).

의 과정이다. 한마디로 이 법은 단순한 정책 과정의 산물이 아니다. 수십 년간의 장애인 운동과 싸움을 통하여 비로소 쟁취한 것이라고 해야 맞다.[12]

권선진의 글에서도 볼 수 있듯이 우리의 장애인 정책은 실무적으로도 많은 문제를 안고 있다. 그러나 정책상의 결함이나 문제는 모두 장애에 대한 전반적인 이해와 해결 방식 속에서 검토되어야 한다. 결국 장애를 보는 시각과 문제 해결의 틀은 인종 문제나 성 차별의 문제와 마찬가지다. 고단한 여정을 거쳐 사회 전반의 변화를 꾀하는 것일 수밖에 없다.

논의를 시작하며

이 책을 펴내는 것은 장애를 차별하고 배제하는 우리 사회의 병든 모습을 비추기 위한 작은 시도이다. 많은 글들이 『당대비평』의 지면을 통하여 이미 세상에 모습을 드러낸 것이지만, 단행본을 펴내기 위해 부러 다시 쓴 글들도 적지 않다. 여러 사람이 쓴 글이라 다양한 시각과 강조점의 차이를 피할 길은 없지만, 장애와 장애인 문제를 새롭게 보자는 의욕만큼은 글마다 그리 다르지 않다.

장애 문제는 그동안 사회의 그늘로 치부되었고, 무시할 수는 없지만 부차적인 것이었다. 그러다 보니 장애에 대한 논의도 개인 차원이나 정책 실무를 벗어나기 어려웠다. 그러나 이 책 전체를 관통하는 변함없는 주제는 장애는 사회 · 정치 · 문화적인 문제이고, 타자(他者, other)가 아닌 우

---

12) 이 책에 포함된 유동철의 글, 그리고 좀더 자세한 내용에 대해서는 다음 문헌을 참고할 것. D.Z. Fleischer · F. Zames, *The Disability Rights Movement* (Temple University Press, 2001).

리의 문제라는 것이다.

장애에 대한 이런 접근은 많은 사람들에게 여전히 익숙하지 않을 것이다. 그런 점에서 이 책에 실린 글들이 도전이 되었으면 한다. 또 심리적·정서적·문화적 장애를 넘어 장애에 대한 새로운 인식과 논의를 해나가는 데 출발점이 되기를 간절히 바란다.

2002년 8월

차례

제1부 | 장애와 차별

장애의 새로운 인식을 위하여
문화 비판으로서의 장애의 사회사

'오점' 과 고통

다음은 2000년 나의 한 강의에서 토론되었던 글의 일부이다.

"동생은 선천성 기형인 언청이로 태어났다. 입 사이가 벌어진 아이를 보고 엄마는 내내 울기만 하셨다고 한다. '정상아' 를 기대했던, 아니 '정상아' 의 모습만 보아왔던 엄마에게 언청이었던 아이는 고통이었다. 엄마는 그 아이를 보지 않으려 했다. 아이의 벌어진 입을 볼 때마다 원죄 의식에 사로잡혔다. 칭얼대는 아이를 보듬은 것은 엄마가 아닌 할머니였다."

"동생이 일곱 살 때쯤 서울에서 2차 수술을 받았다. 얼기설기 메꾼 입술 사이에는 수술 자국이 선명하게 남아 있었다. 동생의 입술은 메워졌지만, 양쪽 콧구멍의 크기가 짝짝이 되어버렸다. 동생은 수술을 받고 일 년 있다가 우리와 같이 살게 되었다."

23

"동생은 사진 찍는 것을 좋아하지 않았다. 가끔씩 엄마에게 재수술에 대해 말을 꺼내는 눈치였지만, 엄마 또한 200~300만 원 정도 되는 수술비에 부담을 느껴 자꾸 미루고만 있었다. 그가 집에 오는 시간은 점차 늦어지기 시작했다. 동생은 언제부턴가 화가 날 때면 '병신'이라고 말을 했다. 그는 자신을 학대하고 싶었던 걸까?'

"등교길에 동생을 보았다. 버스를 놓친 모양이다. 동생은 마스크를 하고 있었다. 버스 정류장에는 학생들이 많이 있는 편이었다. 정류장에서 약간 떨어진 곳에 서서 버스를 기다리고 있었다. 그런 그를 난 아는 체하지 못했다."

"엄마와 동생이 성형외과에 다녀왔다. 의사는 성인이 된 후에 수술을 하는 게 더 좋은 결과를 가져올 수 있다며 2~3년 후에 다시 오라고 했다. 동생은 의사가 자신의 코를 물건처럼 이리저리 만져보며 살펴봤다고 상당히 기분 나빠했다. 그날 저녁밥도 먹지 않고 잠들어버렸다."

"동생에 대해 말을 하는 것이 조심스럽다. 그를 바라보는 나는 이중적인 태도를 보인다. 그를 '동정'하다가도, 집이 아닌 밖에서 마주치게 되면 '외면'하고 싶다. 그가 결코 편하지 않다. 주변 사람들의 시선을 의식하며 '혹 친구들이 나와 동생을 보지 않을까?' '동생을 놀리지 않을까?' '나를 언청이 누나라고 놀리지 않을까?' 하고 불안해 하던 적이 있었다. 자신감을 상실하던 그를 보면서, 자학하던 그를 보면서, 나는 그에 대해서는 아무런 말을 할 수 없었다. '장애'는 결핍이 아닌 현상일 뿐이다. 그러나 그는 내 기억에 항상 실재하지만 존재하지 않던 이였다. 그에 대해 느끼는 모순적인 감정들을 인정하고 싶지 않았다. 그러나 이제 그를 다시 바라보기 시작한다. 그를 '그'로서 다시 바라보기 시작한다.……"

다음은 이와 관련된 한 클리닉의 광고이다.

"구개열 아이를 낳게 된 부모님들을 위하여,
　모든 부모들은 행복한 기대감을 갖고 아이의 탄생을 기다립니다. 그러나 아이의 탄생 후 처음으로 당신의 아기가 구순구개열임을 발견하게 되는 순간 무척 놀라게 되며 충격을 받기도 하고 화가 나기도 합니다. 첫 감정은 대개 혼돈, 공포심, 그리고 창피함 등이어서 주위 사람들에게 부끄럽기도 하고 누구의 잘못인가를 따져보기도 합니다. 의사 또는 간호사가 아이에게 큰일이 생긴 것이 아니라고 안심시켜도 믿지 않고 불안하기만 합니다. 왜 이런 일이 생겼는지, 고칠 수 있는 건지, 고칠 수 있다면 언제 어떻게 무엇을 해야 하는 것인지, 아기의 우유는 어떻게 먹여야 하는지, 많은 의문이 생깁니다.
　그렇지만 실망하실 필요는 없습니다. 최근 구순구개열 치료법에 대한 많은 발전이 이루어져, 출생 후 성장기가 완료될 때까지 다양한 분야 전문 인력의 도움을 얻어 가면서 각 개인에 맞는 시기에 필요한 치료를 받음으로써 기능적·심미적 회복이 이루어지고 정상적인 사회 생활을 할 수 있게 됩니다."

우리는 이 에피소드들에서 무엇을 느끼고 또 무엇을 말할 수 있을까?

장애인을 둔 가족의 고통? 아니면 '언청이'와 '구순열' 사이의 역사적 거리? '언청이'는 옛날에는 장애인으로 취급되었으나 이제는 더 이상 장애인이 아니다. 클리닉의 광고처럼 '구순구개열'은 단지 수술하면 사라지는 질환일 뿐이다. 그러나 '언청이'라는 역사적 용어, 그것이 스티그마(stigma, 오점)가 되었던 문화적 사실은 우리의 심층적 기억 속에 선명하게 남아 있다. 장애인들의 경험은 단지 '그들만의 문제'가 아니라 사회 일반의 문화를 반영한다. 장애인에 대한 태도는 사회적 소수자나 약자 일반에 관한 문화적 태도를 보여주는 시금석이기도 하다.

담론의 세계 안에서 장애인을 지칭하는 용어는 중세적·봉건적 용어인 '병신'으로부터 '불구자'라는 개념을 거쳐 오늘의 '장애인' 또는 '장애우'라는 개념에 이르렀다. 이 여정은 20세기 전기간에 걸쳐 험난하게 지나온 것이었고, 21세기가 시작된 지금 앞의 두 용어는 공식 무대에서 사라졌다. 마치 '문둥이'가 '나환자'를 거쳐 '한센병 환자'가 된 것처럼. 그러나 '장애인'이 담론의 세계에서 확고히 자리잡은 만큼 과연 우리 사회의 현실이 변화된 것일까? 주지하듯이 사람들의 말과 행동 그리고 생각은 서로 밀접히 연관되어 있는 것이긴 하지만 언제나 일치하는 것은 아니다. 말과 행동이 다르고 말과 생각이 다른 현상을 우리는 너무 자주 보아왔기 때문에, 장애인 문제와 관련하여 저 깊은 곳에 자리잡았던 우리의 생각이나 행위까지도 말의 변화에 걸맞게 변화된 것일까 하는 의문은 당연히 제기될 수 있다. 사실 이런 의문은 우리 주변의 건물들에 대한 장애인의 접근도나 장애인 고용에 관한 현실과 같은 실용적 문제를 넘어서, 사회적 약자에 대한 뿌리 깊은 편견과 무의식적 멸시의 문화적 원천에 대한 탐구 또는 한국 문화에 관한 근본적 비판과 연결되는 것이다.

장애를 보는 시각

장애에 관한 사회학적 탐구에서 출발은 도대체 장애가 무엇인가, 장애인에 관한 보편 타당한 기준은 있는가라는 질문이다. 장애의 의미는 나라마다 그리고 문화에 따라 달랐다. 세계보건기구가 추정한 장애인 비율이 10퍼센트인 데 비해 한국의 경우 장애인 비율이 2~3퍼센트 정도라면, 이는 실제로 존재하는 장애인 수의 문제라기보다는 장애인을 판정하는 범주의 문제이다.

세계적으로 통용되는 장애의 개념은 세계보건기구(1980)에서 제시한 것으로, 여기에는 손상(impairment), 불능(disability), 불리(handicap)가 포함된다. 손상이 의료적 모델의 심신의 구조적·기능적 장애를 의미한다면, 불능은 일상 활동에서의 장애를, 불리는 불이익·편견·차별 경험을 의미한다. 이런 장애의 개념화는 손상이라는 생의학적 범주를 넘어서는 것이면서 동시에 그것에 기초하는 것이다.

근래에 장애의 개념화는 문화적 상대주의적 사고를 보다 적극적으로 반영한다. 우리가 사용하는 '장애'라는 개념도 영어의 disability를 번역한 것이지만, 누구나 쉽게 알 수 있듯이 정확한 번역어는 아니다. 단어의 함의가 다르기 때문이다. 정확하게 말하면 '장애인'과 '장애를 가진 사람'도 미세한 차이를 가진다. 영어에서 사용하는 장애, 핸디캡, 재활 등은 서구의 특정한 역사적 상황의 산물이며, 장애는 한국이나 그 밖의 많은 나라에서 조사·연구·재활 프로그램·정부의 정책 등을 통해 형성중인 개념일 뿐이다.[1]

흔히 장애인을 비정상인과 결부시켜 파악하는데, 무엇이 정상인가에 관한 기준이 다양하고 복잡하여 판별하기가 쉽지 않다. 장애의 문제는 본질상 누구에게나 적용되는 양적인 문제이지만, 역사·사회적으로 그것은 질적 차별의 문제였다. 양적 차이의 질적 차별로의 전화에는 문화가 개입한다. 문화에 따라 질적 차별의 방식이 다르다. 동일한 문화적 패러다임 하에서 질적 차별화는 국가의 정책이나 다수자의 담합의 정치에 의해 매개된다.

장애는 특성(trait)이 아니고 현재의 상태(state)로 보아야 한다. 장애는 특정 조건하에서의 기능상의 제한을 의미한다. 즉 장애는 행위자의 능력과 환경의 상호 관계에서 나타나는 기능과 관련된 문제이다. 지금까지 장애를 능력 중심으로 바라보았지만 점차 환경 중심으로 보는 시각이 중요해지고 있다. 기능은 환경에 따라 달라지기 때문이다. 특히 최근에 급속히 발전하고 있는 각종 인공 기술에 힘입어 부족한 기능을 보완하거나 대체할 가능성이 커지고 있다. 환경은 정치 사회적인 차원을 포함하므로 장애의 문제는 본질상 과정과 정도의 문제이지만, 현실적으로는 정상과 비정상의 이분법적 구별과 낙인 찍기의 문제이다.

장애에 관한 근본적 질문의 하나는 차이와 인간다움(personhood)의 규정에 관한 것이다. 인간성(humanity)과 인간다움은 구별되는데, 전자가 자아에 대한 성찰성을 말한다면, 후자는 타자에 대한 평가와 관련된다. 장애에 관한 사회적 인식은 만성 질병에 대한 인식과 유사하게 스티그마와 관련을 맺고 있다. 스티그마는 보통 오점 또는 불신의 징표라고 말해지는데, 고프만은 이를 오염된(spoiled) 사회적 정체성으로 보았다.[2]

---

1) B. Ingstad · S.R. Whyte, eds., *Disability and Culture* (Univ. of California Press, 1995), p. 7.

사회에서 성원들은 특정 속성이나 특징 들로 다른 성원들을 분류하는데, 일단 낯선 사람을 보면 외관으로 판단하여 범주화하게 된다. 사회적 정체성은 육체적 행위, 전문적 역할, 자아 개념 등을 포함한다. 이들 중 어느 하나라도 문제가 생기면 정체성이 변화되며, 스티그마가 만들어질 수 있다. 고프만은 스티그마를 사회가 한 개인을 완전히 받아들이는 것을 방해하는 어떤 것으로 정의했다. 정체성은 특정 속성 그 자체라기보다는 그것에 대한 판단을 포함하는 것이다. 사회에서 성원들을 바라볼 때 그가 가진 실제적인 속성과 기대된 속성간의 편차가 발생할 수 있다. 스티그마는 이 두 정체성간의 차이, 즉 특정 속성과 스테레오 타입간의 특별한 관계를 지칭하는 것이다. 여기에는 정상으로 인정되는 것과 이로부터 벗어난 것이라는 인식틀이 크게 작용한다. 특히 행동 그 자체보다는 무엇을 정상이 아닌 것이라고 딱지 붙이느냐가 중요하다. 이 딱지는 딱지 붙지 않은 사람들로부터의 부정적 반응을 만들어낸다. 그런데 스티그마는 가시적인 경우와 비가시적인 경우가 있다.

스티그마의 유형은 어떤 사회에서나 존재하는 보편적인 현상이다. 이것은 세 가지 유형이 있다. 하나는 육체적 변형이고, 둘째는 흔적, 셋째는 편견이다. 이 세 가지 유형의 스티그마는 중첩될 수도 있고 서로를 강화할 수도 있다. 스티그마는 일단 나타나면 쉽게 회복되지 않는다. 스티그마화된 사람들은 무관심 · 고립 · 부차적 이익 챙기기 · 저항 · 간과 · 감추기 등 다양한 반응을 나타낸다. 자기 자신에 대해서도 독특한 신념을 갖게 된다. 일반인들은 스티그마화된 개인들을 무시하거나 스테레오 타입을 적용하고 딱지를 붙여 배제한다.

2) E. Goffman, *Stigma* (Simon & Schaster Inc., 1963), pp. 2~19.

이러한 스티그마에 관한 고프만의 이론이 장애를 설명하는 이론적 자원의 하나이지만, 현실적으로 구체적인 사회적 맥락 또한 장애를 이해하는 데 없어서는 안 될 항목이다. 서구적 의미의 장애는 특정한 정치 철학뿐 아니라 법·행정 절차·의료적 진단·복지 제도·전문화·산업적 이해 등을 통해 형성된 것이다.[3] 이 때문에 장애의 역사는 범주의 확대 과정이었다. 이를 응용하여 생각한다면, 장애의 범주는 객관적 특징보다는 사회적 재화의 분배에 관한 정치적 결정에 의해 확정된다고 할 수 있다.

잉스타드와 화이트에 따르면, 국가적 관심사로서의 장애는 제1차 세계대전 이후의 부상자들에 대한 통제를 둘러싼 투쟁에서 발전한 재활 개념과 궤를 같이한다. 장애의 제도화는 재활 관련 재화의 상품화를 낳았다.[4] 장애의 문제는 인간성이 무엇인가라는 인식론의 문제일 뿐 아니라 시장의 법칙에 지배되는 경제학적 문제이기도 하다. 따라서 서구에서 장애의 문제는 국가·법·경제·생의학적 제도라는 틀 내에서 존재한다. 장애인과 관련된 인간성·정체성·가치 등은 제도로 환원되지는 않지만, 이 다양한 제도들에 의해 형성된다. 그러나 개발도상국에서 장애는 제도화의 수준이 낮다.

장애는 사회적 성이나 계급, 인종과의 은유적 연계뿐 아니라 민족주의 이데올로기의 작동을 상징화하고 드러내는 데 기여하기도 한다. 장애인의 시민화, 민족화는 때때로 전쟁을 통해 이루어진다. 전쟁 후에 흔히 발생하는 민족의 재통합을 향한 열망은 전쟁 부상자를 보호하기 위한 법령을 만들어내고 보장구 산업을 발전시킨다. 이것은 장애인 문제가 사회적

---

3) B. Ingstad and S.R. Whyte eds., *Disability and Culture*, p. 9.
4) B. Ingstad and S.R. Whyte eds., *ibid*.

으로 진전되는 역설적 경로이기도 하다.

장애 연구의 동향

장애는 육체적 현상일 뿐 아니라 인지적·사회적 현상이다. 근래에 장애 연구는 의료적·사회 복지적 연구를 넘어서 중요한 문화 연구의 영역이 되고 있다. 문화 연구로서의 장애 연구는 방법론적으로 의료적 언어의 사회적 수용에 초점을 맞추고 있다. 의료화된 시선의 기원에 관한 관심은 푸코의 영향을 받은 것이다. 장애가 물리적으로 주어진 것이 아니라 역사적으로 구성된 것이라면, 장애 연구자들은 장애의 역사적 구성에 숨어 있는 여러 가지 동기와 쾌락, 이해 관계를 이해하려고 한다.[5] 최근의 장애 연구는 첫째, 장애의 병리학적 모델을 넘어서 특정 역사나 문화 속에서 장애에 대한 태도를 파악하거나, 둘째 장애의 문화적 의미를 여러 역사적 문헌이나 문학 작품을 분석하여 파악하려는 흐름, 셋째 가장 일반적인 방법론으로 주변화된 집단들을 가시적으로 보여주기 위하여 사회적 성이나 계급, 민족성이나 인종 등에 기초하고 있는 스티그마화된 사회적 지위를 이용하는 사례들을 제시하는 것이다. 식민지 상황에서 식민지 민중의 억압된 자아 의식을 장애인 묘사를 통해 드러냈던 현상은 이런 연구 방법으로 이룬 성과이다.

장애인을 보는 주류적 시각은 이른바 의료화 모델이었다. 이것은 심신 이원론에 기초한 과학주의의 산물이었다. 그러나 역설적으로 몸에 관련

---

5) D.T. Mitchell·S.L. Snyder eds., *The Body and Physical Difference-Discourse of Disability* (The Univ. of Michigan Press, 1997), p. 19.

된 각종 기술이 발전하면서 몸에 대한 관점이 바뀌고 몸은 인문학적 관심의 대상이 되기 시작했다. 푸코의 생체 권력이라는 개념에 영향을 받으면서 신체를 바라보는 시각은 점차 구성론적 관점으로 전환되어 갔다. 터너나 실링 같은 학자는 발전하는 신체공학에 주목하면서 인간의 몸이 자연적으로 주어진 것이 아니라 사회 문화적으로 구성되는 것이라는 시각을 발전시켰다.[6] 이들은 병원 중심의 전통적 의료사회학을 벗어나 사회와의 관계 속에서 몸을 연구할 필요가 있다고 강조했다. '몸의 사회학'은 1960년대 후반부터 산아 제한과 낙태권을 둘러싸고 발전한 페미니즘 운동, 노령 인구의 증가, 후기 자본주의의 소비 문화와 신체 산업의 발전, 각종 기술의 발전에 따른 몸에 대한 통제력 증가 등에 힘입어 급속하게 발전하고 있다.

'몸의 사회학'에 영향을 받으면서 1990년대에는 장애를 바라보는 시각도 변화하게 되었다. 신체공학의 발전, 인공 장기나 각종 보조 기구의 대중적 보급도 장애의 문제를 근본적으로 성찰하도록 만들었다. 1995년 잉스타드와 화이트가 편집한 『장애와 문화』라는 책이 출간된 이후, 문화가 정신적으로나 육체적으로 손상된 삶에 미치는 영향에 대한 학문적 관심이 증대하였고, 다문화적 시각에서 장애를 바라보아야 한다는 시각이 대세를 형성하기 시작했다. 최근의 장애 연구는, 역사적으로 장애가 어떻게 규정되어 왔는가에 관한 연구[7]나 장애를 사회과학적 시각[8] 또는 사회

---

6) B.S. Turner, *The Body and Society* (Basil Blackwell, 1984); C. Shilling, *The Body and Social Theory* (Sage, 1993).
7) L.J. Davis ed., *The Disability Studies Reader* (Routledge, 1997).
8) T. Shakespeare ed., *The Disability Reader: Social Science Perspectives* (Cassell Academic, 1998).

학적 시각[9]에서 탐구하는 것으로 이어지고 있다. 사회학적 연구에서는 장애인에 대한 돌봄의 주체, 특히 가족의 역할과 기능에 대한 관심, 직업 구조와 장애의 상호 관련성, 장애와 관련된 특별 프로그램이나 제도, 조직 등의 문제가 연구의 초점이 된다.

이와는 달리 보다 장기적인 역사적 관심 또한 중요한 연구의 흐름이 되고 있다. 서구에서의 장애 형성에 관하여 프랑스의 앙리 자끄 스티커의 연구[10]가 있다. 잉스타드와 화이트는 이를 자세하게 소개하고 있다. 그는 장애가 차이의 특별한 범주라고 보고, 이 장애가 역사적으로 구성되는 과정을 서구 문화 속에서 추적했다. 그에 따르면 차이를 다루는 방식은 생물학적·사회적·종교윤리학적·의료적 차원 등 다양한 수준에서 드러날 수밖에 없다. 그는 차이의 특별한 범주로서 장애에 대한 다양한 반응, 즉 자선·의료적 분석·특수 교육·재활이 역사적으로 출현하는 것을 탐구했다.

서구 중세에서 손상은 다른 불행이나 고통과 특별히 구분되지 않았다. 손상이나 빈곤은 신의 다양한 창조의 일부였고, 이 차이에 대한 반응은 자선·영성·도덕성이었다. 이들이 겪는 고통은 신이 현현한다는 징표였다. 이 시기에 변형된 몸은 목록화되지도 배제되지도 조직화되지도 않았다. 이런 자선과 빈곤, 손상의 체계는 정치적이거나 기술적인 것이라기보다는 윤리적인 것이었다. 그러나 차이에 대한 이런 윤리적·영적인 통합은 사회적 통합을 수반하지 않았다.

---

9) C. Barnes · G. Mercer · T. Shakespeare eds., *Exploring Disability: A sociological introduction* (1999).

10) H-J. Stiker, *Corps infirmes et societes* (Paris: Aubier Montaigne, 1982). 이에 관한 자세한 소개는 Ingstad · Whyte eds., *Disability and Culture*, p. 21 및 pp. 269~270 참조.

이런 자선의 체계에 대하여 16세기부터 19세기까지 손상에 관한 의료적 담론이 발전했다. 18세기까지 손상을 설명하는 것보다는 그것을 기술하고 목록화하는 방향으로 발전했다. 17세기에는 이들을 병원에 가두려는 생각이 나타났다. 과거에는 장애인들이 빈민들과 함께 취급되었다면, 이제 장애인만을 취급하는 시설이 만들어졌다. 특히 군인과 선원 중 손상당한 사람들이 관심의 대상이었다.

장애인들에 대한 교육과 재교육이라는 발상은 18세기 계몽의 산물이었다. 디드로의 「맹인에 대한 편지」는 이런 사조를 반영한다. 수화도 이때 창안되었다. 19세기에 이르러 시각 · 청각 장애인 학교가 만들어지고, 신체를 교정하는 기술적 도구를 갖춘 시설도 만들어졌다.

제1차 세계대전은 재활이라는 개념을 창출했다. 스티커는 이를 서구 사회에서의 패러다임 변화라고 강조했다. 전쟁이 만들어낸 엄청난 부상자와 장애자를 다시 사회에 통합시킬 필요성이 교체 · 대체 · 보완 등을 포함하는 재활 개념을 발전시킨 것이다. 치료와는 다른 범주였다. 이로부터 차이의 부정이 시작되었다. 그때까지 손상은 예외적인 것으로 간주되어 왔지만, 이제 장애자들은 일상적인 생활과 생산의 영역으로 통합되어야 했고, 이에 따라 형이상학적 문제를 넘어서서 실제적인 문제가 되었다. 장애의 문제는 사회 사업가, 직업 훈련가, 의료적 · 법적 전문가들의 손으로 넘어갔다.

스티커가 장애의 장기적 문화사에 치중했다면, 데이비스는 19세기에 장애의 문제가 어떻게 정상성 개념과 연결되면서 우생학적 시선의 대상이 되었는가를 분석했다.[11] 그는 장애인의 신체를 이해하려면 규범

---

11) L.J. Davis ed., *The Disability Studies Reader*, p. 14.

(norm) 또는 정상적인 신체(normal body)라는 개념으로 돌아가야 한다고 보았다. 정상과 비정상이라는 인식틀의 기초는 규범이라는 개념에 있고, 이는 인간 본성의 조건이라기보다는 특정 사회의 특징이다. 정상이나 규범의 대칭으로서의 장애 개념은 근대의 산업화 그리고 근대 민족 국가의 형성 과정에서의 인종·민족·계급·성·범죄 문제 등과 연결되어 발전했다. 근대적 의미의 규범은 정규 분포를 이루는 인구의 다수를 의미하며, 정상성(normalcy) 개념과 연결된다. 이런 맥락에서 그는 서구에서 '정상성' 개념의 형성을 19세기 초·중반, 케틀레(Quetelet)의 통계학의 형성과 연결시켜 설명하였다. 1749년 처음 사용된 통계학(statistics)은 어원상 국가(state)로부터 파생되었다. 1829년 통계학은 의료의 영역에 적용되어 발전하였다. 케틀레는 정상을 평균과 연결시켰다. 그는 추상적 인간이 주어진 사회의 모든 인간적 속성의 평균이라고 주장했다. 그의 평균적 인간(l' homme moyen)은 육체적 평균과 도덕적 평균의 조합물이었다. 이것은 당시 프랑스의 부르주아 중간 계급의 인간상을 정당화했다. 평균이 이상으로 전환되어 갔다. 인간 개념에 적용된 평균 개념은 통계학자들뿐 아니라 정치경제학자들도 사용하였다. 마르크스의 추상 노동은 이를 단적으로 표현한다. 맬더스나 베비지도 모두 영국 왕립통계학회의 창설자가 되었다.

통계학이 제공하는 중심 통찰이 인구는 정상 분포를 이룰 수 있다는 것이기 때문에, 통계학은 정상에서 벗어난 인구에 대한 관심을 국가 정책과 연결시킨다. 국가가 인구를 정상/비정상의 틀에서 보기 시작하면, 다음 순서는 비표준을 규범화시키는 것이고, 이것이 곧 우생학의 목표가 된다. 장애인에 대한 근대 과학주의의 대응이 바로 이 우생학이었다. 우생학

(eugenics)이라는 용어는 다윈의 사촌인 갈튼(F. Galton)에 의해 사용되었다. 우생학은 생물학적으로 바람직하지 않은 형질을 계통분류학적으로 제거하는 소극적·부정적 우생학과 유전자 조작을 통해 유기체나 종의 형질을 '개량'하는 적극적·긍정적 우생학으로 구분되는데, 19세기와 20세기 초의 우생학은 전자였다.

우생학에 입각한 사회 운동은 1890년대에 미국에서 태동했다. 대규모 이민으로 인하여 도시 빈민이 증가하고 호전적 노동조합 운동이 전개되면서 미국의 보수적 지배층은 자신들의 생활 양식을 위협하던 경제적 불평등과 사회악을 치유하는 방법으로 우생학적 사고를 받아들이기 시작했다. 사회 개혁가들이 증가하는 범죄, 빈곤, 사회 불안을 효과적으로 처리하는 데 자신들의 한계를 느끼고 있던 시점이었다. 인간의 사회 행동은 환경이 아니라 유전 형질이 결정한다는 우생학적 명제는 사회 개혁가들의 실패를 정당화해 주었다. 상류층은 자신들의 지배권을 계속 유지하고 보호해 주는 논리를 우생학에서 발견하였다. 우생학은 당시의 '가장 우수한 민족'에게 호소력이 있었고, 이들을 통해 지배 이데올로기로 전화하였다. 이는 학자, 전문가, 정치가 들의 세계를 장악하기에 이르렀다.

우생학은 20세기에 들어와 미국에서 급속도로 발전하였다. 멘델의 법칙이 재발견되면서 유전학자들과 우생학적 인종 개량 운동가들이 이를 이용하여 대대적인 우생 운동을 선동하였다. 많은 미국인들은 혈통과 유전 형질이 개인의 행동을 결정 짓는 가장 중요한 요소이며, 특정 인종과 민족 집단의 사회적 지위를 결정 짓는 것도 경제·사회·문화적 요인에 있는 것이 아니라 혈통과 유전 형질에 기인한다고 믿게 되었다. 유명한 미국 대통령 루스벨트도 1913년의 연설에서 "범죄자들은 단종시켜야 하며 정신 박약자들이 자손을 낳는 것을 금지해야" 한다고 선언했다. 이는 그만의 생각이 아니라 당시 '개화된' 미국인들의 견해를 반영한 것이었다.

제1차 세계대전까지 우생학은 학교나 정치계뿐 아니라 사회 전반의 화제가 되었다. 우생학적 사고에 기초하여 많은 사람들이 다수결에 의존하는 민주주의를 우려하기도 하고 생물학적 과두제를 주장하기도 했다.[12] 1928년까지 미국 대학의 75퍼센트가 우생학 과목을 개설하고 있었다. 우생학은 산아 제한 운동과도 연결되었다. 산아 제한 운동의 선봉이었던 마가렛 생거는 "생물학적으로 오염된 인종"을 사회로부터 제거해야 하며, 이를 위해서는 불임 정책이 중요한 수단이 된다고 믿었다.[13]

단종법은 1907년 인디애나 주에서 최초로 입법화되었고, 이후 1914년까지 15개 주가 단종법을 제정하였다. 이 법은 각 기관에 수용되어 있는 확정 판결을 받은 범죄자 · 백치 · 정신 박약자 · 기타 전문가 위원회의 승인을 받은 자들에게 강제 단종 수술을 할 수 있도록 하였다. 수용소에서 의타심 · 게으름 · 범죄 등을 교화하려는 사회 개혁 노력이 실패하고, 수용 시설의 무능력에 대한 비난 여론이 일자, 전문가들은 교화 실패의 원인을 교화 훈련 제도보다 수용자들의 정신적 결함에 있는 것으로 돌리게 되었는데, 이런 가운데 단종이 그 해결책으로 부상한 것이다. 1914년 미국육종협회에 제출된 한 보고서에는 미국 인구의 10퍼센트가 사회적으로 적합하지 않은 변종이어서 단종의 대상이 된다는 내용이 있었다.[14] 미

---

12) Jeremy Rifkin, *The Biotech Century* (1998), 『바이오테크시대』, 전영택 · 전병기 옮김 (민음사, 1999), 222쪽.

13) M. Sanger, "Need for Birth Control in America," Adolf Meyer, ed., *Birth Control, Facts and Responsibilities* (Baltimore: Williams and Williams Co., 1925), p. 15.

국의 연방대법원은 1927년 단종법을 합헌이라고 판결했다. 우생 운동은 1924년 단종법에 이어 이민법을 낳았다. 생물학적 혈통에 근거하여 이민을 제한해야 한다는 생각은 1912년 예일대학의 어빙 피셔(I. Fisher)에 의해 피력되었고, 제1차 세계대전 이후 대중 운동이 되었다. 이것은 제1차 세계대전 후의 민족주의와 고립주의, 노동 운동의 고양, 러시아혁명에 의한 불안의 증대에 힘입은 것이었다.

미국에서 우생학적 사고는 대공황과 나치의 인종주의가 부상하면서 수그러들었다. 그러나 이것은 나치 독일과 북구로 옮겨갔다. 나치하에서 장애인은 무려 10~15만 명이 희생되었다.[15] 스웨덴이나 노르웨이는 1930년대 중반부터 1970년대 중반까지 대대적으로 유전적 질병이나 장애인들에 대하여 강제 불임 수술을 시행하였다. 스웨덴의 경우 이 기간에 6만여 명이 강제 불임 수술을 당해야 했다.

일본이나 한국에서는 어떠한가? 일본의 경우 우생 운동은 1920년대부터 광범위하게 전개되었고, 특히 독일의 우생 사상을 많이 받아들였으며, 결국 1940년 국민우생법을 제정하였다. 일본 우생 운동의 중심에 있던 이케다(池田林儀)라는 사람은 1920년대 후반에 『우생운동』이라는 잡지를 발간했는데, 그는 1930년부터 1939년까지 『경성일보』의 편집국장을 역임했다. 경성제국대학 법문학부 교수였던 후지모도(藤本 直)는 1941년 『단종법』이라는 책을 출판하였다. 그는 이 책에서 당시 우생법에 관한 세계적 동향을 개관하면서 단종 수술의 대상이 되는 질환을 열거하였는

14) Jeremy Rifkin, 『바이오테크시대』, 227쪽.
15) D.T. Mitchell · S.L. Snyder eds., *The Body and Physical Difference-Discourse of Disability*, p. 21.

데, 이에 따르면, 선천성 정신 박약, 패덕광, 정신괴리증, 조울병, 간질, 유전성 무답병, 유전성 맹과 농, 심한 유전성 신체 기형, 심한 주정 중독 등이 포함되었다. 일본의 우생학적 사고는 매우 뿌리깊은 것이어서 전후에도 그대로 유지되었다. 1949년 제정된 우생보호법에 의해 약 1만 6천여 명의 유전병 환자와 장애인이 강제 불임당했다.

사실 이 강제 불임의 역사에서 빼놓을 수 없는 것이 한센병자들에 대한 단종으로 불리던 강제 불임 수술이었다. 이것은 1915년 한센병 환자들에게 실시되었다. 일본의 대표적인 한센병 수용소였던 전생병원의 원장 미츠다가 환자들의 도주를 방지하기 위해 단종을 전제로 결혼시키는 정책을 실시한 것이다. 이후 그는 총독부의원 원장이던 시가와 함께 식민지에서 '나병'을 박멸하기 위해서는 단종이 최선이라는 논리를 폈다. 그러나 실제로 한국에서는 1934년 유명한 의료 선교사였던 윌슨에 의해 여수 애양원에서 먼저 단종 수술이 실시되었고, 이어 1936년에 '국립' 시설이던 소록도 나환자 수용소에서 실시되었다. 윌슨은 미국의 우생학적 사고를 공유했던 것이 틀림없는데, 다만 그가 환자들의 결혼을 전제로 자발적인 의사에 기초하여 환자를 선발하였다면, 소록도의 경우 강제 징벌의 의미로 불임 수술이 행해졌다는 차이가 있다.[16] 당시 이 수술은 '불임'이라기보다는 '단종' 수술로 인식되었다. 1930년대 후반 소록도에서 감금실에 갇혔다가 출감하던 날, 강제 단종 수술을 받았던 이동이라는 환자가 읊은 시가 있다.[17]

---

16) 정근식, 「식민지적 근대와 신체의 정치」, 한국사회사학회, 『사회와 역사』 51, 1997년.
17) 국립소록도병원, 『소록도 80년사』 (1996), 69~70쪽.

그 옛날 나의 사춘기에 꿈꾸던
사랑의 꿈은 깨어지고
여기 나의 25세 젊음을
파멸해 가는 수술대 위에서
……
정관을 차단하는 차가운 메스가
내 국부에 닿을 때……
모래알처럼 번성하라던
신의 섭리를 역행하는 메스를 보고
……

1950년대에 들어서야 한센 환자들의 단종 수술은 사라졌다. 그러나 우생학적 견지에서 사회적 약자에 대한 단종은 완전히 사라진 것이 아니었다. 김홍신 의원이 1998년에 조사한 바에 따르면, 한국에서도 강제 불임 수술이 최근까지도 정신 지체 장애인들에 대해 행해졌다. 즉 전국 60여 개 정신 지체인 수용 시설 중 적어도 8개 시설에서 100명 이상의 수용자가 강제 불임 수술을 당했다.

한국의 장애 문화사

한국에서 장애인에 대한 전통적 인식은 '병신'이라는 중세적 · 봉건적 용어에 고스란히 담겨 있다. 절름발이 · 앉은뱅이 · 곱추 · 곰배팔이 · 난쟁이 · 소경이나 장님 · 귀머거리 · 벙어리 등의 용어는 모두 여기에 해당

되는 것으로, 이들은 모두 신체적 장애를 중심으로 명명된 것이다. 정신적 장애를 지칭하는 용어로는 바보나 천치 · 머저리 등이 존재하는데, 가설적으로 제기할 수 있는 문제의 하나는 후자가 전자에 비해 상대적으로 덜 발전했다는 점이다.

농경 사회에서 노동력은 인간됨의 중요한 기준이었으므로 신체 장애인은 사회적으로 무시당할 수밖에 없었다. 장애인에 관한 인식은 장애의 발생 원인, 즉 선천적인 것과 후천적인 것에 따라 인식이 다르다. 전통적으로 선천적 장애의 경우 불교적 업보관이 큰 영향력을 행사하였다. 많은 경우 여성에게 책임이 돌아가기도 했다. 병의 후유증으로 인한 장애의 발생에 대해서는 동정의 측면이 컸다.

가족이나 가문, 마을 단위에서 장애인의 존재를 '명예'와 연결시켜 생각했고, 이의 존재를 감추려 했다. 최래옥 교수는 욕이나 민간 속설 · 속담 · 설화 · 굿 · 고전 소설 등에서 장애인이 다루어지는 방식에 대해 언급하면서, 장애에 대한 전통적 인식은 긍정적 측면과 부정적 측면이 공존하며, 장애에 대한 반응은 개인적 체념, 가족적 은폐와 보호, 국가적 지원 등을 특징으로 한다고 보았다.[18]

한국에서 인간에 대한 규정, 특히 신체에 관한 인식은 불교의 윤회 사상, 즉 업이나 인과응보를 중심으로 하는 운명론, 그리고 유교의 가족주의와 상명(尙名)주의, 신-언-서-판 중심의 인간 자질에 대한 평가 기준론 등에 영향을 받고 있다. 전통 문화 속에 포함된 일반인들의 장애인에 대한 인식은 동정과 혐오의 양 극단이 공존하고 있었다.

---

18) 최래옥, 「전통사회에서의 장애인관」, 장애인먼저실천중앙협의회, 『한국사회 장애이데올로기연구』(1997).

현대 한국 사회는 서구적 근대와 한국적 전통이 묘하게 얽혀 있고, 한국적 전통 속에는 유교나 불교적 믿음이 샤머니즘과 함께 섞여 있기 때문에, 몸과 장애에 관한 우리의 심층적 이해가 무엇인지를 알기는 쉽지 않다. 서구적 이원론에서 자아는 정신과 육체로 구분되어, 몸은 자연과학적 관찰과 실험 대상이 되고, 마음은 심리학적 탐구 대상이 되었다. 이성 중심의 합리주의는 몸을 우연한 것, 조급한 것으로 생각한다. 그러나 한국의 전통 사상에서 몸은 이와 달랐다. 우리 사회를 단순히 유교 사회로 등치시킬 수는 없지만, 몸과 장애에 대한 유가(儒家)적 파악 방식은 오늘날의 장애에 관한 인식에 영향을 미친 것이 틀림없다.

주지하다시피 유가에서는 도덕적 규범의 출발을 수신(修身)에 두며, 수신을 통해 다듬어진 예(禮)를 강조한다. 이때 닦는 대상으로서의 몸은 분명히 서구적 이원론에서 파악하는 육체와 다른 것이다. 유가에서 몸은 육체와 정신이 분리되지 않는 나 자체이다. 내면의 덕은 몸과 얼굴로 표현된다. 유가적 관점에서 보면 뜻, 말, 글은 일종의 가치 서열을 이룬다. 뜻은 말에 우선하고, 말은 글에 우선한다. 말보다 몸을 더 중시한다. 그러나 유가에서 장애인에 관한 시선은 불명확하다. 오히려 인간 평가의 기준으로서의 몸에 대한 강조는 장애인에 대한 소극적 부정의 함의를 갖는다. 유교적 장애인관은 장자(莊子)의 비판을 통해 간접적으로 드러나는 듯하다. 장자는 수신을 통해 도달하는 근엄한 몸이라는 유교적 이미지를 비판한다. 장자가 묘사하는 자유로운 사람은 절뚝발이 우사, 꼽추 지리소, 추남 애태타, 뒤틀린 몸을 가진 자여 등이다. 분명히 도가에서는 '비틀림 속의 곧음', '추함 속의 아름다움', '고통 속의 자유'를 제시함으로써,[19] 내면의 덕과 외면의 몸은 일치하는 것이 아님을 강조하고, 정상과 비정상을 가르는 유교적 체계를 전복하였다.

다른 한편으로 불교에서 몸은 윤회의 징표로서 속박의 현실이면서 동시에 해탈의 도구이다. 몸은 악과 괴로움의 근본 원인인 탐, 진, 치의 삼독심이 타고 있는 장소이다.[20] 이런 부정적 몸에 대한 부정이 해탈이다. 몸은 해탈을 위한 방편이다. 이처럼 유교나 도교, 불교 등 동아시아의 전통적인 종교에서의 몸관 또는 장애인관은 동질적이지 않다.

한국의 전통적 신체관은 한말과 식민지 시기 근대적 사상의 유입에 의해 더욱 이질적으로 그리고 근대적으로 변화했다. 근대로의 전환기에 나타나는 주요한 변화 중 하나는 인간의 신체에 대한 새로운 관심, 특히 '건전한 신체'와 그것을 만드는 '체육'에 대한 관심의 증대이다. 심신 이원론의 근대적 인간관과 유교적 몸 중심의 인간관이 섞여 혼잡해지면서도 신체가 후천적 노력에 의해 양육될 수 있다는 체육 사상은 널리 받아들여졌다.

국민 국가 형성기의 체육에 대한 강조는 부국강병 사상의 산물이었다. 양질의 인구 확보는 근대 국민 국가의 중요한 프로젝트였다. 양질의 군사력 및 노동력의 확보를 위해 국민 체육이 장려되었다. 이것은 병식 체조의 세계적 보급과 밀접한 관련을 맺는다. 한국의 경우 이러한 사상은 선교사들에 의해 수입되어, 신식 학교에서 체육이 중요한 교육 영역으로 자리잡았다. 한말 근대 교육의 초기 국면에서 체조와 운동회는 옛 것과 신식을 구별하는 중요한 지표였다. 체육과 신체에 대한 강조는 장애인에 대한 새로운 관심을 수반했다. 이들의 존재는 가족이나 공동체의 부담으로

19) 이승환, 「유가적 몸과 소속된 삶」, 『전통과 현대』 8 (1999), 40쪽.
20) 안옥선, 「불교의 몸: 속박과 해탈의 장소로서의 몸」, 『전통과 현대』 8 (1999), 90쪽.

부터 국가의 부담으로 이행해 갔지만, 그 과정에서 새로운 차별이 발생할 가능성이 컸다.

장애인의 개념사에서 식민지 시기의 가장 중요한 특징은 '불구자'라는 개념이 확산되어 갔다는 점이다. '불구'라는 개념은 원래 근대 국민 국가의 형성에 수반되는 상비군과 징병제와 연관되거나 국세 조사의 형성 과정에서 국가가 인간을 파악하는 한 범주로 사용되었다. 일본의 경우 1882년 육군성 통계 연보에 병역 면제 장정의 기준에 개별적 장애의 항목들이 나열되었지만 '불구'라는 용어는 없었는데, 1887년의 경시청 자살자 통계에 "신체의 불구를 비관하여"라는 문장이 등장한다. 근대통계학의 성립기인 20세기 초반에 국세 조사 준비에 관한 논의에서 '불구자'가 자주 거론되었다. 일본이 1905년에 실시한 식민지 타이완에서의 임시 호구 조사에서 사용된 조사표의 경우 '불구'의 항목이 있었는데, 여기에서는 신체와 정신상의 불구를 구별하면서 그 종류와 원인까지 기입하도록 하였다. 즉 전자의 종류로, 농 또는 아를 모두 농아로 묶어 기입하도록 하였으며, 맹은 양안을 모두 보지 못하는 경우만을 의미한다고 규정하였다. 후자의 경우, 백치(白痴)와 풍전(瘋癲)의 정의는 세인 일반이 그렇게 인식하는 자로 규정했다. 불구의 원인으로는 생(生)·질(疾)·상(傷)으로 기입하도록 했는데, 생은 생래적인 것, 질은 질병, 상은 부상의 약어였다.

이런 초창기 장애의 분류와 명칭은 서양의 영향을 받은 것이었다. 1907년이나 1908년에 출판된 일본의 통계학 책들을 보면, 프랑스어와 영어, 독일어 등을 번역하여 사용하고 있음을 확인할 수 있다. 다카하시(高橋二郎)가 쓴 『국세와 시세 조사법』(國勢及市勢調査法, 1908)이라는 책에서는 영어의 infirmity, defective classes를 폐질(廢疾)로 번역하였다. 이 책의 부록에는 서구어의 일본어 번역어가 수록되었는데, insane은 풍전, idiotic은 백치, deaf-mute는 아농(啞聾)으로 번역되었다. 폐질은 신체와 정신으로 구분하여, 신체상의 불구는 눈, 귀, 입 등 5관의 결손에 상응하여 각각 맹, 농-아 등의 개념을 사용하였고, 정신의 경우 백치와 풍전, 발광으로 구분하였다. 불구라는 말이 폐질이라는 말과 혼용되어 불분명하게 구분되고 있으며, 또한 '농아'와 '아농'이 혼재하고 있다. 이들은 국세 조사를 문명 개화의 도구로 인식하였다. 그러나 한국의 경우, 1907년의 통감부 통계 연보나 1908년도 총독부 통계연보에는 이런 장애인 항목이 존재하지 않는다.

식민지하 장애인 인식의 단편을 1920년 이후 발간된 잡지나 신문 기사를 통해 단편적으로 파악할 수 있다. 1920년 8월에 발간된 『개벽』에서 박춘파는 조선에 불구자들이 매우 많은데, 이는 한국인들의 "되는 대로 살아보자는 자연주의" 때문이라고 주장하였다. 신체적 불구의 문제는 동시에 교정의 문제를 낳는다. 1927년 2월의 동광지에 이용설 교수의 정형외과에 관한 글이 실려 있는데, 여기에는 "육체적 교정, 심리적 교정"에 관하여 언급하고 있다.

식민지하에서 '불구자'라는 용어는 신체적·정신적 결함을 나타내는 용어로 사용되었을 뿐 아니라 식민지 상황에서의 조선인의 자기 인식을 비유적으로 표현하는 수단이기도 했다. 역시 1920년 11월의 『개벽』에는 창해거사라는 필자가 쓴 글이 있는데, 여기에는 "우리는 현재 문화의 불구자, 지식의 불구자, 정신 의지의 불구자, 교육·학술·종교 모든 것의 불구자"라는 문장이 있다. 식민지하 장애인 인식의 변화와 관련하여 최경희 교수의 식민지 시기 한국 소설 문학에 관한 최근의 연구는 매우 시사적이다.[21] 최 교수가 자신의 연구에서 열거했듯이, 나도향의 「벙어리삼 룡」(1925), 송영의 「꼽추 이야기」(1929), 정일수의 「눈병신이 아들」 (1932), 한설야의 「절둑바리」(1932), 계용묵의 「백치아다다」(1939), 최태 웅의 「바보 용칠이」(1939) 등등 장애인을 지칭하는 전통적 용어들이 작품 의 제목으로 자주 등장하고, 이와 아울러 안석영의 「불구자」(1930), 한인 택의 「불구자의 고민」(1932), 이재환의 「불구자」(1937) 등 기존의 스티그 마화된 용어 대신 새로운 공적 담론의 용어로서의 '불구자'가 제목으로 사용되었다.[22] 흥미를 더하는 것은 '불구자'라는 용어가 송순일의 「병신」 (1926)이라는 작품 뒤에 출현하고 있다는 점이다. 여기에서는 작가들의 문제 의식의 연속성, 용어의 단절성이 보인다.

최경희 교수는 일제 강점기 문학에 장애인이 자주 소재로 등장하는 현 상을, 식민지 자본주의의 모순 및 도시 산업화, 그리고 여전히 존재하는 전통적 봉건 의식의 영향력이라는 역사적 조건에 대한 사회 비판적 · 문 학적 재현이라는 맥락에 두고, "역사적 실존체로서의 작중 인물과 작가가 공유하는 불구성 및 저항 의식의 심리적 투사"라고 파악한다. 최 교수는 특히 이 현상을 "표현 억압 기제로서의 검열에 대한 작가의 문학적 대면 과 예술적 저항"과 연결시켰다. "손상된 몸을 지닌 작중 인물과 검열의 대 상이 되는 몸체로서의 작품, 그리고 그 창조자로서의 작가 사이", 즉 "식 민지 상황에서의 민중들이 겪는 신체적 불구성과 작가가 외적 · 내적 검

---

21) Kyeong-Hee Choi, "Under the Censor's Eyes: Colonial Censorship and Kang Kyongae's Narrative Strategies," The Univ. of California at Berkeley, the Center for Korean Studies (발표 논문, 2000); 'Impaired Body as Colonial Trope: Kang Kyong'ae's 'Underground Village'," *Public Culture* 13-3, Fall 2001.
22) Kyeong-Hee Choi, "Impaired Body as Colonial Trope: Kang Kyong'ae's 'Underground Village'," *Public Culture* 13-3, Fall 2001.

46

열 상황에서 겪는 문학적 불구성 사이에 직유적 관계가 성립한다"는 지적[23]은 식민지성과 비판적 근대 의식에 대한 중요한 통찰이라고 볼 수 있다.

이런 문학 담론에서 주목하여야 할 점은 장애에 관한 전통적 용어의 사용 맥락과 불구자라는 개념이 사용되는 맥락의 차이이다. '불구자'라는 용어는 주로 노동 소설 속에서 노동 재해와 관련하여 사용되는 경향이 있다. 이것은 주로 식민지하 민중적 현실을 특징 짓는 빈곤이나 노동 착취를 고발하는 소재로 등장했다. 당시의 비판적 지식인들은 새롭게 등장하는 현상으로서의 산업 재해, 그로 인한 장애의 발생을 매우 충격적으로 받아들이고 있었음에 틀림없다.[24] '불구자'라는 용어는 선천적인 장애보다 후천적 장애의 발생이 더 중요해져 가는 사회적 변동의 산물이며, 이에 관한 새로운 인식의 결과이다. 최 교수는 문학 작품에 나타나게 된 '불구자'라는 용어와 그의 서술적 형상화는 당시 작가들의 의도와 관계 없이 근대적 계몽 담론의 영향 아래에서 등장한 것으로, 이 개념 자체가 '완전 구족한 인간'에 대한 대타 개념으로, '병신'과는 달리 '보편적 인간' 조건을 상정하고 있다고 지적한다. 식민지 시대의 장애 문학이 가진 이러한 경향들은 신체를 통해 인간을 파악하는 근대적 시선이 독립된 민족 국가와 근대적 시민 사회가 부재한 식민지 문학에서 독특하게 형성되고 있음을 보여주는 것이다.[25] 다만 문학적 용어는 공식적 언어 세계와 비공식적 언어 세계를 자유롭게 넘나드는 것이어서, 실제로 민중들의 일상 생활에서 장애를 지칭하는 용어의 변화가 얼마나 진행되었는가를 가늠하기란

---

23) Kyeong-Hee Choi, 2001, *ibid.*.
24) '불구자'라는 제목의 소설이 나오던 1930년에 김병제의 「떨어진 팔」이 발표되었다. 이에 관해서는 안승현 편, 『일제강점기 한국노동소설전집』 2 (보고사) 참조.
25) Kyeong-Hee Choi, 2000, op cit..

쉽지 않다.

식민지 시기에 장애인에 대한 인식뿐 아니라 장애인들의 사회관도 드물게 표현되기 시작했다. 이들은 근대와 식민지가 가져오는 이중적 차별 속에서 자의식을 형성해 갔다. 이런 자의식은 1932년 1월, 『별건곤』이라는 잡지에서 특집으로 다루어졌다. 여기에는 "맹인이 본 세상", "벙어리가 하고 싶은 말", "귀머거리가 들은 소문", "앉은뱅이가 여행한 이야기" 등 매우 독특한 패러독스적 표현이 등장한다. 이와 함께 「내시가 장가든 이야기」라는 글 속에서 결혼과 성 문제가 취급되었다.

한편, 식민지 권력의 한국인의 신체에 관한 관심은 식민지 공업화의 진전과 관련이 있다. 일제는 서구의 테일러리즘의 수용과 함께 노동 과학이라는 이름으로 한국인들의 노동 습관에 관해 세밀히 조사했다. 식민지하에서 장애인에 관한 경험적 조사는 없다. 이는 장애인이 적극적인 정책 대상이 아니었다는 것을 의미한다. 그러나 1930년대의 침략 전쟁은 한국인의 신체를 군사적 관점에서 등급화하는 실천을 제도적으로 도입하도록 했다. 신체의 식민지화는 질병 위생 정책과 함께 군사 정책의 결과였다. 특히 신체의 식민화는 노동력의 군사적 동원에 의해 크게 진전되었다. 이것은 신체 검사와 함께 신체의 등급화를 수반했다. 운동회는 체육의 종목을 대중에게 보여주는 전시장이면서 마을 공동체를 국가에 끌어들이는 접점이었다. 학교 운동회는 대부분 전쟁 동원에 필요한 육체적 단련을 체육의 대상으로 인식하도록 만들었다.

민족주의적 인식에서 장애인은 어떻게 나타나는가? 민족주의는 '강한 민족'을 우선하게 마련이며, 이런 맥락에서 장애인을 부정적으로 인식하게 된다. 특히 그것이 유전학적 형질과 연관될 때는 더욱 극단화된다. 식민지 권력에 대항했던 민족주의 운동 또한 강한 신체를 지향했다. 민족 해방 투쟁, 자주적 민족 국가의 수립을 향한 열망은 피의 순수함과 강건한 신체를 요구했다. 식민지 권력이나 민족주의 운동 모두 강한 신체를 강조하는 것은 공통적이었다.

일제하에서 식민주의자와 민족주의자가 서로 대립했지만, 양자 모두 장애자나 질환자를 부정적으로 파악하는 것은 마찬가지였다. 단 장애인은 전염성이 없다는 점에서 병자와 다르게 취급되었다. 식민지하에서 가장 강한 배제의 대상은 한센병 환자였다. 이들은 강제 수용과 우생학적 단종의 대상이 되었다. 한센병 환자는 많은 경우 지체 장애인이었다. 이들을 수용했던 '요양원'에서 이들이 가진 능력은 최대한 활용되었다. 사실 '장애인의 능력'(ability of disability)이란 말은 개념상 모순이었지만, 그들이 가진 노동력은 식민지 권력에 의한 착취의 대상이요 자활을 위한 노동 요법의 근거가 되었다. 또한 한센병 수용소는 근대적 보장구 산업의 출발지였고 재활 개념의 배태지였다. 장애인과 한센병 환자에 대한 시각은 해방 이후 분단 체제의 형성 과정에서 그대로 지속되었다.

한국의 장애자 시설은 1894년 홀 부인에 의한 여자맹아학교가 효시였다. 1913년 조선총독부가 제생원이라는 맹아 교육 기관을 설치했다. 이것은 1945년 국립맹아학교로 바뀌었고, 1946년 이영식 목사가 대구맹아학교를 설립했다. 1950년대까지만 하더라도 장애인 전문 치료 기관으로 국립재활원과 삼육불구아동원 정도였고, 장애인 진료 시설도 매우 제한되어 있었다.

장애인은 몸과 관련된 장애인과 정신 능력과 관련된 장애인으로 구분되고, 발생의 원인에서 보면 선천적 장애인 이외에 질병과 빈곤, 노동, 사고 그리고 전쟁 등에 의해 발생한다. 국가 권력에 의해 장애인이 사회적 통합 대상으로 설정되는 것은 민족 국가의 형성 과정, 특히 전쟁 국면에서이다. 몸은 언제나 경제적·군사적 위기가 닥쳤을 때, 그리고 급격한 사회 변동이 일어났을 때 국가의 일차적 관심 대상이 되었다. 19세기에 미국과 영국의 부유층에서는 방탕함과 비만에 대한 두려움이, 빈곤층에서는 영양 실조에 대한 두려움이 나타났다. 이러한 두려움은 모두 인종과 혈통의 퇴화를 염려하는 것이었는데, 군대의 신병 모집이 문제될 때 이는 더욱 심각해졌다.

새옹지마의 일화에서 보듯이 예부터 전쟁에서 장애는 목숨을 보장받는 피신처로서 구실할 수도 있지만, 역으로 이것은 장애인의 일상적 배제를 전제로 한다. 근대 국가에서 장애인의 일상적 배제는 징병제를 통해 굳어진다. 근대 국가의 징병제는 몸에 대한 세밀한 검사를 불러왔다. 국가는 인간을 필요로 한 것이 아니라 건강한 '몸'을 필요로 했고, 이를 효율적으로 관리하기 위해 신체 검사를 도입했다. 군사력으로 활용할 수 있는 체격, 체능 그리고 질병이나 이질적 환경에 적응할 수 있는 체질 등이 관심의 대상이었다. 국가가 필요로 하는 몸을 미리 확보하기 위해 학교 체육, 특히 병식 체조를 대대적으로 도입하였다.

한국의 경우 일제 식민지하에서 지원병제가 실시되면서 몸의 등급화가 본격적으로 진전되었다. 우리에게 익숙한 '갑종', '을종' 등의 용어는 몸의 등급화의 일차적 산물이다. 이런 몸의 등급화 구조에서 장애인은 배제되고 차별받았다. 이것은 전쟁을 통해 더욱 강화되었다.

그러나 전쟁은 장애인에 대한 또 다른 결과를 낳는다. 해방 후 장애인에 관한 적극적 관심은 전쟁을 통해 형성되었다. 1950년 한국전쟁 발발

후 상이 군경에 대한 국가적 보호가 법제화되었다. 상이 군경에 대한 원호-장애자 문제는 민족주의와 직접 연결되는 계기가 되었다. 사실 '상이 군인' 보호 규정은 1930년대 말 일제하에서 만들어졌다. 조선총독부는 1939년 전쟁을 수행하면서 발생한 부상자 문제를 체제에 내화하기 위하여 상이 군인 보호 사업을 만들어내고, 이 일환으로 의료 보호·직업 보호·자제 보호·상이군인회 조성 등을 규정했다.[26]

직업 보호의 내용 중에 실명 상이 군인 보호 시설 규정이 있다. 상이 군인에 대한 보호는 1950년 제정된 '군사원호법', 1951년의 '경찰원호법'으로 본격화되었다. 상이 군인을 위한 정양원·연금제·직업 재활 등은 반공주의와 애국주의에 의해 뒷받침되었다. 보장구 산업도 상이 군인 재활 대책으로 성장하였다. 전쟁은 장애자 시설과 함께 각종 복지 시설을 확충하도록 만들었다. 1956년 현재 육아원 396개를 비롯하여 총 549개 시설이 있었는데, 이 중 지체 장애자 시설이 15개, 맹아자 시설이 7개였다.[27] 그러나 상이 군인의 문제는 일반 시민의 장애인관을 부분적으로 왜곡시켰다.

이후 안보 국가 체제에서 군대의 입대는 '국민의 의무'였고, 이 의무를 행하지 않은 자는 정당한 '국민'이 아닌 것으로 간주되었다. 국가와 성인 남성은 정해진 기간의 군사적 복무와 각종 사회적 혜택을 교환했다. 여기에서 여성과 최소한의 체격 및 체력을 갖추지 않은 자는 배제되었다. 장애인도 배제되었다.

---

26) 조선총독부, 「傷痍軍人竝に歸鄕軍人の方へ」, 『同胞愛』 17-9 (1939).
27) 1950년대의 장애자 문제에 관해서는 팽현모, 「제1공화국하의 장애인」, 한국장애인복지정책연구회, 『한국의 장애인』 (1993)을 볼 것.

전쟁 장애인을 제외하면 장애인에 대한 관심은 미미해서 제대로 된 조사가 없었다. 1961년 보건사회부와 한국아동복리위원회가 공동으로 간행한 「한국장애아동조사보고서」가 해방 후 최초의 장애 아동에 대한 종합 보고서이다. 이 조사에서 장애의 종류는 15가지로 분류되어 있는데, 여기에는 절단·마비·맹인·농아·농·정신병·간질·정신 박약·말더듬이·언청이·곱추·번족·혼혈아가 포함되어 있다. 여기에서 사용된 용어와 장애 종류의 선정에서 당시의 인식을 엿볼 수 있다. 가장 특이한 것은 혼혈이나 사생아가 장애인으로 분류되어 있다는 점이다. 이는 식민 지배와 전쟁 경험 속에서 일방적으로 부풀려진 단일 민족 신화가 가진 부정적 측면을 잘 보여주는 것이다. 또한 '언청이'처럼, 오늘날의 관점에서 보면 단지 하나의 질환에 지나지 않는 것들이 장애인의 범주로 분류되어 있다. 이것은 장애가 역사적·문화적 범주임을 역설적으로 보여주는 단적인 사례가 된다. 이 보고서에는 장애 원인으로 선천성·발병 후·상해·기타로 분류되어 있다. 1950년대의 장애는 선천성 장애 이외에 질병과 전쟁에 의한 상해가 많은 비중을 차지한다. 공식 호칭은 불구자, 불구 폐질자, 장해자 등이었다. '장애'와 '장해'의 차이는 의외로 큰 것일 수 있다.

1966년 보건사회부가 전국 장애자 전수 조사를 실시하였다. 이 조사에서 장애의 범주는 지체·시각·청각·언어·정신 장애 등으로 구분되었지만, 구체적인 장애인의 용어는 여전히 장애인을 천시하고 멸시하는 용어가 사용되고 있다. 1979년 한국경제개발협회가 심신 장애자 실태 조사를 실시하였다. 이 조사는 이전에 비해 구체화되었지만, 장애인 정의와 범주는 크게 변화되지 않았다. 한국에서 공식적인 통계로 파악되는 장애인 출현율은 선진국의 약 10퍼센트에 비해 매우 낮다. 장애인이 적어서가 아니라 범주를 매우 좁게 설정하고 있기 때문이다. 1966년의 경우 장애인 출현율은 전체 인구의 0.4퍼센트, 1979년에는 전체 인구의 2.9퍼센트였다. 서구의 경우 장애인 범주는 훨씬 넓고 다양하며, 한국과 유사한 문화적 배경을 가진 일본의 경우도 내부 장애인 범주를 인정하고 있었다.

장애자에 대한 법적 보호라는 측면에서 1981년 제정된 심신장애자복지법은 획기적인 의미를 지닌다. 이 법의 제정 이후 전국 규모 장애인 조사가 5년마다 실시되었다. 이 조사는 센서스 조사시 표본 조사를 실시하는 방식이었다. 그러나 1980년대 초반까지도 불구자·심신 장애인·심신 박약자·신체 장애자 등의 용어가 섞여 사용되었고, 구체적 용어로 맹인·장님·소아마비·하반신 불구자·귀머거리·곱추 등이 이때까지 사용되었다.[28] 이 시기가 용어 사용 혼란기이다. 1980년대 중반 이후 장애인이라는 용어가 정착되었다.

사회적 소수자나 사회적 타자로서의 장애인이 단지 사회 정책의 대상으로 위치 지어지는 것을 넘어서 사회의 주체로 태어나기 위해서는 자신의 경험을 객관화하고 공동의 권리와 이익을 확보하기 위한 사회 운동을 필요로 한다. 자전 문학은 이들의 자기 해방의 한 흐름이며, 장애인 운동은 사회적 해방의 징표이다. 장애의 경험에 관한 자기 표현과 상호 커뮤니케이션은 장애인들이 사회적 주체로서 거듭나는 출발점이다. 그것은 고통의 정당성과 화자의 도덕적 적합성을 강조함으로써 문제가 되는 경험을 정상화하는 양식이 된다. 그러나 한국의 경우 장애에 관한 자기 경험의 표현은 매우 적다. 자기 표현을 위한 사회적 환경이 우호적이지 않

---

28) 김규성, 「80년대의 장애인」, 한국장애인복지정책연구회, 『한국의 장애인』.

을 뿐 아니라 장애의 주체 스스로가 경험의 표현을 자제하고 있기 때문이다. 장애인이 사회적 타자가 아니라 당당한 주체로 서기 위해서는 이들이 겪는 사회적 고뇌와 고통, 갈등을 이해시키려는 노력을 정치경제적 권리 확보 투쟁과 더불어 동시에 경주해야 할 필요가 있다.

신체에 대한 의식적·무의식적 강조는 근대 국가의 권력 기반을 재생산하는 것이었기 때문에 결손된 신체에 대한 적나라한 묘사는 근대 국가에 대한 도전으로 간주되었다. 한국전쟁의 와중에서 '문둥이' 시인이 자신의 떨어져나간 발가락을 주제로 자신의 운명을 한탄했을 때, 분단 체제의 형성자들은 얼굴 없는 그를 문화 빨치산으로 몰았다. 광주항쟁이 좌절된 1980년대 변혁적 열망이 고조되었을 때, 과잉 노동이나 산업 재해로 노동자들이 지문이나 팔을 잃은 현실을 '노동자' 시인이 노래하자 지배자들은 그를 '빨갱이'로 몰았다. 신체를 통해 사회적 타자가 자신의 정체성을 표현하면, 지배자들은 공포를 느끼고, 그것을 지배 질서에 대한 도전으로 해석했다. 그러나 장애인의 자전 문학은 범주로서 성립하지 못했다.

상대적으로 한국에서는 장애인의 권리 개념이 별로 발전하지 못했다. 1980년대에 들어와서야 장애인의 권리 개념이 형성되기 시작했다. 이는 국내의 사회·경제적 변동을 반영하고 있지만, 그보다는 국제적인 장애인 인권 운동의 영향을 받은 것이어서 내적으로 취약한 것이 사실이다. 장애인들이 누리는 인간다운 권의(권리)가 스스로 쟁취한 것인가, 외부에서 준 것인가의 차이는 엄연한 것이기 때문이다. 우리의 경우 장애인 운동의 역사는 매우 짧아서 여전히 서비스 지향적 시각이 장애인 공동체의 자기 시각보다 훨씬 우월하다.

장애인의 권리는 유엔에서 1970년 '장애인 재활 10년 선언'을 채택하면서 세계적으로 부각되기 시작했다. 1972년 '정신 지체인 권리 선언', 1975년 '신체 장애인 권리 선언'이 이루어졌다. 1976년에는 '국제 장애인의 해'(1981년)를 설정하고, 1982년에는 1983년부터 10년간 지속되는 '세계 행동 계획'을 채택하였다. 이런 흐름에는 장애인의 인간적 존엄성과 생명 존중, 생존권 및 사회 접근권, 기회 균등권을 보장하려는 정신이 깔려 있었다. 이런 노력은 미국의 장애인 운동을 이끌어 갔고, 결국 사회 접근권과 기회 균등권 보장을 핵심 내용으로 하는 미국 장애인법이 1990년 제정되었다. (미국의 경우, 법 제정에도 불구하고 사회적 통합은 여의치 않았으며, 장애인의 69.1퍼센트가 빈곤선 이하에서 살고 있다는 부정적 평가도 있지만) '유엔 장애인 10년' 기간 동안 가장 주목할 만한 변화가 "장애인에 대한 일반인의 의식 개선과 장애인 단체의 역할 증대"를 이룬 점이었다는 것이 유엔의 자체 평가였다.

　장애인 문제의 국제적 흐름은 상대적으로 장애인 문제에 소홀했던 동아시아에도 영향을 미쳤다. '세계 행동 계획 10년'이 종료되는 1992년, 베이징에서 열린 ESCAP 총회에서 33개국의 후원에 따라 '아시아 태평양 장애인 10년'을 선포하고 장애인 복지 향상을 위한 공동의 노력을 시작하였다. 한국도 여기에 참여하여 장애인 문제 해결을 위한 장기 발전 계획을 수립하고 실천 활동을 전개하기 시작했다.[29] 1990년대에 접어들어 한국 사회에서도 장애인에 대한 인식은 급속하게 나아지고 있지만, 1997년 장애인먼저실천중앙협의회의 국민 여론 조사 보고서에 따르면, '아태 장애인 10년'의 인지도는 매우 낮았다.[30] 즉 이것을 알고 있는 사람

---

29) 이에 관해서는 김통원, 「장애의 정의, 분류, 통계, 등록」, 한국 아태장애인10년연구모임, 『아태장애인 10년에 대처할 국가적 장기 전략 및 정책 대안 모색을 위한 연구논문집』(1995)을 볼 것.

은 겨우 10퍼센트 정도였다. 장애인 관련 시설을 세우고자 할 때 많은 지역 주민들이 이에 반대하며, 대학 입학 과정에서 입학이 거부되는 경우가 지금도 여전히 발생한다.

장애인의 주체적인 사회 운동은 한국 사회 운동의 전환점인 1987년 6월항쟁 이후에 시작되었다. 그 하나의 지표로서 장애인 대중 집회는 1988년 4월 명동성당에서 최초로 이루어졌다. 사회 전반적인 민주화는 장애인 관련법의 개정과 밀접한 관련을 가진다. 1989년 '심신장애자복지법'이 전면 개정되고, '장애인고용촉진법'이 제정되었다. 그러나 장애의 범주는 지체 장애, 시각 장애, 청각 장애, 언어 장애, 정신적 결함으로 한정되었다. 한국의 '장애인복지법'은 일본의 '심신장애자대책기본법'을 모방했기 때문에 장애자 범주가 좁게 설정되었다는 비판이 계속 제기되었다. 일본에서는 1993년 이 법을 '장애자기본법'으로 개정하면서 정신 장애자를 장애인 범주에 포함시켰다. 장애인 문화도 별로 개선되지 않아 기업의 고용 촉진도 별로 이루어지지 않았다. 홍윤기 교수는 장애인을 비정상인으로 만들어가는 과정에 '장애 이데올로기'가 존재한다고 보았다.[31] 그는 장애 이데올로기의 핵심 명제를 "장애자는 사회와 국가의 유지에 불필요하거나 부당한 부담을 안겨주는 비정상인이다"라고 규정했다. 그는 한국의 장애인 문화를 "사회적 차원의 철저한 무관심과 방치"로 특징 지으면서, 장애 이데올로기의 생산 기구를 기업과 가족으로 보았다.

---

30) 장애인먼저실천중앙협의회, 『장애인에 대한 국민여론조사보고서』 (1997).
31) 홍윤기, 「개인장애, 사회장애, 장애이데올로기」, 장애인먼저실천중앙협의회, 『한국사회 장애이데올로기연구』 (1997).

맺음말

'국민의 정부' 성립 이후인 1999년에 '장애인복지법'이 개정되어, 그 동안 지속적으로 지적되어 온 장애 범주가 확대되었다. 내부 장애 및 정신적 장애의 일부를 포함시켜 국제적 기준에 근접해 간 셈이다. 지난 20년간 장애인의 권리를 옹호하는 사회적 분위기가 커진 것은 사실이나, 인간의 전체성이나 통합성에 관한 정의가 근본적으로 바뀌지는 않았다.

보건복지부가 보건사회의료원에 의뢰하여 전국 800여 개 사회 복지 시설과 3만 9천여 가구를 표본으로 실시한 2000년도 장애인 실태 조사에 따르면, 장애인은 약 144만 명으로, 1990년 95만 명, 1995년 105만 명이었던 데 비해 상당히 증가했다. 정확하게 말하면 통계상의 장애인은 장애인의 수효 그 자체가 아니라 장애 문화, 국가적 서비스, 장애인 범주 등의 변수이다. 즉 전자는 빈곤·질병·사고의 발생 빈도에 따라 결정되지만, 후자는 장애인임을 감추려는 정도, 장애인에게 주는 국가적 혜택의 정도, 장애인 범주의 넓고 좁음에 따라 달라진다. 지난 5년간 장애인이 급증했다는 것은 우리가 각종 사고에 노출되는 위험 사회에 살고 있다는 것이기도 하지만, 장애 문화가 그만큼 개선되고 있다는 증거이기도 하다. IMF 사태와 이후의 경제적 위기는 한국의 장애 정책과 문화에 이중적으로 작용한다. 장애인에 대한 처우를 개선하지 않을 빌미를 제공하면서도 장애인들이 국가적 혜택에 민감하게 반응하도록 만들어 장애인 등록에 적극적이도록 유도하는 것이다. 그러나 이번 조사에서도 드러나듯이 장애인의 경제적 환경은 크게 개선되지 않았다. 장애인 가구의 월 평균 소득은 도시 근로자 가구의 46퍼센트에 그치고 있다. 장애인이 세대주이거나 세대원 가운데 장애인이 있는 장애인 가구의 월 평균 소득은, 대도시의 경우 도시 근로자 가구 월 평균 소득의 52퍼센트에 육박하는 데 비해 읍면 지역은 36퍼센트에 불과하다. 장애인들은 취업과 임금 모두 큰 차별을 받고 있다. 더구나 장애인 가구는 장애에 따른 추가 비용을 지출해야 하므로 생활의 어려움은 더 가중된다. 사회나 국가가 가장 우선적으로 해주어야 할 것으로 생계 보장을 지적한 경우가 30.3퍼센트, 의료 혜택 확대를 지적한 경우가 25.6퍼센트였다.

이제 한국의 장애에 대한 연구는 단순한 조사나 사회 복지의 영역에 그쳐서는 안 된다. 유교를 중심으로 한 전통 문화, 분단 체제에서 강조된 경제 제일주의와 총력 안보를 필두로 한 군사주의가 어떻게 현대 한국의 장애 문화를 규정했는가, 장애인이 단지 복지 서비스의 대상에 머무는 것이 아니라 자기 경험을 중심으로 한 자아 해방 및 시민적 주체화를 위한 전략은 무엇인가 등의 질문은 21세기 한국의 장애 문화 연구의 새로운 전환을 요구하고 있다. 개념사의 측면에서도 과거의 봉건적 용어들을 회한의 눈으로 바라보는 것을 넘어서, '병신'으로부터 '불구자'로, 여기에서 다시 '장애인'으로의 전환에 내재한 문화적 패러다임 변화의 의미를 다시 한 번 성찰해야 하는 것이다.

장애와 건강[1]
장애와의 건강한 관계는 어떻게 가능한가

　질병이나 상처가 낫더라도 비교적 장기간 또는 평생 동안 질병의 부정적인 영향이 후유증으로 남는 경우가 있다. 그런 부정적인 영향을 보통 '장애'라 부른다. 장애는 질병이나 부상 자체가 아니라 일반적으로 그 귀결로 이해된다. 1980년 세계보건기구가 발간한 「WTO 국제장애분류시안」에는 의학적 측면에서의 '기능 장애'(impairment), 개인 생활적 측면에서의 '능력 장애'(disability) 그리고 사회 생활적 측면에서의 '사회적 불리'(handicap)로 분류하고 있다.

　장애의 반대어는 '비장애'〔健常〕이지 '건강'이 아니다. 보통 특별한 급성 질환의 경우 병을 앓는 사람의 경우 본인은 물론 주위 사람들도 그가 '회복'되어 건강하게 되기를 기대한다. 반면에 장애자의 경우 본인이나 주위 사람은 우선 장애를 받아들여 장애와 '건강'한 관계를 맺어 나갈 것을 기대한다. 이런 의미에서 장애자는 '비장애 상태'가 아니고, 아마 '비장애 상태'로 될 수는 없겠지만 '건강'하게 될 수 있을 것이다.

---

1) 이 글은 일본에서 발행되는 『現代思想』 2000년 9월호에 실린 「障害と健康」을 발췌, 번역한 것이다. ─편집자

장애자가 비장애자에 비해 상실한 부분이 있다는 면에서 '장애'는 분명 마이너스 상태이다. 하지만 장애자가 의학적 결손에도 불구하고 그에게 남은 기능을 일반 비장애자들에게서는 찾아볼 수 없을 정도로 효과적으로 이용하여 힘차게 살아가는 것만 보더라도, '장애'란 꼭 마이너스인 것은 아닐 터이다. '장애자'가 비장애자에 비해 기능이 떨어진다는 것을 전제로 재활 훈련과 의료 기술을 통해 가능한 한 비장애자와 비슷하게 기능을 만들어 나아간다는 과제와 함께, 장애자 자신에게 남아 있는 기능을 특유의 능력으로, 다시 말해 더 이상 비장애자의 능력을 기준삼지 않고 발굴하고 개발해 나아가야 한다. 비장애자에게선 개발되지 못했던 감각·운동·전달 가능성이 '장애'를 계기로 장애를 보완하기 위해 활성화되는 것이 아닐까? 이 가능성을 살려 나아감으로써 더 이상 장애를 갖지 않은 사람들의 문화를 추종하지 않고 장애자 자신이 주인공으로 참여하는 다양한 문화, 예컨대 청각 장애자에게서 수화 문화를 만들어 갈 수 있지 않을까? 물론 '장애'라는 개념에서 볼 때 '장애'를 가능한 대로 배제·교정하여 건강한 상태에 가깝도록 만든다는 과제('의료 재활')를 전면적으로 부정할 수 없을 것이다. 그러나 이 과제를 장애자 자신의 자발적인 생활 노력('생활 재활')과 독자적인 장애자 문화 사이의 '균형' 속에 위치시킬 수 있고, 또 그렇게 하는 일이 필요하다고 생각한다.

따라서 지금까지 의료적인 측면에서 일방적으로 규정되어 온 '건강'이라는 개념을 장애자 자신에게 되돌려 그들 개개인이 스스로에게 '건강'이란 무엇인가를 생각하게 하는 일이 중요하다. 물론 장애자 문화도 다른 다양한 문화와의 만남과 대화를 통해 독자적인 문화를 전개해 나아가야 하듯이, 장애자의 '건강'을 생각하는 데 의료·복지 관계자와의 대화와 협력은 필수이다.

'장애' 와의 건강한 관계

신체적 혹은 정신적 '장애' 를 이야기할 때 우리는 언제나 '비장애' 와 대비하여 그 대립 개념으로 생각한다. 너무나 자명한 듯이 보이는 이 개념은 '장애자' 로 살아가는 사람에게 어떤 중대한 문제를 초래한다. 장애자가 스스로를 이해하려 할 때 자신의 '장애' 부터 이해하는 경향이 있기 때문이다. 물론 우리는 '장애자' 이면서 동시에 다른 어떤 사람, 즉 교사·회사원·가수 등이기도 하다. 그러나 이 경우 우리가 '장애자' 라는 '결함' 을 보완하기 위해 어떤 다른 사람이 되려는 것은 아닌가 하는 의구심이 언제나 따라다닌다.

이러한 이해는 일방적인 열등 의식이나 응석, 의존이나 쓸데없는 반항이라는 형태로 전횡될 위험이 있다는 점에 문제의 소지가 있다. '장애' 와 어떻게 '건강' 한 관계를 이룰 것인가를 물어야만 할 이유가 여기에 있다. 곧 '장애' 가 우리의 자기 이해에서 어떤 의미로 '상대화' 될 수 있을까, 상대화한다고 해서 비장애자가 되는 것은 아니므로 자신의 '장애' 를 찾아내 받아들여야 한다는 의미의 상대화여야 하지 않을까 하는 물음이다. 동시에 비장애인 입장에서는 장애자와의 만남을 통해 '비장애' 라는 개념을 상대화하여 받아들일 수 있지 않을까? 따라서 '상대화' 란 우리가 '장애자' 와 '비장애자' 이기 이전에 '인간' 이라는 것을 서로 승인하고, 우리 모두가 관계 속에서 각각 '장애자' 이자 '비장애자' 라는 것을 받아들이는 일이 아닌가 한다.

사회적인 구성 개념으로서의 '장애'

장애자를 '비장애자'라는 기준으로 가늠하는 현대 사회에서, 장애자는 그 기준을 만족시키는 것이 불가능하거나 만족시키기 쉽지 않은 사람을 일컫는다. '비장애자'가 기준이 되는 사회에서 장애자는 자기도 모르는 사이에 그 사회에 '적응'해 가야 한다는 결단을 강요받게 된다. 적응은 장애자 각각의 장애에 따라 여러 가지로 분류되고 등급이 매겨진다. '장애학'은 강요된 '결단'과 그에 대응하는 '적응'이 현대 사회에서 어떻게 '구성'되어 있는가를 밝힘으로써, 장애자 각자가 강요된 결단이 아닌 독자적인 생활 방식을 스스로 결단하도록 도와 주는 것을 과제의 하나로 설정하고 있다.

사회학의 한 방법으로서 '구성주의'는 '장애'가 불변의 '사실'로 이 세상에 존재하는 것이 아니라 인간 사회의 관습과 역관계에 의해 '구성'된 것이라 규정한다. 따라서 관습과 역관계가 변화하면 지금 사회에서 '장애'로 알려져 있는 것도 '장애'로 인식되지 않으므로 '장애'가 아니라는 사고 방식이다. 하지만 관습이나 역관계가 변하면 또다른 것이 '장애'로 인식되는 것이 아닌가? 원래 어떠한 관습이나 역관계 그리고 그에 대한 '적응'이 전혀 없는 사회는 생각할 수 없으므로, 어떠한 장애도 없는 사회는 있을 수 없는 것은 아닐까? 이러한 질문에 대해 구성주의 사회학은 더 이상 아무런 해답을 제시할 수 없다. 따라서 구성주의는 절대적인 것이 아니라 하나의 인식 방법에 불과하다는 사실을 분명히 의식해야 한다.

그러나 구성주의가 현대 사회에서 어떠한 관습이나 역관계가 장애를 구성하고 장애자의 차별을 조장하는지를 밝히는 데 유효한 방법이라는 것은 의심할 여지가 없다. 장애자 '자립 생활 운동'이 활발한 미국에서는 구성주의 분석을 도입한 결과 1990년에 '미국 장애자법'(ADA)을 마련하였다. 이로써 장애자에 대한 사회적인 장벽을 없애고 장애자에게 평등한 기회를 부여하려는 시도가 급속히 진행되고 있다. 사회적인 장벽의 해소와 장애자의 기회 평등이라는 의미에서 차별 철폐(integration)와 정상화(normalization)의 중요성은 특히 일본과 같이 장애자의 사회 참가가 여전히 미흡한 사회에서는 아무리 강조되어도 지나치지 않다.

실존적인 물음과 '더러운 악령 · 죄'

한편 장애 문제를 이야기할 때 "왜 내가?"라는 한층 근원적이고 실존적인 물음에 접하게 되는 경우가 많다. 사회적 관계로서의 '장애'가 문제되는 차원에서 한발 물러나면 "왜 내가?"라는 실존적인 질문이 나오고 앞으로도 나올 것이다.

이 실존적인 물음에는 지금까지 말한 의학적 그리고 사회적 장애에 대한 이해와는 다른, 즉 인간 의식 속에 깊이 잠재하는 장애에 대한 이해가 생겨나는 듯하다. 그것은 장애가 '더러운 악령' 혹은 '죄'의 드러남이라는 종교적인 장애 이해이다. 우리는 오래 전에 의학적 · 사회적 장애 이해를 통해 이러한 전근대적인 장애 이해의 속박에서 해방되었다고 생각한다. "왜 내가?"라는 실존적인 물음에 눈을 뜨지 않는 한, 의학적 · 사회적 장애 이해가 분명 옳다고 말할지도 모른다. 의학적 장애 이해는 장애를 신체적 혹은 정신적인 '기능의 결손'이라는 개념에 집중시킴으로써 "왜 내가?"라는 의문을 갖지 않게 하거나, 적어도 그런 의문에 대한 우리의 주의를 사적인 영역에 가두고 만다. 그러면 이 물음은 더 이상 공적인 논의 대상이 되지 못한다.

여기서 종교적 장애 이해로 예를 든 '더러운 악령'이나 '죄의 드러남'은 현대인에게는 부정적인 것으로 들린다. 서구적 근대 이성도 그것을 고대적·중세적 인습의 하나로 부정적으로 이해하여 그런 장애 개념의 속박과 억압에서 인간을 해방시켜야 할 것으로 이해하였다. 그러나 고대와 중세의 장애 이해인 '더러운 악령'이나 '죄의 드러남'이 일방적이고 부정적인 것만은 아니었다는 것이 오늘날 분명해지고 있다. 이는, 고대적·중세적 인습으로부터의 근대적 해방이 어떤 역사적인 제약을 받은 것이라는 사실이 니체 이후의 근대 비판을 통해 명확해졌다는 사실과 같은 맥락에 있다.

'더러운 악령'이나 '죄' 그 자체는 부정적인 것이므로, 그것들과 '장애'를 관련시켰던 시대나 사회에서 장애자가 얼마나 커다란 고통을 감수하지 않으면 안 되었던가는 말할 나위도 없다. 그러나 다른 한편 이러한 종교적 장애 이해에는 고대와 중세 사람들이 삶이나 존재의 부조리를 철두철미하게 경험함으로써 성스러운 것으로의 통로를 발견했던 드라마가 숨겨져 있는 것은 아닌가 생각된다. 시대나 장소에 따라 매우 다양한 형태를 띠고 있고 아직 잘 모르는 내용도 많지만, 고대나 중세가 장애자를 일방적으로 배제하는 세계는 아니었음이 분명하다. 그 미세한 흔적을 세계의 고전 속에서 찾아볼 수 있다.

중증 뇌성마비자이자 유명한 하이쿠(俳句) 작가이기도 한 하나다 하루쵸우(花田春兆)는 『고사기』(古事記)에서 그 흔적을 찾아낸다.[2] 『고사기』

---

2) 石川准·長瀬修 편저, 『障害學への招待: 社會, 文化, ディスアビリティ』, 264쪽 이하 참조.

에 나오는 이자나기노미고토(伊弉諾尊, 천신의 분부로 처음 일본을 다스렸다는 남자 신—옮긴이)와 이자나미노미고토(伊弉廉尊)와의 사이에 태어난 히루코(蛭子)는 뇌성마비와 비슷한 중증 장애아였다. 히루코는 뼈가 없는 거머리와 같은 아이라는 의미로, 『고사기』에서는 갈대로 엮은 배에 태워 물에 흘려 버렸다고 전해진다. 그런데 바다 저쪽에서부터 복을 가져오는 에비스신(惠比壽神, 히루코의 다른 표현으로 7복신의 하나—옮긴이)으로 그를 숭배하는 니시미야 신사(西宮神社)를 비롯하여 히루코를 숭배하는 신사가 일본 각지에 존재한다는 것이다. 일본만이 아니라 고대의 많은 사회에서 정도와 구체적인 취급에는 차이가 있었지만, 장애자는 가까이 하기 꺼려지는[忌] 대상이었을 뿐만 아니라 동시에 신성화[齋]의 대상이기도 했다. 이 신성화는 예언, 신화·전승의 기억과 실연(實演) 등 특수한 능력의 개발을 동반하는 것이었을 터이다. 이 기피의 결정적인 이의성(二義性)은 현대에도 여러 가지 변화·변형을 거치면서 억압된 형태로 우리 마음 깊은 곳에 여전히 살아 있을지 모른다. 예를 들면 장애자가 처음에는 자신의 장애를 기피하고 싫어했지만, 장애와 접해 가면서 장애를 어떤 의미에서 매우 소중한 것으로 생각할 수 있다. 이것은 어쩌면 장애에 '기피'와 '신성화'라는 이중적인 의미가 계속 살아 있다는 하나의 증거일지도 모른다. 하나다 씨는 이 현상을 일본 문화의 원천이 '손님'에 있다는, 오리구치 노부오(折口信夫)에 의해 제창된 설과 중복시키고 있다. '기피'와 '신성화'의 이의성을 스스로 자기 몸에 받아들였을 때 장애자는 실제로 손님이 될지도 모른다. 그러나 손님이 손님일 수 있는 것은 무언가 초인적인 능력 때문이 아니라, 하늘과 땅의 목소리, 신들의 목소리와 땅의 정령의 소리를 무심히 듣는 사람이라는 사실 때문일 것이다.

존재의 균열로서의 '자기심' (自己心)

모든 고통에는 원래 두 가지 측면, 객관화할 수 있고 계량 가능한 측면과 객관화할 수 없고 계량 불가능한 측면이 있는 듯하다. 모든 고통, 모든 아픔은 개개인의 고통·아픔임과 동시에 '인간이라는 고통'이다. 모든 고통, 모든 아픔은 '인간이라는 고통'과의 관계에서 고통으로 경험될 때는 객관화·계량화될 수 없다. "하필이면 왜 내가 이런 고통을 받지 않으면 안 되는가?"와 같이 모든 인간적인 고통에는 "왜 내가?"라는 물음이 담겨 있다.

변신론(弁神論)의 시도가 모두 좌절된 것처럼 보이는 현대에도 여전히 성서의 「욥기」가 우리 마음에 감동을 주는 것은 아마도 욥이 "왜 내가?"라며 신에게까지 대항하는 당돌함을 보였기 때문일 것이다. 또 고통을 받아야만 하는 사람이 다름 아닌 '의인'(義人)인 욥이라는 부조리 때문이다. 그러나 의인이 진정한 의미의 의인이 되고 신과 만나기 위해서는 그 "왜 내가?"라는 물음이 첨예화된 형태로 갖추어지고, 제 안에 아직 잠들어 있던 '자기 정당화'를 일깨우지 않으면 안 되었을 것이다. 그런 과정을 통해 처음으로 신에 의해 '자기'가 뿌리에서부터 깨어질 가능성이 열리기 때문이다. 욥의 친구들이 통속적인 인과응보의 논리로 욥에게 참회하라고 설득하면 할수록 욥의 '자기심'(自己心)이 일깨워질 뿐이라는 「욥기」 작자의 극화는 경탄스러울 정도다. 인간 각자에게 고통의 경험은 현대에 와서도 사실 별로 변하지 않은 것이 아닐까?

인간에게 유한성의 경험이란 자신은 무(無)이고, 대자연이나 신 혹은 존재가 자신을 통해 움직이고 있다는 경험이다. 따라서 이 경험을 통해 우리가 처음으로 존재의 질서, 대자연을 지배하는 법 혹은 신에 의해 세워진 정의를 받아들이고 체현해 나아가는 일이 가능하지 않을까? 그러나 이 경험에는 '자기'가 근저에서부터 깨지지 않으면 안 된다는 단서가 붙는다. 그것을 위해서 "왜 내가?"라는 물음이 일깨워지고 그때마다 당돌하게 던져져야 한다. 이 경험은 인간 한 사람 한 사람이 나아가야 할 길이고, 누가 대신해서 해줄 수 있는 일이 아니다. 그러므로 이 경험에서 다른 사람을 직접 돕는다는 것은 누구에게나 가능한 일은 아니다. 다른 사람이 해줄 수 있는 일이란 우선 자기 자신부터 그 물음에 직면하는 일, 즉 우리 각자의 '자기심'을 세계의 심연에까지 미치는 존재의 균열, 즉 '죄'로서 경험하는 일이다.

『장자』에서의 장애자

『장자』(莊子)에는 많은 '건강한' 장애자가 우화의 주인공으로 등장하여 '무위자연'의 정신을 체현하는 사람으로 긍정적으로 묘사되어 있다. 그 중에서도 장애자가 가장 빈번하게 등장하는 「덕충부」(德充符)편의 우화를 보자.

"신도가(申徒嘉)는 형벌로 다리를 잘린 불구자였다. 정(鄭)나라의 재상 자산(子産)과 함께 백혼무인(伯昏無人)을 스승으로 모시고 있었다. 자산이 신도가에게 말하였다. '내가 먼저 나가게 되면 자네는 머물러 있고, 자네가 먼저 나가게 되면 내가 머물러 있기로 하세. 자네는 일국의 재상인 나를 보고도 경의를 표하지 않고 길을 비키지 않는데, 자네는 나와 신분이 같다고 생각하는가?' 신도가가 대답하였다. '과연 선생님의 문하에서 자네가 말하는 재상이라는 것이 있을까? 자네는 자기가 재상이라는 것을 내세우면서 남을 업신여기고 있소.' 자산도 지지 않고 말하였다. '자네는 그렇게 흉측한 모습을 하고도 요 임금과 같은 덕과 선행을 경쟁할 생각인가?' 이에 신도가는 대답하였다. '세상에는 스스로 자기의 허물을 변호하며 자기가 다리를 잃은 것은 부당한 일이었다고 생각하는 사람들은 많지만, 자기의 허물을 변호하지도 않고 자기 다리를 보존하고 있는 것이 부당하다고 생각하는 사람은 적네. 나는 후자의 편이라네. 나도 화가 나지만, 선생님 계신 곳에 가면 모두 잊어버리고 평온해질 수 있네. 선생님의 선덕이 나의 마음의 추악함을 씻어 내는지도 모르지. 나는 선생님 밑에서 배운 지 19년이나 되었지만, 한 번도 내가 다리가 없는 불구자인 것을 신경 써 본 적이 없네. 지금 자네와 나는 신체 내에 있는 마음의 세계에서 교제하고 있을 터인데 자네는 나의 신체 밖에 나타나 있는 형태만을 보려고 하다니 이상하지 않은가?' 그러자 자산이 미안해 하며 태도를 바꾸어 말하였다. '더 이상 말하지 말아 주게.'"

여기에 표명되고 있는 것은 만물제동(萬物齊同)이라는 장자의 근본 사상에 바탕을 둔, 철저히 무차별적인 평등 사상이다. 선과 악, 행복과 불행, 비장애와 장애, 신분의 상하, 생과 사 그리고 주와 객 등의 차이는 없어져야 할 것으로 간주된다. 여기에 나오는 '선생님'은 예수처럼 기적을 통해 소경의 눈을 뜨게 하거나 앉은뱅이를 걷게 하는 것이 아니라, 차이를 망각시키는 '선덕'을 구비하고 사람을 '선덕'으로 이끈다. 선생님의 '선덕'에 의해 씻겨진 '추악함'이란 차이에 연연해 하는 마음이다. 하지만 도덕적 · 정치적으로 무책임한 태도를 가르치지는 않는다. 오히려 모든 선과 악, 행복과 불행을 초월하고 있기 때문에, 자기 행위의 도덕적 · 정치적 책임을 스스로 받아들여 자신의 과실로 다리가 잘린 것을 개의치 않는 것이다. 고대 중국의 경우 세대를 초월한 인과응보라는, 인도에서 신봉된 사고 방식은 보이지 않지만, 자기 과실 때문에 다리를 잘렸다는 의미의 인과응보는 여기서 긍정적으로 받아들여진다. 그리고 이 인과응보는 정신적으로 전혀 차별이 없는 평등의 세계에서 노니는 것을 방해하지 않는다.

장자의 이 사상은 '신체 안에 있는 마음'의 세계와 '신체 밖에 나타난' 세계, 즉 무차별 평등 세계와 차별적이고 불평등한 세계라는 철저한 두 세계설에 바탕을 둔 것이어서, 유럽 형이상학에서처럼 이 두 세계의 대립으로서의 차별은 극복되지 않은 채 남는 것일까? 아니면 이런 반론 자체가 지나치게 외면적 · 형식적이라고 간주되고 있는 것일까? 여기서 문제는 결국 '자기심'에 있는 듯하다. 왜냐하면 사물이 차별과 불평등한 형태로 나타나는 것은 사물과 관련된 인간이 자기심을 지니고 사물을 보기 때문이다. 따라서 문제는 자기심을 어떻게 극복하는가이다. 장자는 이 물음에 답하는 대신에 다음과 같은 우화로서 물음 자체의 미숙함을 꼬집고 있다.

"언젠가 장주(莊周)는 꿈속에서 나비가 되어 펄펄 날아다녔다. 유쾌하게 느꼈지만 자기가 장주임은 알지 못했다. 그런데 갑자기 꿈을 깨니 엄연히 자신은 장주였다. 과연 장주가 나비 꿈을 보았는가, 아니면 나비가 장주의 꿈을 보았는가. 나는 알 수 없다. 하지만 장주와 나비에는 반드시 분별이 있을 것이다. 그럼에도 불구하고 구별되지 않는 것은 왜일까? 다름 아닌 이것이 사물의 변화(物化)이기 때문이다."

여기서는 자기심을 극복하기 이전에 자기나 타인이나 이미 세계 유희를 즐기고 있다. 장자는 그 세계 유희를 '물화' (物化)라 일컬었다. 세계에 차이나 차별이 있는 것은 그런 차별이나 차이를 통해 세계 유희를 즐기고 있다는 것을 나타낸다. 차이가 부정성에서 고통을 받으면 받을수록 그 차이를 통해 유희하는 세계 유희도 깊이 맛볼 수 있는 것은 아닐까? 이것이 『장자』에 왜 그처럼 많은 장애자가 등장하는가에 대한 이유가 아닐까? 우리가 『장자』에 나타나는 장애자에게서 깊은 '건강' 을 느끼는 것도 이유가 없지는 않을 것이다. 『장자』에서 장애자는 더 이상 비장애 상태에 가까워지려 하거나 기적이나 치료를 통해 비장애자가 되기를 바라지 않는다. 그들은 오히려 장애를 스스로 받아들임으로써 저 세계 유희에 참가할 것을 자각하고 있다.

근대 의학에서의 인과응보

근대 의학은 근대 과학의 한 부분이며, 엄밀한 수치 관계로 표기 가능한 인과 관계가 지배하고 있다. 근대 의학은 우선 병의 객관적 '징후' 를 발견하려 한다. 징후를 발견하면 객관적 원인을 실증적으로 검증하여 원인을 제거하려 한다. 이 경우 '실증적' 이란 실험에 의해 언제, 어디서든 검증 가능하다는 말이다. '나쁜' 징후에 대한 '나쁜' 원인은 제거되어야 한다고 간주된다. 그런데 이것은 통속적인 인과응보가 '객관화' 된 형태에 불과한 것이 아닐까? 이 인과응보는 '과학적으로' 실증되어 있는 '진리'로서 자기를 주장하는 것이므로 더욱 정밀한 실험과 이론에 의해서만 반증 가능하다. 이 객관화된 인과응보가 전횡하는 곳에서 앞에 말한 '자신의 고통'에 대해 물을 가능성은 처음부터 배제된 것처럼 보인다. 고통은 과학 기술에 의해 해소될 수 있는 한에서만 '현실적'이라 인정되며, 그 밖의 것은 '비현실'로서 시야에조차 들어오지 않는다. 이렇게 되면 우리는 하이데거가 말한 "고통을 느끼지 못하는 고통"(Not der Notlosigkeit) 속에 있게 된다.

만약 욥이 현대에 존재한다면 사람들은 병원에 데리고 가서 검사와 치료를 받게 할 뿐 그에게 자기 몸에 일어난 부조리에 대해 물을 여유조차 주지 않았을 것이다. 가능한 한 빨리 욥을 '건강'한 일상의 영리 활동 속으로 되돌리는 일에만 관심을 쏟았을 것이다. 현대의 모든 일은 윤활한 경제 활동의 문제로 수렴되며, 의료와 사회 복지도 전체 경제 활동과의 손익 관계 계산 아래 실시된다. 오늘날 '건강'은 무엇보다 국가·사회의 경제 문제이고, 국민을 가능한 한 건강하게 유지시키는 것은 국가 지출을 억제하기 위한 중요한 정책의 하나라고도 이야기된다. 병이나 장애는 개인에게나 국가·사회에게나 경제 활동을 정체시킬 뿐만 아니라 커다란 지출을 초래하는 것으로 이해되기 때문이다. 여기에 통속적 인과응보가 현대에서 획득한 힘의 정체가 있다.

의학이 인간의 건강 회복을 목적으로 하는 한, 기술자가 무언가를 만들어 내듯이 의사가 건강을 만들어 낼 수는 없고, 다만 환자 한 사람 한 사람이 지닌 자연 치유력 혹은 자기 치유력을 도와 줄 수 있을 뿐이다. 그것이 의학과 다른 기술과의 결정적인 차이이다. 그런데 자연 치유력에 대한 신뢰는 현대 의학에서 기술적인 가능성이 표출됨에 따라 후퇴해 가고 있다. 현대 의학은 단순한 기술이라는 성격을 점점 강하게 지니고 기술을 완벽하게 만들어 나아갈수록 인간 안의 자연 치유력이 무엇인가를 보지 못한다. 병실은 점점 순수한 실험실 혹은 정밀 기기 공장에 가까워진다.

이런 의학에 의하면 장애는 수복 가능한(혹은 수복 불가능한) 고장, 즉 기능 결손으로 간주된다. 또 장애자와 장애자의 부모는 의학에 대해 가능한 한 빨리 장애를 제거해 주거나, 그것이 불가능할 경우는 기술적인 의료 기기를 통해 생활을 될수록 쉽게 해 줄 것을 기대한다. 경우에 따라 의사에게는 모순될지도 모르는 과제가 주어진다. 의사에게는 장애자에게 남아 있는 기능을 활성화함으로써 장애자가 가능한 대로 자립된 생활을 할 수 있게 돕는 일이 요구된다. 그런데 다른 한편으로는 장애자에게 의료 기기를 사용하도록 조치함으로써 힘겨운 생활을 조금이라도 쾌적하게 만들어 줄 것이 요구된다. 따라서 이러한 여러 치료 방법 중 장애자 개개인에 맞는 '건강'한 균형을 찾아내는 일이 의사에게나 장애자에게 공통의 과제이다. 이를 위해 의사와 장애자 사이에는 장시간에 걸친 공동 작업이 필요하다. 간혹 다양한 치료 방법과 치료 목적 사이에 깊은 장벽이 생기는 경우도 있다. 의사측이나 장애자측에서 정말 건강한 균형을 찾아내기란 쉽지 않다. 그 딜레마 속에서 취해지는 해결은 결국 경제적 조건이 허용하는 범위 내에서 해당 전문 기업이 제공하는 의료 기기를 선택하는 것 정도에 그치는 경우가 허다하다.

물론 기술적인 도움의 가능성은 앞으로 더 정밀하고 다양해지며 고도화되어 갈 것이다. 장애자가 받을 '혜택'은 이루 다 헤아릴 수 없을 것이다. 그러나 정밀화 · 다양화 · 고도화가 이루어질수록 장애자에게 생겨날 혼란과 고민도 사실은 헤아릴 수 없을 만큼 커지지 않을까? 그에 따라 사람들이 점점 고독하게 될 위험성이 없다고 할 수 없다. 새로운 정보 기술의 사용으로 생겨날 격차를 막고 새로운 직업을 통해 장애자의 경제적 자립 가능성을 높이기 위해 장애자용 정보 기기가 개발되어 값싸게 제공되게 하는 일은 분명 중요하다. 그러나 정보 기술에 의한 '풍부한' 커뮤니케이션의 이면에서 발생하고 있는 사람 사이의 새로운 고립화, 황폐화를 통찰하는 것이 더 중요한 일인지도 모른다. 적어도 장애자 자신이 이러한 상황에 대해 스스로 결정을 내릴 수 있는 각성된 의식이 필요하다.

우생 사상과 사회의 '건강'

근대 구미 제국에서 우생 사상은 다윈의 유전적 진화론을 인간 사회에 적용하려 한 프란시스 갈튼(Francis Galton)의 사회적 다윈주의를 원류로 한다. 우수한 유전적 소질을 지닌 자손을 늘리고 유전적으로 떨어지거나 병적인 소질을 지닌 사람들을 배제함으로써 국민 혹은 인류를 개선하자는 사고 방식이다. 이 사상은 우선 영국과 미국에서 유행하여 상당한 정치적 영향력을 발휘하였다. 이후 독일의 히틀러는 이 사고 방식을 철저하게 발전시켜 단종법(斷種法)을 제정하였고, 장애자에게 불임 시술을 강요하고 '안락사'라는 미명 아래 그들을 가스실로 보냈다.

현대에 와서 우생 사상으로 세계적으로 유명해진 것은 피터 싱어(Peter Singer)와 헬가 쿠제(Helga Kuhse) 등 일부 생명 윤리학자들의 주장이다.[3] 그들은 어떤 장애를 지니고 태어난 아이들을 '이성적'으로 측정할 경우 살아 있음에서 오는 기쁨보다는 고통이 크다는 공리주의적인 이유에서 장애를 지니고 태어난 신생아는 죽이는 편이 낫다고 말하며, 그것을 '안락사'라는 미명 아래 주장하고 있다. 비참한 고통을 맛본 적이 있는 사람이라면 누구든 고통받느니 차라리 죽는 편이 낫다고 생각한 적이 있을 것이다. 안락사 사상은 장애로 고통받고 있는 사람들에게 장애와 더불어 살아가느니 차라리 죽어 버리는 편이 낫다고 암시하는 것처럼 들린다. 그리고 이 암시가 지닌 사회적인 영향을 생각하면 안락사 사상이 지닌 범죄성은 생각보다 훨씬 크다. 욥도 자신이 태어난 날과 자신을 낳은 모태를 저주하고 가능한 한 빨리 죽기를 바랐다. 그러나 이 저주의 참담함은 욥에게서 자기심의 강함과 표리일체 관계에 있다는 것을 명심해야 한다. 욥에게 안락사는 문제로 성립될 수 없었을 것이다. 문제는 신과의 만남을 통해 자기심과의 '건강'한 관계를 마련하는 일이었기 때문이다. 바로 거기에 이르기 위해 욥의 자기심은 한번 철저하게 깨지지 않으면 안 되었다.

피터 싱어의 신공리주의적인 논의[4]는 특히 행복과 불행, 기쁨과 고통을 양적으로 잴 수 있다는 사실을 전제로 한다. 앞에서 말한 바와 같이 현대 의학에서도 똑같이 고통을 객관화·계량화하려는 경향이 강하다. 그러나 의학이 고통의 객관화·계량화를 절대화하는 것은 아니다. 고통을 계량화하는 것이 가능하다는 것을 절대시하고 그 이외의 고통의 경험을 배제하고 마는 것은 피터 싱어나 헬가 쿠제 등 일부 생명 윤리학자들이다. 문제는 이들 생명 윤리학자들이 장애자들의 장애와 그 고통에 대해 긍정적

3) Helga Kuhse & Peter Singer, *Should the Body Live?: The Problem of Handicapped Infants* (Oxford, New York, Melbourne: Oxford Univ. Press, 1985).

4) Peter Singer, *Practical Ethics* (Cambridge: Canbridge Univ. Press, 1979, Second Edition 1993).

인 경험을 전면적으로 배제하는 경향을 지녔다는 점이다. 그들은 장애가 부정적인 것이기 때문에 장애를 지닌 신생아는 죽이는 편이 대다수 인간의 행복 수치를 높이는 데 도움이 된다고 주장한다. 이것은 공리주의의 시조인 제레미 벤덤(Jeremy Bentham)이 주장한 "최대 다수의 최대 행복"이라는 정식의 한 변형일 뿐이다.

일부 생명 윤리학자들의 절대화는 기술·공업 사회의 지배적인 경향과 일치한다. 기술·공업 사회는 기술적으로 생산 가능하고 시장 경제상 유통 가능한 것만을 현실로 용인하며 그렇지 못한 모든 것은 저해 요인으로 배제하려는 경향을 보인다. 살아 남기 위해서는 기술·공업·시장 경제가 필요하다. 그러나 이 기술·공업 사회의 여러 가치가 절대시되는 곳에서는 인간의 존재가 상실될 위험이 너무나 크다. 바로 여기에 지금까지 말한 통속적인 인과응보가 절대화된 형태가 있다.

피터 싱어와 헬가 쿠제는 지금까지 '인간'을 주체로 하는 윤리·도덕은 더 이상 도움이 되지 않는다는 사실이 증명되었다고 주장한다. 왜냐하면 윤리·도덕은 현대 과학 기술의 진보를 따라갈 수 없고, 진보를 통해 찾아낸 해결책을 제공할 수 없기 때문이다. 그들은 '인간'을 주체로 하는 윤리·도덕 대신에 '인격'을 주체로 한 새로운 윤리·도덕이 필요하다고 주장한다. 그들은 그 새로운 윤리·도덕에 근거하여, 살인을 금지하고 인간 생명의 존엄성을 옹호해 온 기존의 윤리·도덕에 맞서 생명 과학 연구의 이익 추구와 그 뒤에 감추어진 기술·공업의 이익 추구를 정당화하려 한다. 여기서 '인격'이란 자기 장래의 행복과 불행, 즐거움과 고통을 '이성적으로' 측정할 수 있는 존재를 의미한다. 따라서 '인격'은 꼭 인간일 필요가 없다. '인격'은 행복과 불행, 즐거움과 고통이 '이성적으로' 측정되는 '양 (量)의 담당자이다. 실제로 피터 싱어에 따르면 특정한 동물도 '인격'이며, 그는 이 논리에 따라 동물 애호를 주장한다. 그러나 동물 애호의 이면에서 실제로 일어나고 있는 것은 인간의 여러 경험이 양으로 환원되고 제한되거나 배제된다는 사실이다.

피터 싱어에 의하면 장애가 있는 신생아를 죽이는 것이 윤리·도덕적으로 허용되어야 할 이유는 장애가 있는 신생아는 자신의 행복과 불행, 즐거움과 고통을 '이성적으로' 측정할 수 있는 능력이 결여되어 있고, 둘째로 장애가 있는 신생아로부터는 기쁨이 충만한 장래보다 고통에 찬 미래가 예견될 수밖에 없기 때문이라는 것이다.

장애자를 사회나 국가로부터 배제하려 한 철학자가 싱어뿐만은 아니다. 오히려 플라톤이나 아리스토텔레스 이후 소수를 제외한 많은 철학자와 신학자가 장애자를 사회나 국가로부터 배제하려 하였다. 플라톤은 『국가』에서 국가(폴리스)를 어떻게 정의(正義)에 기초하여 건설할 것인가라는 물음을 던지고 있는데, 거기서 결혼과 출산에 대해 다음과 같이 말한다.

"뛰어난 남녀는 가능한 한 빈번히 동침하고, 뒤떨어지는 남녀는 가능한 적게 동침하는 것이 국가에 유익하다."[5]

여기서 '뛰어난'이라는 말은 부와 권력을 지키고 확장하는 힘이나 감성적인 욕망을 만족시키는 힘이 아니라, 정의를 지키고 실현해 나아가는 힘이 있다는 의미를 갖고 있었다. 그러나 이 정의에서 장애자는 처음부터

5) Plato, *Politeia*, 459d.

구체적인 이유도 없이 제외되었다. 장애자만이 아니라 시인과 예술가도 플라톤의 이상 국가에서 배제되었다. 그 까닭은 『국가』에서 상세히 이야기된다. 그때까지 수많은 폴리스로 구성된 그리스 세계의 통일을 담당해 온 것은 호머의 서사시와 조각, 건축, 회화, 음악 등의 예술이었다. 그런데 플라톤에 따르면 진정한 정의는 비감성적인 이데아이고, 특히 많은 이데아의 통일을 담당하고 있는 '이데아의 이데아'로서의 선의 이데아이다. 감성적 세계는 이데아 세계의 모방물이고 시인이나 예술가가 행하고 있는 것은 그 모방물을 감성적으로 다시 모방한 것에 불과하다. 따라서 시인이나 예술가는 선의 이데아적 정의와는 가장 먼 것이고, 철학자는 이데아를 정신이라는 비감성적인 눈으로 보기 때문에 정의에 가장 가깝다. 그러므로 국가에 정의를 실현하기 위해서는 철학자가 왕이 되는 것이 가장 좋은 길이고, 사람들을 감성적으로 선동할 위험이 있는 시인이나 예술가는 배제되지 않으면 안 된다는 것이다.

호머는 『일리어드』와 『오딧세이』라는 2대 서사시를 지은 시인이지만 맹인, 즉 장애자였다. 시인이나 예술가가 담당해 온 그리스 세계의 통일은 각기 고유한 문화를 지닌 폴리스의 다양성을 받아들여 다양성을 유지하는 것이었다. 반면 플라톤은 다양성을 위에서부터 규정하고 지배하는 통일을 구상하고 실현하려 하였다. 그러한 통일은 자신의 규정과 지배에 따르지 않는 다양성을 존재에서 배제한다. 이 이데아적인 통일은 물론 현대의 기술적 수량화로서의 총계적 통일과는 다르지만 그 방향으로 나아가는 첫발인 셈이다. 이렇게 이데아적 하나라는 관점에서 인간을 이해할 경우, 장애자는 '인간 그 자체'로부터 불거져 나온, 있어서는 안 될 결함물로 간주된다. 통일을 이렇게 다수에 대한 하나라는 대립 관계에서만 보고 그 하나에 걸맞지 않는 다양성을 배제하는 것이 아니라, 다양성을 다양성으로서 성립시키면서 그 다양성에 모든 대립을 초월한 통일을 부여하는 '하나'를 찾아내는 일은 우리에게도 하나의 중대한 과제이다.

우생 사상은 인류·국가·민족이라는 인류 사회 전체의 '건강'을 유전적 자질의 열등화로부터 지키고, 그 우수성을 최대한 신장시키기 위해 그것을 저해하는 요소, 예컨대 유전성 기형·장애·만성병을 사회로부터 되도록 배제하려는 운동이다. 이 사상이 근대적인 과학으로 주장된 것은 갈튼의 '우생학'부터이지만, 이미 플라톤에서 그 사상적 연원을 찾아볼 수 있다. 그러나 1970년대 이후 우생 사상은 나치즘을 상기시킨다는 이유로 서서히 금기시 되었다. 오늘날에는 첨단 의료 기술이 발전되어 생식 세포의 착상 전 진단이나 유전자 치료가 가능해졌고, 전처럼 장애가 있는 신생아 배제를 주장할 필요도 사라지고 있다. 따라서 우생 사상의 차별적 성격도 두드러지지 않게 되었다. 선진국에서는 장애가 있는 태아를 중절시킬지 낳을지를 어머니가 정하도록 하는 자기 결정권이 확립되고 있다. 태아에 장애가 있는 줄 알면서도 낳으려는 어머니는 실제로는 적기 때문에 유전성 장애아가 태어날 확률도 서서히 줄어들고 있다고 한다.

인간 사회가 기술·공업적으로 좀더 잘 '기능'하는 것이 '건강'이라고 믿고 그것을 이대로 끝없이 추구한다면 생래적인 '장애자'는 언젠가는 지상에서 사라질지 모른다. 기능화는 점점 완벽하게 되어 갈 것이기 때문이다. 더구나 우생학적 처치가 생식 세포 단계에서 '유전자 치료'라는 형태로 이루어진다면 장애자측의 저항은 크지 않을 것이다. 더욱이 인간 게놈이 해독되고 있는 오늘날 이른바 유전자 산업에서 각 기업, 각 국가의 경쟁은 앞으로 점점 격화되어 갈 것이다. 그에 따라 국제적 규모의 유전자

관리가 필요하고, 그것은 이제까지 없었던 권력의 집중을 의미할지 모른다.

하지만 언젠가 "인간이란 무엇인가?"라는 물음이 제기되어 완벽하게 기능화한 인간 사회를 뿌리에서부터 동요시킬지도 모르겠다. 그렇다면 지금이야말로 이 물음의 근원적인 힘에 의해 '건강'하게 살아갈 수 있는 것은 아닐까? 이 물음 속에만 기능주의적인 것이 아닌 근원적인 '건강'의 비밀이 숨겨져 있는 것은 아닐까? 이 물음에서 명확해지는 것은 모든 우생 사상이 목표로 삼고 있는 사회의 '건강'이란 비장애자의 자기심 혹은 에고의 소산이라는 점이다. 이 자기심의 특징은 자기 자신도 느끼지 못하고 고통스러워하지도 않는다는 사실이다. 그러나 자기심이 장애자에게는 고통을 불러일으킨다. 장애자는 이 자기심 때문에 설령 직접적이지 않을지라도 사회로부터 배제되고 있다고 느낀다. 고통을 공유하지 않는 한 비장애자들은 당연히 사회의 유전적 우수성을 지키려 할 것이고, 그것을 문제시할 필요도 전혀 없다고 생각한다. 더욱이 비장애자들은 과학적 객관성, 즉 '진리'가 우생학 혹은 유전학이라는 형태로 자기 편에 서 있다고 생각한다.

장애자가 간접적으로나마 소속 사회에서 배제되는 데 대해 고통을 토로하는 것이 장애자측의 자기심 때문이라는 것은 말할 필요도 없다. 이 자기심도 모든 자기심처럼 자기 존재의 정당성을 승인해 줄 것을 타자에게 요구하고 있고, 따라서 다른 사람에게 배제당하면 고통스러울 수밖에 없다. 우리의 자기심은 배제되면 될수록 절대적인 승인, 절대적인 정당성을 요구한다. 이 자기심으로부터 본다면 그 절대적인 승인과 정당성을 부여하는 것은 어디에도 없는 것처럼 보인다. 어떤 종교도 그 역사적인 형태에서는 상대적이었고 '절대자'를 요구하는 것은 무리한 것처럼 보인다. 그것은 우리가 아직도 절대자를 객관적 진리처럼 표상할 수 있다고 생각하기 때문일지도 모르겠다. 절대자는 그렇게 생각하고 있는 우리의 자기 심을 깨뜨리면서 일상에서 만나게 되는, 생각지도 않게 우리에게 말을 걸어오는 존재가 아닐까? 그때 우리는 자기이면서 자기인 것을 잊어버리고 세계 유희를 즐기게 될지도 모른다. 그때 우리에게 표상된 '건강'은 세계 유희를 즐기는 자기 망각으로서의 '건강'의 그림자 같은 것임이 분명해지지 않을까? "인간이란 무엇인가?"라는 물음의 강력함이 우리에게 아직 드러나지 않은 이 전환을 약속하고 있는 것은 아닐까? 그것은 "인간이란 무엇인가?"라는 물음 자체가 모든 "인간은 ~이다"라는 표상과 정보에 만족하지 않고 우리 자신의 근원에로 여행할 것을 요구하기 때문이다.

방금 말한 자기 망각은 거기서 처음으로 자기라는 것이 받아들여진다는 의미이지, 현실 사회에 존재하는 차별이나 배제에 무관심해지거나 어쩔 수 없다고 용인하는 것은 결코 아니다. 이 자기 망각에서 오히려 장애자와 비장애자는 '인간'으로서 만나고 더구나 서로의 고통과 기쁨을 공유하면서 참회와 감사를 통해 장애자와 비장애자인 것을 자각적으로 받아들일 수 있다. 그러한 만남이 한 번이라도 일어나게 된다면 사회 전체는 갑자기 빛나기 시작하게 될 것이다.

결론을 대신하여

자신의 장애를 받아들여 장애와의 건강한 관계를 만들려고 노력할 때 먼저 주의할 것은 의료나 재활 훈련에 '기능주의적'인 장애 개념이 지배하고 있다는 사실이다. 이런 개념에서 장애는 일방적으로 마이너스이며, 의료나 재활 훈련을 통해 장애자를 가능한 한 비장애 상태에 가깝게 하는 것이 중요한 과제가 된다.

우리 안에 있는 '기능주의'에 이의를 제기하는 것은 장애를 지니고 있는 당사자로서는 고통스럽지만 "왜 내가?"라는 실존적인 물음을 던지는 일이다. 기능주의가 고통을 하나의 양으로 수치화하고 계량·객관화함으로써 해결책을 제시하려는 것인 반면, "왜 내가?"라는 물음은 더 이상 객관화될 수 없는 고통을 우리 자신이 만나는 것이기 때문이다. 이 물음에서 우리는 오랜 문화상의 고통의 경험을 만나고 그로부터 많은 것을 배울 수 있다.

거기서 배울 수 있는 것 가운데 하나는 옛 문화에서 고통의 경험이 통속적인 인과응보와의 대결이었다는 사실이다. 통속적인 인과응보란 악행으로부터는 나쁜 결과가 나오고 선행으로부터는 좋은 결과가 나온다는 단순 명쾌한 사상이다. 그것이 통속적인 이유는 무엇이 궁극적으로 선이고 악인가를 묻는 것이 아니라, 통속적인 선과 악, 행복과 불행의 개념을 무비판적으로 사용하고 있기 때문이다. 예컨대 장애와 같은 불행이 닥쳤을 때, 그것을 당사자 혹은 조상이 지닌 악업의 결과라 단정해 버리는 것은 통속적인 인과응보가 그 배경에 있기 때문이다. 옛 문화에서 고통의 경험은 통속적인 인과응보설과 대결함으로써 자신의 고통 속에서 성스러운 자와의 만남을 경험해 나아가는 것이었다.

현대 의학에 지배적인 기능주의 역시 이 통속적인 인과응보설의 한 변형에 다름 아니다. 이 현대 인과응보설과의 대결 속에서 우리가 '고통을 느끼지 못하는 고통'을 자신의 고통으로 경험하게 될 때, 아직 완전히 드러나 보이지 않지만 어떤 근원적인 전환이 준비되는 것이 아닐까? 위험이 있는 곳에는 이미 위험에서 우리를 구원할 사람도 자라고 있기 때문이다.

번역: 이규수(순천향대 강사, 일본 근대사 전공)

장애와 인권[1)]

김선민

이 원고의 청탁을 받아 놓고 얼마 지나지 않아 나는 크게 후회를 하였다. 덜컥 원고를 수락하였지만 새로 써야 할 분야였기 때문이었다. 그러나 그건 그런 대로 견딜 만했다. 전문이 아니라고 원고를 쓰지 않는 성격이 아니었기 때문에.

그런데 정작 나를 망설이게 한 것은 그 사이 내가 만난 한 장애인 때문이었다. 그는 흔히 사회에서 말하는 '중증 장애인'이었다. 그러나 나는 그가 일하고 있는 분야에서 어느 장소 어느 때를 막론하고 그만큼 전문성을 가진 사람을 보지 못하였다. 그는 장애와 차별의 문제에 있어 종횡무진 해박한 지식을 보여주었고, 스스럼도 사심도 없는 태도는 좌중을 압도했다. 스스로 장애인에 대한 편견이 없다고 자부하던 내가 그를 만나 한두 시간 이야기를 듣고 났을 때에는 마치 망치로 내 머리를 한 대 얻어맞은 기분이었다. 그에 대한 경탄을 통해서, 오히려 그 경탄이 내가 차마 인지하지 못한 내 무의식 안에 도사리고 있던 장애인에 대한 뿌리 깊은 편견의 소산이 아닌가 하는 깨달음을 얻었다. 이 글은 그가 쓰는 것이 마땅하

---

1) 이 글은 국가인권위원회의 공식적인 견해와 전혀 무관함을 밝힙니다.

다고 생각했지만 원고를 대신 부탁하기에는 이미 때가 늦었고 예의도 아니라 생각하여 그만두었다.

나는 장애인이 아니다. 그런데 나는 장애인이다. 대학 졸업 직전 나는 심한 선천성 질병이 있다는 사실을 알았고 그것 때문에 지금도 몇 가지 일은 하지 못하는 것이 있다. 다행히(?) 내 병의 흔적은 다른 사람의 눈에 쉽게 띄지 않고 우리 나라 현행 장애인 제도가 측정하는 범위에서 한 걸음 비켜서 있다. 언젠가 그 병의 한가운데 있을 때 내가 할 수 있는 일을 꼽아보았다. 이 상태에서 '나'는 무엇을 할 수 있을까? 타이피스트, 혼자 공부하고 글 쓰는 일? 그러나 그 일을 좋아하기는 했으나 내가 의학 공부를 했기 때문에 그것보다는 의사의 길로 드는 것이 훨씬 수월했다. 타이피스트 등을 경시해서가 아니라 그 일들을 하기 위해서는 새로운 훈련이 필요했지만 의사는 별다른 훈련 없이 해낼 수 있을 것 같았기 때문이다.

그때 마침 수련의(인턴) 시험이 눈앞에 있었는데, 나는 당연히 포기하려 했다. 건강이 수련의의 첫째 조건이라는 것은 삼척동자도 다 알고 있는데 나 같은 사람이 그런 힘든 일을 할 수 있을까 하고. 그러나 당시 동료들은 나를 북돋아 인턴 시험에 응하게 했다. 당시에도 채용 신체 검사가 있었는데 용케 그 결과도 정상으로 나왔다. 누구에게 뇌물을 바치거나 사기도 치지 않았고, 나는 합격했다. 내 병의 흔적은 가슴 엑스레이 사진을 찍다보면 상복부에 있는 이상한 물건으로 발견될 것이었는데, 그것과 채용 신체 검사가 요구하는 것은 무관하다는 의사로서의 내 판단에 따라 납으로 복부를 가려줄 것을 요구하였다. 방사선 촬영 기사는 "아 임신을 하셨군요" 하고 다른 말 없이 요구대로 해주었다.

그렇게 수련 과정에 들어갔고 그 과정을 마치기까지 남들보다 유난히 오랜 수련 기간을 거쳤다. 그것은 내가 병을 앓아 능력이 부족하기 때문이 아니었고 더 공부하고 싶은 욕심에서 비롯되었다. 그러나 모든 과정을 마치고 난 지금, 내가 앓았던 만성 선천성 질환이 의사라는 직업이 필요로 하는 능력과는 무관하며, 나중에는 오히려 병과 그로 인해 남은 장애가 환자들을 돌보거나, 관련 정책의 일을 하는 데 적합한 성격을 갖게 해주었다는 사실을 알게 되었다.

왜 인권인가? 그리고 어떠한 인권인가?

장애인의 문제는 사회 구석 구석에 널려 있고 더 이상 어떠한 매듭을 짓지 않고 방치할 수 있는 문제가 아니라는 것에는 이론의 여지가 없다. 장애인을 친구로 함께 살아가는 것이 기업의 이미지 광고로 성공하고 있는 것이 우리의 앞서가는 의식 수준을 반영한다고 할 수 있다. 그러나 앞서가는 의식에 반하여 현실은 여전히 냉혹하다.

장애인고용촉진법에 의하여 300인 이상 사업장에서는 최소 2퍼센트 이상의 근로자를 장애인으로 고용하여야 하지만 이 법은 잘 지켜지지 않고 있으며 실효성 있는 제재 조치도 뒤따르지 못하고 있다. 앞서 말한 장애인과 더불어 산다는 내용의 카피가 기업의 이미지 광고로 성공을 거두었지만, 그 광고가 제작비를 대는 프로그램에서는 여전히 장애인을 웃음의 소재로 만들어 여러 사람을 웃기면서, 광고 회사 상품의 판매 효과를 촉진시키고 있다. 장애인의 목소리가 커져서 각종 정책들이 쏟아져나오고 있지만 장애인을 위한 보장구나 시설에 입소하는 데 드는 비용은 여전히 건강보험 급여 범위에서 제외되어 있다.

사회적 약자의 대표격인 장애인을 위한 목소리들은 최대 이윤 창출을 목표로 하는 기업의 논리, 사회적 효율을 극대화하려는 경제 논리 앞에서는 힘을 잃고 만다. 고용 평등이나 자유로운 이동을 위한 권리는커녕 장애인을 위한 시설 건축과 장애인 재활을 위한 프로그램 확대조차도 비용 대비 편익을 극대화하여야 한다는 논리 앞에서 무력해진다.

사회 전체를 꿰뚫고 있는 경제 논리, 사회적 효율의 극대화라는 단순 명료한 담론 앞에서 모든 것은 빛을 잃는다. 이는 이 사회가 자본주의를 지향하는 한, 별도의 사고의 틀 없이는 뛰어넘기 어려운 큰 장벽이다.

이 거대한 경제 논리의 틈바구니 속에서 사회적 약자가 제대로 숨을 쉴 수 있는 것은 '인권'이란 단어 때문이 아닌가 한다. 사회 운동의 한 담론으로 인권이란 단어가 떠오른 현재 시점에서 이것은 당연한 것처럼 여겨진다. 그러나 기실 사회를 변화시키는 실질적 힘으로서의 '인권'이 화두로 떠오른 것은 오래된 일이 아니다.

약 10년 전부터 인권 단체라는 것이 만들어졌고 급기야는 국가인권위원회를 세우기 위해 많은 사회 세력들이 힘을 모았다. 최근 들어 장애인 인권센터, 노숙자인권센터 등이 발족된 것이 시대의 유행을 탄 것만은 아닐 것이다.

짧은 역사이기는 하나 우리 사회에서도 이미 인권이란 단어는 꽤 힘을 발휘하기 시작했다. 인권이란 단어가 주는 추상성이 모든 것을 인권의 이름으로 재단하려는 현상을 낳기도 하였지만, 소수자와 약자가 인간답게 살 수 있는 사회적 힘의 근거를 이루게 한 것 역시 사실이다.

그렇다면 인간의 권리를 의미하는 인권이란 구체적으로 무엇으로 정의할 수 있을 것이며 어떤 역사를 갖고 있는 것인가?

인권에 대하여 누구나 동의할 수 있는 수준의 명쾌한 정의를 내린다는 것은 매우 어려운 일이다. 대개의 인권에 관련된 서적은 인권이 무엇인가 하는 문제를 명확하게 짚고 넘어가지 않았다. 더욱이 특정 분야에 들어가면 어디까지를 인권의 이름으로 지킬 수 있는가 하는 실행적 정의를 내리기란 거의 불가능하다.

보편적으로 인권은 "천부의, 태어날 때부터 가지고 있으며, 마땅히 모든 사람들이 갖는 권리"로 정의할 수 있다. 이 권리를 통해서 사람은 더 인간적인 삶을 누릴 수 있게 된다.

세계인권선언문에 의하면 "모든 인간은 태어날 때부터 자유로우며 그 존엄과 권리에 있어 동등하다. 인간은 천부적으로 이성과 양심을 부여받았으며 서로 형제애의 정신으로 행동하여야 한다.(제1조) 그리고 모든 사람은 인종, 피부색, 성, 언어, 종교, 정치적 또는 기타의 견해, 민족적 또는 사회적 출신, 재산, 출생 또는 기타의 신분과 같은 어떠한 종류의 차별이 없이, 이 선언에 규정된 모든 권리와 자유를 향유할 자격이 있다. 더 나아가 개인이 속한 국가 또는 영토가 독립국, 신탁 통치 지역, 비자치 지역이거나 또는 주권에 대한 여타의 제약을 받느냐에 관계없이, 그 국가 또는 영토의 정치적 · 법적 또는 국제적 지위에 근거하여 차별이 있어서는 아니된다"(제2조)고 되어 있다.

비교적 구체적으로 인권에 대하여 기술한 세계인권선언문이 작성되기까지 제2차 세계대전이 중요한 역사적 사건으로 작용하였다. 세계대전을 지나면서 인류는 핵무기와 인종 말살 등에 의한 기본적 인권 유린의 장면들을 목격하였고, 사회 · 경제적 체제를 뛰어넘어서 인류가 공동의 과제로서 인간의 기본권을 지키기 위한 노력의 필요성을 절감하게 되었다. 세계인권선언이 선언적인 의미만을 갖는다는 점을 보완하기 위해서 시민적 · 정치적 권리에 관한 규약과 경제적 · 사회적 · 문화적 권리에 관한 규약을 제정하기에 이르렀다.

두 규약의 내용을 요약하면 아래와 같다.

시민적 · 정치적 권리 규약
· 생명권
· 고문 방지
· 노예 상태에 놓이지 않을 권리
· 강제 노동 금지
· 신체의 자유와 안전에 대한 권리
· 자유를 박탈당한 사람의 존엄성
· 이동의 자유 및 거주의 자유
· 재판에 있어서 평등
· 법 앞에 인간으로서 인정받을 권리
· 사생활 · 가정 · 주거 또는 통신의 자유
· 사상, 양심 및 종교의 자유
· 표현의 자유
· 전쟁 금지
· 평화적인 집회의 권리
· 노동조합을 결성하고 이에 가입하는 권리
· 가정은 사회의 자연적이며 기초적인 단위이고, 사회와 국가의 보호를 받을 권리

· 혼인 적령의 남녀가 혼인을 하고 가정을 구성할 권리
· 어린이가 차별받지 아니하고 미성년자로서의 지위로 인하여 요구되
  는 보호 조치를 받을 권리
· 모든 어린이가 출생 후 즉시 등록되고 성명을 가질 권리
· 모든 어린이가 국적을 취득할 권리
· 직접 또는 자유로이 선출한 대표자를 통하여 정치에 참여할 권리
· 보통, 평등 선거권에 따라 비밀 투표권 및 피선권
· 일반적인 평등 조건하에 자국의 공무에 취임할 권리
· 법 앞에 평등할 권리
· 소수 민족이 문화 향유, 종교 표명, 언어 사용 권리

  경제적 · 사회적 · 문화적 권리 규약
· 노동의 권리
· 노동 조건
· 노동조합을 조직할 권리
· 사회 보장을 받을 권리
· 가정과 산모, 어린이와 청소년이 특별한 보호와 원조를 받을 권리
· 생활 수준을 유지하고 굶주림에서 벗어날 기본적 권리
· 최고 수준의 신체적 및 정신적 건강을 누릴 권리
· 교육받을 권리
· 문화적인 생활에 참여할 수 있는 권리
· 과학의 진보와 그 응용에서 오는 혜택을 누릴 수 있는 권리

자유권이라 부르는 시민적·정치적 권리와 사회권이라 부르는 경제적·사회적·문화적 권리는 서로 역사를 달리해서 발전해 왔다. 내용상으로도 중복이 되는 양대 권리를 단순명료하게 구분하는 것은 가능하지도 않고 굳이 의미가 있지도 않다. 그러나 실질적으로 '인간의 권리'를 '함께 획득해 감'에 있어서 두 권리는 그 접근 방법이 매우 다르기 때문에 서로 다른 측면을 이해하여야 한다. 천박하게 표현하여 자유권을 "내가 무엇을 하든 그냥 내버려두라"는 의미로 해석한다면 사회권은 "내가 인간으로서의 존엄성을 유지하기 위해 최소 이러이러한 것은 보장하라"는 보다 적극적인 의미로 해석할 수 있다. 자유권을 얻기 위해서는 당연히 있어야 할 권리를 '빼앗긴' 것에 대한 방어가 필요하지만, 사회권을 얻기 위해서는 보다 적극적인 공세를 펼쳐야 한다. 따라서 사회권의 절대선은 존재하지만 그 실체는 지금도 변화하고 있어서, 한 사회가 여러 사람들에게 연대(solidarity)의 틀 안에서 보장할 수 있는 최저선 혹은 적정선의 권리가 어디까지인가에 대한 합의부터 이뤄야 한다. 자유권의 경우 어느 사회이든 보장되어야 할 최저선을 구하는 것이 비교적 쉬운 반면, 사회권의 경우 한 사회의 경제적인 수준과 사회적인 합의 수준에 따라서 사회가 보장하여야 할 최저선의 권리는 매우 달라진다. 어느 사회이든 사회권을 논의하는 것이 어려운 점이 여기에 있다.

여기에 자유권과 사회권에 있어 중요한 것은 사회 구성원 누구를 막론하고 그 최저선의 권리는 동등한 수준으로 보장되어야 한다는 평등권에 이르면 논의는 더욱 복잡해진다. 평등권은 바로 사회에 만연해 있는 여러 종류의 차별을 금지한다는 의미를 담고 있다. 일견하여 당연한 이야기이다. 그러나 차별도 그다지 간단하게 바라볼 수 있는 것은 아니다.

장애와 인권, 구체적으로 어떤 관계인가?—이동권을 중심으로

장애와 인권은 구체적으로 어떤 연결 고리를 가진 것일까? 단순하게 말하면 모든 인간이 이러한 권리를 누려야 하므로 "장애인도 인간이니까" 인간이 누려야 할 권리를 함께 누리는 것이 바람직하다고 별 고민 없이 말할 수 있을 것이다. 그러나 실질적인 고민과 장벽에 부딪쳤을 때 누구나 그런 당위적인 이야기를 할 수 있는 것은 아니다.

그런 논리가 쉽게 통한다면 연일 신문에서 보도되는 바와 같이 인간의 최소한의 권리라 모두들 생각하는 자유로운 이동권을 확보하기 위해 장애인들이 그 추운 겨울에 세종로 한 거리에서 사슬을 서로의 몸에 감고 누워야 했을까? 그리고 그들의 시위를 막기 위해서 서울시와 경찰이 '별것 아닌' 장애인의 이동권을 제한하는 의미가 담겨 있는 행위를 해야 했을까? 그것도 지방 자치 단체 선거를 눈앞에 두고 서울시는 그런 표 잃는 행동을 해야만 했을까?

장애인 이동권의 문제 하나만을 보더라도 여기에는 자유권과 사회권, 그리고 차별의 문제가 복잡하게 얽혀 있음을 알 수 있다.

장애인 이동권의 문제는 당연히 자유권의 문제이다. 어떤 형태의 장애인이든 대한민국 영토 전체를 자유롭게 움직여야 한다는 것은 논리적으로 매우 당연하다. 이 수준에서 이의를 제기할 수 있는 사람은 없을 것이다.

장애인의 이동권을 보장하기 위해서 서울시는 주요 도로에 시각 장애인을 위한 보도 표지판을 설치하였다. 일부 신호등에서는 보행시 소리가 나는 장치를 부착하기도 하였고 공공 건물의 엘리베이터에는 점자로 된 표지판이 달려 있다. 과거에 비하면 이것들은 매우 큰 진전이다. 우리는 서서히 최소한의 장애인 자유권인 이동권을 보호하기 위하여 한 걸음 한 걸음 나아가고 있는 것이 아닌가? 물론 사실이다. 그렇다면 장애인들은 이 사회를 향하여 무엇을, 그리고 왜 외치고 있는 것일까?

다시 장애인 이동권으로 돌아가본다. 이동이라는 것은 대표적인 자유권인 신체의 자유에 해당한다. 누구도 이를 제한할 필요도 이유도 없다. 그러나 실제로 장애인이 자유로운 이동을 하려면 장애인이 아닌 사람들의 자유로운 이동에 필요한 환경과는 다른 환경이 조성되어야 한다. 간단한 예를 들더라도 휠체어가 자유롭게 이동할 수 있도록 건물의 턱을 모두 없애야 하고 낮은 층의 건물이라도 엘리베이터를 설치하여야 한다. 전 도로에 시각 장애인을 위한 요철 블록을 깔아야 한다.

물론 요철 블록도 완전한 것은 아니다. 인간은 정해진 길대로 갈 권리가 있는 것이 아니라 사방 팔방 가고 싶은 곳을 갈 권리가 있다. 그런 의미에서 요철 블록은 시각 장애인의 이동을 도와주는 동시에 일정한 곳을 통해서만 갈 것을 제한하는 의미도 갖고 있다. 선진국은 요철 도로에서 한 걸음 나아가 시각장애인 모두에게 인도견(引導犬)을 제공하는 정책으로 바뀌고 있다.

또한 지체 장애인이 이동하기 위해서는 반드시 '걸어서' 갈 수 있는 거리만을 가라고 하는 것 역시 이동권의 심한 제약이다. 교통 수단을 자유롭게 이용할 수 있어야 하며, 이 과정에서 인간의 존엄성이 훼손되어서는 안 된다. 일전에 있었던 지하철역 장애인용 리프트카 추락과 같은 안전사고로부터 보호받을 권리도 있다. 그리고 같은 거리를 같은 시간에 이동을 할 권리가 있는 것이다. 그렇기 때문에 휠체어를 타는 이들도 대중 교통 수단을 어려움 없이 이용할 수 있어야 한다. 그래서 저상 버스를 도입하기 위한 장애인 운동을 위해 이토록 많은 장애인들이 목숨을 거는 것이다.

모두들 그렇게 생각한다. 장애인을 위한 저상 버스가 도입되어야 하고, 안전하고 빠르게 지하철을 이용할 수 있도록 장애인용 엘리베이터도 설치되어야 하고, 모든 공공 시설은 장애인을 위한 시설과 장비를 갖추어야 한다고. 왜냐하면 장애인도 '인간' 이니까.

이 정도 주장을 하면 금방 들려오는 공격 아닌 공격이 있다. 도대체 우리 나라에 몇 명의 장애인이 있으며, 그 몇 명의 장애인을 위해 얼마의 비용을 투입하여야 하는가? 그 비용 대비 편익이 우리 사회 전체를 위해 얼마나 타당한 것이냐 하는. 이러한 공격은 비단 예산과 지출을 담당하는 정부 부처뿐 아니라 세금을 내야 하는 일반인들로부터도 있음직하다. 사회적 분위기가 장애인을 우대하지 않는 발언을 할 경우 '인간성이 좋지 않은' 사람으로 몰릴 가능성이 있기 때문에 큰 목소리로 나오지 못하고 있기는 하나, 누구나 마음속에 '나와 무관한' 장애인의 편의 시설을 위해 내가 내는 세금이 쓰이기를 원하지는 않는다. 대신 장애와 무관한 나의 자식에게 쓰일 교육비 등에 세금이 쓰이기를 더 원하고 있는 것이 사실일 것이다.

이런 의미에서 장애인 이동권의 문제는 자유권인 동시에 사회권이다. 논리적인 차원을 떠나서 실질적으로 자유권과 사회권을 가르는 가장 큰 차이는 비용의 문제와 이에 대한 사회적 합의 수준이다. 그리고 사회권을 이룩하기 위해서 드는 비용은 사회 구성원들이 인간의 존엄성을 유지하는데 '그 국가가 부담할 수 있는' 최저선을 의미하고 그 최저선이란 바로 비용의 측면에서 사회 구성원들의 합의 수준에 따라 좌우된다. 이 합의선 이 ―억지로 선진국을 따라가기 위해서 정부가 정하는 것이 아니라 사회 구성원들이 집단적으로 결정하는 ―어느 정도인가에 따라 그 사회가 건 실한 연대에 기반을 둔 성숙한 사회인가 아니면 개인의 불행을 모두 개인 이 책임지게 하는 야만의 사회인가를 결정하는 척도가 되는 것이다.

반드시 장애인이 아니더라도 주거나 건강 분야의 사회권을 실현하는 과정에서 국가 사회가 어느 정도의 최저선을 모든 구성원에게 보장하여 야 하는가는 그야말로 사회권 규약에 명시된 대로 "국가가 비용을 부담할 수 있는 수준까지"이다. 우리는 장애인을 위해서 어느 정도의 비용을 부 담할 사회적 합의가 이루어진 것인가? 공공 시설물에 부착된 점자 안내 판, 시각 장애인을 위한 요철 블록, 시각 장애인 일 인당 한 마리의 인도 견, 지하철역의 리프트카 혹은 엘리베이터, 지체 장애인을 위한 저상 버 스, 모두 만만찮은 돈이 들어가는 일이다.

여기서 끝나는 문제가 아니다. 장애인의 문제는 평등권의 문제와 떼어 서 생각할 수 없다. 다른 영역과 마찬가지로 장애인에 대한 차별 역시 직 접 차별과 간접 차별로 구분할 수 있다. 같은 조건의 장애인과 비장애인 이 있을 경우 잘못된 편견으로 인하여 장애인을 배제하는 행위를 직접 차별이라 한다면, 간접 차별은 이에 비하여 훨씬 더 교묘하게 이뤄지고 있다. 그러면서 실제로 장애인을 여러 차례 자괴감의 늪으로 빠뜨리고 있다.

어떤 분야의 능력이 뛰어나지만 그 능력의 본질과는 거리가 먼 신체 일 부분에 장애가 있어 휠체어를 이용하여야 이동을 할 수 있는 사람이 있다. 이 장애인은 어떤 특정 분야—예를 들면 정책 생산이라든가, 연구라든가, 아니면 어떤 기능직이라도 좋다—에 있어 누구보다 그 일을 우수하게 수행할 수 있다. 그러나 이 장애인이 그런 일들을 하기 위해서는 직장에 출근하여 능력을 충분히 발휘하도록 모든 것이 갖추어져 있어야 한다. 우선 출퇴근을 원활하게 하기 위해서 휠체어가 쉽게 이동할 수 있는 환경이 마련되어야 하며, 이 사람이 근무하는 동안 생산성을 최대로 살리기 위하여 출입구는 보다 넓게 설계되고 책상도 휠체어가 쉽게 드나들 수 있도록 만들어져야 한다. 화장실도 충분히 넓어야 한다. 혹시 이 사람이 중간 관리자 이상으로 승진하고자 한다면—적어도 우리 사회와 같이 중간 관리자 이상인 직원의 권위가 중요한 사회에서는—이 사람의 자존심이 상하지 않도록 화장실은 동성의 화장실과 같은 곳에 위치하여야 하고, 불필요하게 다른 사람의 도움을 받지 않고도 대부분의 인간적인 생활(Activity of Daily Life)을 유지할 수 있도록 시설과 장비가 마련되어야 한다. 심지어 회의실의 탁자도 새롭게 설계되어야 한다.

그런데 현실은 어떠한가? 장애인은 실제 업무에 필요한 어떤 능력을 갖고 있더라도 다른 여건이 허락하지 않는 한 대개 출퇴근에 걸리는 시간이 길고 비용도 많이 들며, 하다못해 화장실에 갈 때에도 다른 사람의 도움을 받아야 한다. 따라서 일반적인 상급자들이 갖고 있는 권위를 스스로 세우기란 어렵다. 어떠한 상황에서는 다른 사람에게 업혀야 하는 이가 조직 내에서 자신의 권위를 찾기는 거의 불가능한 일이다. 결과적으로 장애인들은 어떤 분야에서 같거나 탁월한 능력을 갖고 있다 하더라도, 업무와 직접 관련이 없는 부분을 독립적으로 수행하지 못함으로 인해 스스로 할 수 있는 일도 못하게 된다. 이것이 바로 사회 활동 부진으로 나타나는 장애인들의 간접 차별 결과이다. 대개 장애인은 어느 단계에 이르면 사회 활동에 대한 노력을 포기하게 된다. 물론 이런 논의 자체가 세상 밖에 나와보지도 못한 장애인들에게는 호사임이 분명하다.

장애인 인권 침해의 유형과 대책

장애인을 향해 가해지는 인권 침해를 단순한 유형으로 나누는 것은 매우 어려운 일이다. 그래도 굳이 구분하고자 하는 것은 유형에 따라 그 대책이 달라지기 때문이다. 이 분류가 반드시 학문적으로 옳은 분류라고는 할 수 없다. 그러나 우리 현실에서 볼 수 있는 장애인 인권 침해의 유형은 대개 이런 유형으로 나타난다.

유기(遺棄)

장애인은 사회적인 '돌봄'(care)을 필요로 하는 경우가 많다. 재활과 교육, 그리고 훈련이 충분히 이뤄지고 나면 더 이상 돌봄이 필요하지 않은 단계가 오기도 하지만 대개의 경우 장애인으로 태어났을 때 혹은 장애인이 되었을 때 충분한 보살핌이 있어야 한다. 그러나 이러한 보살핌은 충분히 주어지지 않고 있다. 여기서도 문제는 차별적으로 일어나는데 같은 장애인 중에서도 여성 장애인이 남성 장애인보다 돌봄·교육·훈련의 기회가 절대적으로 적게 주어지고, 더욱이 삶의 과정에서 후천적으로 장애가 발생할 경우(예를 들어 교통 사고나 뇌졸중, 치매 등) 경제적 수준에 따라 보살핌의 기회는 현격하게 차이가 난다.

이는 장애의 문제인 동시에 향후 노인 문제이기도 하다. 많은 장애인이

96

치료적 재활을 필요로 하고 효과가 있음에도 불구하고 사회적으로 은폐되어 그들의 존재조차 밖으로 알려지지 않고 있다.

이는 비용의 문제이고 사회적으로 함께 풀어야 할 문제인 것이 분명하다. 장애인의 가족이 장애인을 유기하게 되는 이유 중 가장 큰 것은 그 직·간접 비용을 감당하지 못하기 때문이다. 그러나 아무리 사회적인 책임을 운운하더라도 그 전 단계에서 명확한 유기이자 학대라는 측면에서 개인적인 책임을 회피할 수는 없을 것이다. 아동이나 가정 폭력과 마찬가지로 장애인을 유기하는 이들을 개인적으로 벌하는 동시에, 이들이 경제적인 이유로 유기를 하지 않도록 사회적인 지지 체계를 마련하여야 할 것이다.

폭행

장애인은 스스로를 지킬 능력이 부족하다는 점에서 가장 취약하다. 특히 신체적 장애든 정신적 장애든 스스로를 지키기 위한 신체적·언어적 능력에서 그러하다. 이런 이유로 장애인들이 가장 큰 문제점으로 느끼면서도 사회적으로 호소하지 못하는 것이 바로 비장애인으로부터 받는 폭력이다.

장애 여성에 대한 성 폭력, 거리나 일상 생활에서의 언어 폭력, 학교나 직장에서의 왕따 모두 폭력의 일환이다. 이러한 현상은 개인이 자신과는 다른 모습을 한 다른 개인에 대한 적개심을 여과 없이 표현하는 것으로서 폭력을 구사하는 범죄 행위로 간주하여야 한다. 어떤 이유에서든 폭력은 행사되어서는 안 된다. 그것도 개인이 개인에게 가하는 불법적이고 처참한 폭력은 용서받을 수 없는 '죄'이다. 그것도 자신보다 방어 능력이 없는 다른 개인에게 가하는 것은 흔히 말하는 조직 폭력배보다도 못한 일이다. 이런 일들이 인간적으로 용납되어서는 안 된다.

이런 현상이 사회적으로 용납되고 있다는 것은 그 사회의 미개한 수준을 그대로 반영하는 것으로, 어떠한 변명도 있을 수 없는 일이다.

자유권 침해

앞서 길게 언급한 이동권을 포함한 신체의 자유와 안전에 대한 권리, 생명권, 강제 노동 금지, 거주의 자유, 사생활, 가정·주거 또는 통신의 자유, 표현의 자유, 평화적인 집회의 권리, 모든 어린이가 출생 후 즉시 등록되고 성명을 가질 권리, 참정권, 투표권 및 피선권, 공무담임권 등은 모든 사람이 누려야 할 기본권적인 자유권에 해당한다.

그러나 장애인의 경우 여러 가지 이유로 인하여 이들이 지켜지지 않고 있다. 가장 큰 원인은 장애인으로 태어나거나 장애인이 된 순간 스스로를 비장애인으로 여기는 이들의 무의식 깊이 '존중하지 않아도 좋은 나와는 다른 사람', '그렇게 되기까지 죄를 지어서, 벌을 받아 마땅한 사람', '심지어는 같은 인간이라고 여기고 싶지도 않은 존재'라는 인식이 깊이 뿌리내리고 있기 때문이다.

또 흔히들 "장애가 없는 사람도 누리지 못하는 권리를 장애를 가진 사람까지 누리도록 하여야 할 만큼 한가한가" 하는 말들을 한다. 바로 이 평범한 말에서 장애인을 대하는 우리 사회의 기본적인 그러나 뿌리 깊이 박힌 잘못된 시각을 엿볼 수 있다.

장애인의 자유권을 보장하기 위해서는, 소수자 혹은 사회적 약자의 운동의 초기 단계에서 흔히 겪어야 할 것으로, 이 뿌리 깊은 편견을 없애기 위해서는 여러 가지 대책들이 마련되어야 한다.

우선 이 편견의 근원이 어렸을 때 받은 교육에서 비롯되었다는 사실을 깨닫고 장애인과 비장애인을 포함한 어린이들의 교육 과정에서부터 장애인이 우리와 다른 종(species)이 아닌 같은 인간이며 서로 다른 능력을 가졌을 뿐(differently abled) 나보다 못한 사람이 아니라는 점을 늘 인지해야 한다.

이를 위해서는 개인 단위의 인식 전환도 중요하지만, 일정 정도 사회적 강제가 필요하다. 교과 과정에는 반드시 제 역할을 하는 장애인의 모습이 포함되어야 하며, 장애인과의 공통적인 교육을 통해서 장애인과 더불어 함께 사는 훈련을 키워야 한다. 이러한 노력은 현재 상태의 장애인을 위해서도 바람직한 현상이지만 어떤 개인이 사고 등을 원인으로 장애인이 되었을 때 빠른 정신적 · 신체적 치유와 재활을 위해서도 필요하다. 우리 사회에서 장애인이란 늘 '병신', '사회적 낙오자'라는 낙인(stigma)이 찍혀 있기 때문에 장애인이 된 이들이 이러한 사실을 극복하여 새로운 적응력을 찾지 못하고 정신적으로도 황폐화될 수밖에 없다.

차별

위에서 말했듯이 장애인에 대해서는 직접 차별과 간접 차별이 함께 가해지고 있다. 효율의 극대화라는 자유주의적인 발상을 들이대지 않고 장애인도 똑같은 인간이라 여기는 마음이 한구석에라도 있다면 당연히 장애인에 대한 각종 차별의 소지는 없어져야 한다. 물론 차별을 없애기 위해서 멀리는 의식을 바꾸기 위한 교육적 접근이 필요하다. 이를 방지 혹은 예방이라고 한다면, 당장 아무렇지도 않게 일어나고 있는 차별을 금지하기 위한 제도적 접근이 필요하다. 그런 의미에서 필요한 것은 보다 강력한 수단의 차별 금지이고 여기에는 개인이나 집단이 장애인을 차별할 경우 적절한 처벌이 있지 않으면 안 될 것이다. 구체적으로 제안하면 우리 나라에도 이제 각종 차별 금지법이 제정되어야 할 때가 아닌가 한다. 이런 의미에서 차별 방지라는 용어 대신 굳이 차별 금지라는 단어를 사용하였다.

사회권 박탈

장애인들이 인간다운 삶을 영위하기 위해서는 궁극적으로 최저선의 삶을 살 수 있어야 한다. 그러기 위해서 노동을 할 권리, 적절한 노동 조건을 누릴 권리, 노동조합을 조직할 권리, 사회 보장을 받을 권리, 가정과 산모, 어린이와 청소년을 위한 보호와 원조를 받을 권리, 적정 수준의 의식주를 누릴 권리, 건강을 누릴 권리, 교육을 받을 권리, 문화적인 생활에 참여할 수 있는 권리, 과학의 진보와 그 응용에서 오는 혜택을 누릴 수 있는 권리 등 각종 경제적 · 사회적 · 문화적 권리를 누릴 수 있어야 한다.

여기서 중요한 것은 장애인들이 누리는 경제적 · 사회적 · 문화적 권리는 그 사회의 일반적인 사람들이 누리는 평균적 수준—그것도 사회적 합의를 통해서 만들어가겠지만—을 함께 누려야 한다는 사실이다. 장애인은 이 정도의 사회권을 누리는 것이 적당하고 비장애인은 그보다 높은 수준의 사회권을 누려야 한다는 발상 자체가 집단적 차별, 우리의 그 야만적 사고의 발상이 아닐 수 없다.

장애인 인권, 어디까지 지켜질 수 있을까?

　장애인의 인권, 아직도 그 길은 멀고 험난하다. 지금도 서울 시내 한 구석에서는 장애인들이 시위를 계속하고 있는 가운데 장애인 복지 시설 안에서 자행되는 인권 유린을 감내하기도 하고 아예 집안에 자물쇠가 걸려 있는 방에 유기당하고 있는 장애인도 있다.

　이러한 현실에서 장애인의 인권을 이야기한다는 것이 우스꽝스럽기도 하지만 그래도 천릿길도 한 걸음부터라는 이야기대로 하나하나 돌을 놓아 언젠가 우리의 의식이 전환되고 사회적인 토대가 마련되면 장애인은 활짝 웃을 수 있다. 또한 나나 내 자식이 장애인이 될까봐 지나치게 걱정하고 장애인과 나 스스로를 격리하는 야만을 버릴 수 있는 날이 언젠가 올 것으로 기대해 본다.

　그러기까지는 당사자인 장애인들이 목소리를 높이는 것도 중요하지만 장애인이 아닌 이들이 좀더 성숙한 자신들을 만들어가기 위한 깊은 성찰의 자세를 가다듬고 장애인의 목소리에 동참하는 것이 필요하지 않을까 한다.

사회 속의 장애: 차별에서 affirmative action으로

유동철

1990년 7월 26일, 미국 백악관 남쪽 뜰에서 조지 부시 전 미국 대통령이 일개 법안에 서명을 하면서 3천여 명의 청중들 앞에서 이렇게 외쳤다.

"모든 사람이 함께, 지금까지 우리가 쌓아올린 물리적 장벽이나 우리가 용인하여 온 사회적 장벽을 제거하지 않으면 안 됩니다. 이것은 모든 사람이 함께 번영할 수 없다면 그 나라는 결코 번영하는 나라라고 할 수 없기 때문입니다. 그리고 우선 우리 주위를 살피는 것이 중요하다고 생각됩니다."— '장애가 있는 미국인법' 의 서명식 연설 중에서

이 법안의 제명은 ADA(Americans with Disabilities Act)였다. 말 그대로 '장애가 있는 미국인법' 이며, 세간에서는 '미국 장애인차별금지법' 이란 이름으로 칭해지는 경우가 흔하다. 장애인에 대한 차별이 어떤 것인지를 규정하고 장애인에 대한 차별 행위를 금지하는 것이 주된 내용이기 때문이다.

이 글에서는 미국이라는 사회에서 장애를 바라보았던 전통적인 시각이나 대책과 함께 장애를 수용하는 대표적인 법인 ADA법을 둘러싼 역사를 살펴봄으로써 차별에서 수용으로 나아가는 사회적 기제를 짚어보고자 한다. 많은 국민들이 미국이라는 나라에 대해 지니고 있는 불쾌함 내지는 적대감에도 불구하고 이 나라를 선택한 이유는 미국에 대한 식민지적 근성 때문이 아니라 장애에 관한 한 '권리 중심의 사회적 기제'가 지구상에서 가장 빨리 그리고 가장 대중적으로 성립된 국가이기 때문임을 밝혀둔다.

시혜에서 권리로

미국에서 1960년대까지의 장애인 삶의 역사를 시혜의 역사라고 이름 붙인다면, 1970년대 이후는 권리의 역사라고 이름지을 수 있다. 시혜의 역사 속에서 장애인은 온정적인 사회 단체나 가부장적인 국가로부터 수동적으로 보호를 받는 대상이 된다. 객체화되고 대상화된 장애인인 것이다. 한 장애인이 사회 보장 급여를 받을 자격이 있는지를 담당 공무원이나 사회복지사가 평가하여 결정하고 일방적인 급여를 제공한다. 재활이 필요한지, 필요하다면 어떠한 재활 프로그램이 필요한지의 여부도 전문가가 판단한다.

시혜의 역사 속에서는 장애인을 '일반인들이 충분히 행하는 일상 생활을 수행할 수 없게 만드는 신체적·정신적 손상을 가진 사람'이라고 바라본다. 따라서 장애인은 일반인과 차이가 있는 다른 그룹으로 취급되고 장애인에게는 일반인과 다른 처우가 행해진다. 사회의 제도와 시설은 '일상 생활에 제약이 없는' 다수의 일반인들을 중심으로 계획되고 설계되며, 장애인에게는 별도의 보호 조치가 행해진다. 이와 같은 시각으로 인해 장애인은 외딴 시설에서 '보호' 받게 되고, 분리된 작업장에서 '보호' 받게 된다.

보호를 확실히 하기 위해 시혜적 사회에서는 '진짜 장애인'(truly disabled)을 구별해 내고 이들에게 복지 조치를 행한다. 따라서 노동 능력이 없고 거동이 불편한 중증 장애인을 중심으로 수당이나 급여가 제공된다. 시혜적 사회에서는 장애인은 항상 객체이다. 서비스의 종류, 양과 기간은 대부분 전문가들에 의해 결정된다. 왜냐하면 장애인은 '보호' 받아야 할 취약한 사람들이기 때문이다.

미국의 구체적 역사를 더듬어보더라도 이러한 시혜의 역사를 확인할 수 있다. 20세기 이전 장애인들은 지역 사회의 연줄망에 의해 보호를 받았다. 혈연 조직이나 이웃이 도움을 제공한 것이다. 그러다가 20세기가 시작되면서 생활 시설 등에서 보호를 받았다. 이 생활 시설들은 주로 종교 단체와 국가가 설립하고 운영했다. 생활 능력이 없는 장애인들은 대규모 시설에 수용되어 생계 보장을 받는 대신 개인적 자유를 저당잡혔다. 이 지점에서 푸코가 내뱉었던 "외형적으로 감옥이 현대화되고 형벌이 완화되었다고 해서 그것을 죄수에 대한 권력의 인간적 처벌이라고 해석해서는 안된다. 그것은 권력의 전략이 바뀐 현상일 뿐이기 때문이다"라는 언급이 생각나는 것은 아마도 시설이 감옥과 같은 획일성과 규율을 강조하는 '감시와 처벌' 의 기능을 하고 있기 때문일 것이다.

초창기 미국의 장애 프로그램은 전쟁 상이 군인에 대한 연금 지급이 유일하였다. 이는 남북전쟁(Civil War) 및 멕시코전쟁 때문에 입은 장애에 대한 보상적 성격이 강했다. 이것이 19세기 말에 이르면 장애로 인해 일할 수 없는 퇴역 군인들에게까지 확대되었다. 그 당시에는 스카치폴의 지적처럼 "장애인의 욕구가 얼마나 큰지는 전혀 중요하지 않았으며, 사회 보장 급여를 받을 자격이 있는지 없는지가 중요하였다." 1956년에는 장애 보험이 만들어졌다. 임노동 활동을 하던 사람들이 영구 장애를 입을 경우에 연금을 지급하는 것이다. 장애로 인해 소득 활동을 하지 못하는 불쌍한 장애인들을 위한 국가의 배려였던 것이다. 1972년에는 보충적 소득 보장 제도(Supplemental Security Income)가 만들어졌다. 우리 나라의 국민기초생활보장제도와 같이 저소득 빈민들에 대해 생계 보장을 해주는 것이다. 이 또한 불쌍한 장애인을 보호하기 위한 시혜적 조치였다. 장애인을 불쌍하고 무기력하며 도움이 필요한 존재로 여겼다는 사실은 미국의 루즈벨트 대통령 시기 장애 여성은 아이를 출산하지 못하도록 하는 연방법을 제정하려 했다는 데서 극명하게 나타난다.

시혜적 사회는 장애인을 무기력한 사람으로 바라보기 때문에 장애인을 사회에서 배제해도 무방하다고 생각한다. 1968년 목뼈가 부러져 장애인이 된 렉스 프리덴(Lex Frieden)은 대학을 갈 수가 없었다. 대단히 훌륭한 성적에도 불구하고 입학할 수 없는 이유를 물었을 때 대학측에서는 '당신이 장애인이기 때문이다'라는 답변을 했다고 한다. 프리덴은 나중에 베일러 의대 교수가 되었으며, 대통령 자문 기구인 전미장애인평의회의 사무국장에 종사한 바 있다.

이러한 시혜의 역사가 바뀌기 시작하는 것은 1970년대이다. 장애인의 권리의 역사가 서막을 올린 것이다. 권리의 역사 속에서는 장애인을 '장애로 인한 사회적 배제(social exclusion) 기제에 의해 불이익을 당하는 사람'이라고 바라본다. 따라서 문제는 의식적이든 무의식적이든 장애인을 기피하려는 차별적 사회 기제이다. 따라서 차별적 사회 기제를 없애는 것이 중요한 이슈가 된다. 장애인에 대한 차별 여부는 해당 시책이나 시설이 '인권'을 보장해 주고 있거나 보장해 줄 수 있는 배려가 되어 있느냐는 것으로 판가름된다. 즉 '적절한 배려'(reasonable accommodation)를 통해 '출발선의 평등'(equal footing)을 보장하고 있느냐는 것이다.

여기서는 권리가 중요해지며 권리의 주체는 장애인 개인이다. 국가의 사회 복지 서비스를 조정하는 것도 장애인이며, 장애인의 상황에 맞추어 장애인이 서비스를 요구하고 서비스가 배당된다. 이러한 관점은 장애인 자신이야말로 스스로에게 필요한 서비스가 무엇인가를 가장 잘 알고 있다는 생각에서 출발하였다. 전문가주의가 아니라 당사자주의로 나아가는 것이다.

미국의 구체적인 역사를 더듬어보자. 1960년대를 거쳐 1970년대가 되면 미국에서는 대규모의 집단 수용 시설이 점차 모습을 감추어간다. 1991년 1월 31일 뉴햄프셔주는 16인 이상이 함께 생활하거나 일하는 주립 시설이 하나도 없는 미국 최초의 주가 되었으며, 이러한 모습은 점차 다른 주로 확산되었다. 장애인은 감옥과 같은 대규모 수용 시설이 아니라 가정과 같은 오밀조밀하고 따뜻한 공간에서 살게 된 것이다. 모든 장애인이 똑같이 생긴 베개를 베고 똑같은 신발을 신고 기호에는 아랑곳없이 똑같은 음식을 먹어야 하는 사회에서 나만의 독특성을 살릴 수 있는 친밀한 공간으로 탈출한 것이다.

1973년에는 직업재활법이 재활법으로 전문 개정되면서 장애인에 대한 공공 기관의 차별을 금지하는 504조가 제정되었다. 재활법 504조는 "정부로부터 보조를 받는 단체 · 조직은 장애를 이유로 차별해서는 안 된다"는 것이었다. 그리고 '중대한 지장'(undue hardship)이 있지 않는 한 장애인에 대해 '적절한 배려'(reasonable accommodation)를 해야 한다는 중요한 내용이 포함되었다.

그리고 마침내 1990년 모든 영역에서의 장애인 차별을 금지하는 '장애가 있는 미국인법'(ADA)이 제정되었다.

장애인 운동, 권리의 꽃 ADA를 탄생시키다

1990년 미국은 ADA라는 꽃을 피웠다. 미국의 ADA가 세계의 주목을 받는 것은 권리에 입각한 세계 최초의 장애인법이라는 면에서도 그 이유를 찾을 수 있지만 이것이 민중 입법 운동에 의해 만들어진 것이라는 점이 더 큰 이유인 듯하다.

미국 ADA 제정에 큰 힘이 된 것은 자립 생활 운동(Independent Living Movement)이었다. 자립 생활은 기본적으로 장애인 본인의 생활에 관한 것은 장애인 스스로 결정한다는 것이다. '아침 몇시에 일어날 것인가', '아침 식사로 무엇을 먹을 것인가', '밤에는 몇시에 잠자리에 들 것인가' 등 이와 같은 간단한 일일지라도 자신이 선택해야 한다는 것이다. 이전까지 장애인의 생활을 결정하는 사람은 의료 전문가이거나 재활 전문가 또는 가족이었다.

1급 뇌성마비 장애인에게 지역 사회에서 자립 생활을 하기에 가장 필요한 것이 무엇이냐고 물어보자. 부모님들은 십중팔구 가족의 애정과 보살핌이라고 대답할 것이고, 재활 전문가들은 대부분 보행 훈련이나 물리

치료, 언어 치료 등을 내세울 것이다. 그렇다면 장애인들은 어떠할까? 아마도 '유급 생활 보조인'이라고 대답하는 장애인이 많을 것이다. 유급 생활 보조인이 있으면 장애인은 떳떳하게 장보기, 관공서 가기 등을 해낼 수 있기 때문이다. 자기가 고용하여 사용하는 생활 보조인이기 때문에 자원 봉사자와는 다르다. 자원봉사자가 일상 생활을 보조하게 되면 장애인은 자원 봉사자의 눈치를 볼 수밖에 없다. 여하튼 자립 생활 운동이란 장애인의 '자기 결정권'(self-determination)을 가장 중요한 것으로 생각한다. 따라서 장애인이 스스로 결정할 수 없도록 만드는 사회적 구조와 장벽을 변화시켜 가야 한다고 생각한다.

이와 같은 미국의 자립 생활 운동은 1960년대 및 1970년대의 흑인 민권운동, 여성 운동, 반전 운동 등의 시민권 운동에서 많은 영향을 받았다. 이 시기의 시민권 운동은 1964년 공민권법(civil rights act)을 만들었고 이를 토대로 광범위한 시민 운동을 전개해 나아갔다. 공민권법은 인종 · 피부색 · 성별 · 종교 · 출신국 등의 이유로 차별해서는 안 되며 차별이 있을 경우 시민적 권리위원회가 조사할 수 있고 차별 조치가 있었다고 판단될 경우 법원에 제소하여 권리 구제를 받을 수 있도록 만든 법이다. 우리나라의 '국가인권위원회법'과 같은 법이라고 할 수 있다. 공민권법에서는 장애인에 대한 차별에 관한 내용은 빠졌다. 이는 장애인에 대한 차별에 관한 한 보다 구체적이고 적극적인 지침이 있어야 할 것이라고 판단했기 때문이다.

여하튼 장애인 운동은 이를 토대로 공민권법과 유사한 장애인 차별 금지법을 만들기 위해 지난한 노력을 했다. 이 노력의 물꼬를 튼 조직이 바로 CIL(Center for Independent Living)이었다.

1962년 가을 에드 로버츠(Ed Roberts)라는 전신 마비 장애인이 버클리 대학에 입학하였다. 로버츠는 호흡 보조 장치에 의해 살아야 할 정도로 중증 장애인이었으며 대학 생활에서 건물의 비접근성에 매우 큰 어려움을 겪고 있는 중이었다. 로버츠의 소식을 듣고 몇몇 장애인이 다음해에 입학하여 언론 자유 운동, 반전 시위, 정치적 사건, 여성 운동 등에 대해 두루 토론하며 생활하였다. 그러던 중 그들의 대학 생활은 1968년 주정부 재활국에서 코웰병원 입원 환자 프로그램으로 지원받게 되었다. 그러나 그들은 모든 것이 통제되는 병원에서의 환자 생활에 불만을 가지게 되었다. 그들은 각종 간섭과 제약으로부터의 독립을 원했으며, 1969년 자립생활전략(Strategies of Independent Living)이라는 자조 모임을 결성하였다. 이듬해 1970년 그들은 신체장애학생프로그램(The Physically Disabled Student Program)을 구성하여 활동 보조인을 지원하는 프로그램을 운영하였다. 재원은 연방 정부와 버클리대학이 지원하였다. 이 결과 코웰병원에 있던 100여 명의 학생이 병원에서 나와 자립적인 생활을 꾸려나갈 수 있었다.

그런데 문제가 발생하였다. 졸업을 한 장애인은 이러한 서비스를 받을 수가 없었던 것이다. 이에 이들은 1972년 졸업생들 및 지역 사회 거주 장애인을 보조하기 위해 최초의 자립생활센터를 설립하였으니, 이 조직이 바로 장애인 운동과 ADA의 진원지였다. 자립생활센터는 이후 300여 개소로 확대되었다.

한편 같은 해에 연방 정부의 재정 지원을 받고 있는 프로그램이나 서비스에서 장애인을 차별하면 안 된다는 재활법 개정안이 미 의회를 통과하여 장애인들은 많은 기대를 가지고 있었다. 하지만 닉슨 대통령이 거부권을 행사함으로써 차별 금지 제도는 물건너가는 것 같았다. 그러나 대통령의 거부권 행사를 목도한 장애인들은 전국적인 항의 시위를 벌였다. 이 시위를 주도한 사람은 뉴욕의 주디 휴먼(Judy Heumann)이었다. 이러한 시위 끝에 1973년 닉슨의 거부권이 의회에서 번복됨으로써 ADA의 전신인 재활법 504조가 탄생한 것이다.

이러한 승리를 바탕으로 주디 휴먼이 버클리 자립생활센터에 가담함으로써 정치적 행동주의와 자립 생활 서비스가 결합되었다.

1973년 개정된 재활법은 시행 규칙이 만들어져야 효력을 지닐 수 있는 법이었다. 따라서 장애 운동가들은 시행 규칙을 조속히 제정해야 한다고 생각한 반면 연방 정부는 504조의 시행에 따른 물리적 시설의 개선 등 장애인에 대한 차별 철폐에 소요되는 사회·경제적 비용과 부담을 이유로 법의 시행을 미루고 있었다. 거부권을 행사했던 닉슨 대통령은 차별 금지 규정을 선언적 규정에 불과하다고 생각하여 시행 규칙 제정에 매우 소극적이었다. 닉슨 대통령이 워터 게이트 사건으로 사임하고 포드 부통령이 차기 대선을 의식하여 시행 규칙을 만들려는 움직임을 보였으나 포드는 카터에게 패배하고 말았다. 카터 행정부가 들어선 후, 보건교육복지부 장관인 칼리파노는 일부를 축소 개정하려는 움직임까지 보이고 있었다. 장애인을 위한 시설에 '분리되어서 그러나 평등하게'(separate but equal)라는 이념을 포함시키려 하였다. 장애인을 사회에서 격리시키려는 움직임을 보인 것이다. 이에 크게 반발한 장애인들은 역사상 가장 치열했던 운동을 펼쳤다. 장애 운동가들은 1977년 3월 18일자로 카터 대통령 등 관계자에게 서한을 보내 한계 시한인 4월 4일까지 서명하지 않을 경우 미국 전역에서 대규모 실력 행동을 취할 것임을 통고하였다. 그리고 마침내

4월 5일 날이 밝자 미국 각지에서 장애인의 항의가 벌어지고 300여 명의 장애인들이 보건교육복지부 장관의 사무실에서 밤샘 농성을 하였으며, 캘리포니아주에서는 주디 휴먼이 이끄는 시위대가 보건교육복지부 건물에서 25일간 점거 농성을 하였다. 이들은 끌려나가지 않기 위해 서로의 휠체어를 쇠사슬로 묶은 채 25일을 버텼다. 농성 도중 정부는 건물 안으로의 음식 반입을 전면 금지시키고 많은 장애인을 체포했다. 그러나 이러한 제재에도 불구하고 그들의 요구를 물리치지는 못했다. 이러한 노력의 결과 칼리파노는 일체의 변경 없이 시행 규칙에 서명하였으며 장애인 차별 금지 조항이 법적 효력을 얻게 되었다.

차별 금지 조항에 대한 시행 규칙 제정을 위한 대규모 시위라는 방법 이외에도 장애 운동가들은 법정 투쟁을 또 하나의 축으로 이끌어 나아갔다. 대표적인 것이 가만킨(Gurmankin) 사건이다. 가만킨은 12세에 실명한 시각 장애인으로서 일반 고등학교에서 반 수석으로 졸업하고 템플대학에서 학사와 석사 학위를 취득함으로써 영어 교사 자격을 얻었다. 교사가 되어 일반 아동들이 장애인을 좀더 잘 이해하도록 하겠다는 가만킨의 꿈은 필라델피아 교육청에 의해 거부되었다. '만성 또는 급성 신체적 결함이 있는 자'는 교사 채용 시험에 응할 수 없다는 규정 때문이었다. 이후 재활법 개정으로 채용 시험에는 응할 수 있었으나 면접에서 계속 낙방하는 것이었다. 이에 가만킨은 소송을 제기했다. 이 결과 연방법원은 가만킨이 자신의 수업 능력을 보여줄 수 있는 기회를 아예 제공하지 않고 수업이 불가능할 것이라고 판단한 교육청에 문제가 있다고 판결하였다. 이 판결은 재활법 시행 규칙을 제정토록 하는 데 큰 도움이 되었다.

이외에도 권리를 찾기 위한 작은 투쟁들은 끝없이 일어났다. 1981년

데니즈 메크에이드는 휠체어 리프트가 장착되어 있는 버스를 운행함에도 이를 작동하지 않는 것에 분개했다. 휠체어 사용자인 그녀는 맨하탄행 버스를 타려고 하였으나 버스 운전자는 열쇠가 없어 리프트를 조작할 수 없다는 이유로 승차를 거부했다. 그녀는 버스의 승강대에 앉아 열쇠를 가지고 올 것을 요구했다. 그녀는 체포될 것을 각오하고 있었다. 승객들은 그녀의 행동을 비난했다. 그러나 그녀는 "장애인의 권리는 매일같이 침해되고 있다. 그렇기 때문에 오늘 이와 같이 승객에게 불편을 주는 일이 생긴 것이다. 그러나 이것은 한 번뿐인 일이다. 여러분은 불편하더라고 한 번쯤 참아주어야 한다"라고 승객들을 설득했다. 교통국이 특별 차량을 보내왔지만 그녀는 이 차량에 타기를 거부했다. 거의 7시간이 지난 후 교통국 직원이 열쇠를 가지고 와서 데니즈는 군중의 환호 속에서 버스를 타게 되었다. 그녀의 필사적인 행동이 알려져 이와 같은 행동이 여러 곳에서 전개되었고 이는 지금의 미국을 만들었다.

한편 자립 생활 운동가들은 재활법 504조의 차별 금지 법리를 사적 부문으로 확대하여 실질적인 평등권이 보장되고 체계적인 서비스가 제공될 수 있도록 하는 법체계를 구상하게 되었다. 이에 1983년 저스틴 다트 2세(Justin Dart Junior)라는 휠체어 장애인은 장애인이 지역 사회에 통합되기 위하여 어떤 법률, 어떤 정책이 필요한가를 상세히 기술한 「장애인에 대한 국가 정책」(National Policy for Persons with Disabilities)이라는 문서를 작성하여 ADA의 기초를 제공하였다. 그리고 같은 해 발족한 '전미 자립생활협의회'는 저스틴 다트의 문서를 법안으로 실현시키기 위해 공동 노력을 기울이기로 하고 상하 양원의 의원들을 만나 법안을 설명하고 전국 각지를 순회하며 장애인과 전문가의 의견을 수렴하여 보다 완벽한 대안을 마련하려고 헌신적인 노력을 기울였다. 이러한 노력 결과 대통령의 자문 기관인 '전미장애인평의회'는 1986년 저스틴 다트의 문서를 ADA의 초안으로 의회에서 통과시킨다는 방침을 정하였고, 1988년 ADA 법안은 미국 의회에 제출되었다. 이것이 1990년 7월 26일 서명된 ADA였다.

ADA와 사회적 수용

ADA는 차별을 금지하고 일반인이 살아가는 모든 것을 장애인도 함께 할 수 있도록 하는 법이다. 이러한 법에는 정상화(normalization)라는 이념이 뒤를 받치고 있다. 무엇이 정상이고 무엇이 비정상이냐는 가치론적인 반론을 제시할 수도 있겠지만 이는 논외로 하기로 한다. 하여튼 정상화는 1960년대 후반 스칸디나비아에서 정신 지체인의 서비스 실천의 원칙으로 제기된 이념으로 시설 보호에 반대하며, 일상적인 생활 형태와 리듬을 강조하는 개념이다. 이러한 이론적 지향은 비슷한 시기에 북미에서 유행하여 울펜스버거(Wolfensberger) 등에 의하여 1970년대와 1980년대 초반을 거치면서 정교화되었다. 정상화 이념은 기존의 지배적인 서비스 이데올로기에 대하여 반대하며, 정상적이고 일상적인 생활의 리듬을 존중할 것을 강조한다. 이 이념은 아침에 일어나고 저녁에 잠자리에 드는 등의 행위를 포함하는 하루 일과에서의 정상적인 리듬, 일 주일에 낮 시간의 6일은 직장에 나가서 일하고 일 주일의 밤 시간과 주말은 휴식을 취하는 일 주일의 정상적인 리듬, 일 년 중에 특정 시기에 휴가가 있고, 휴식 기간을 가지는 등의 일 년 동안의 정상적인 리듬 등을 동일하게 장애인에게도 적용되어야 함을 주장한다.

정상화는 또한 개인의 성장과 발달에서 정상적인 발달 경험, 인생 주기에서의 선택의 자유, 정상적인 이웃과 같이하는 정상적인 가정에서의 삶, 지역 사회에 통합되어 있는 삶을 강조하면서 시설 집중화에 대하여 반대한다.

이러한 정상화의 이념은 ADA에서 차별 금지의 법리로 나타난다. 차별을 금지함으로써 장애인을 사회적으로 통합하고 정상적인 생활을 영위하도록 하고자 하는 것이다. 차별 금지의 법리는 크게 세 가지로 나타난다. 첫째는 상이한 취급 금지의 법리이고, 둘째는 간접 차별 금지의 법리이며, 셋째는 적절한 배려의 법리이다.

상이한 취급 금지의 법리는 장애인을 비장애인과 구별하여 명백하게 다른 취급을 하는 행위를 금지하는 것이다. '장애인은 작업 능률이 떨어지고 결근이 잦다', '산업 재해의 발생이 염려된다'는 등의 일반적인 통념을 기준으로 장애인을 고용하지 않으면 이는 '상이한 취급'으로 간주된다. 장애인의 결근율이나 산재율 등 객관적인 데이터를 들이대더라도 마찬가지이다. 개인에 대한 평가가 아니기 때문이다.

간접 차별 금지란 형식상 장애인을 비장애인과 구별하여 상이한 취급을 하지는 않지만 비장애인과 동일한 기준을 적용하면 현저하게 불리한 결과를 초래하게 되는 경우를 말한다. 예를 들어 전화교환원을 채용하면서 교정 시력을 기준으로 제시하는 경우 등이 이에 속한다. 하지 소아마비 장애인과 일반인을 똑같이 100미터 달리기를 시키는 것과 다름없다. 『오체불만족』의 저자 오토다케가 다니던 초등학교에는 오토다케의 룰(rule)이 있었다. 오토다케가 배트를 들고 투수의 공을 치면 옆에 서 있던 친구가 1루를 향해 달려가는 것이다. 사지 모두에 장애가 있었던 오토다케가 야구를 즐길 수 있었던 건 바로 오토다케의 룰(rule)이 있었기 때문이다. 그리고 간접 차별에는 본인이 직접 차별하지는 않지만 차별 행위를 하는 단체를 지원하는 것도 포함된다. 이에 의하면 차별적 성향이 강한 단체에 후원금을 내는 것도 차별이다.

적절한 배려의 법리란 합리적인 편의를 제공하지 않으면 이 또한 차별에 해당한다는 것이다. 예를 들어 휠체어 리프트가 장착되지 않은 버스를 운전하는 버스 기사가 버스를 타려는 휠체어 장애인을 보고도 '타시오'라고 말하고 가만히 있는 것도 차별이 된다. 회사에서 장애인을 위해 경사로를 만들지 않는 것도 차별이며, 시각 장애인을 위한 음성 유도 장치가 없는 교통 시설도 차별에 해당한다. 또한 근무 시간의 탄력화, 장애를 고려한 책상 설비, 수화 통역인 배치 등이 모든 것들이 적절한 배려의 범위에 포함되며 이를 필요로 하는 장애인에게 이를 제공하지 않는 것은 명백한 차별이다. 적절한 배려는 소위 적극적 행동(affirmative action)에 해당한다. 역사 속에서 광범위하게 이루어졌던 차별을 없애기 위해서는 차별 행위만을 단속할 것이 아니라 적극적인 조치가 있어야 한다는 것이다. 예를 들어 학교에 입학을 허용할 때 백인과 흑인을 차별하지 말라는 선언만으로는 통합이 이루어지지 않는다는 것이다. 백인과 흑인의 주거 공간이 이미 다르기 때문에 이런 선언만으로는 자기의 주거 공간에 가까운 학교를 선택함으로써 통합 효과가 없다는 것이다. 그래서 미국에서는 학교의 흑인 학생과 백인 학생의 비율을 주거민 비율에 비례해서 의무적으로 할당하고 통학 버스를 운영하여 통합을 추진했다. 우리 나라의 여성 공무원 할당제 등도 이와 같은 맥락에서 제기된 것이다.

이와 같은 법리에 기초해서 차별을 금지하고 있는 ADA는 장애인을 수용할 수 있는 사회를 만들기 위한 조치들로 구성되어 있다. ADA는 크게 고용·교통·건축물·통신이라는 사회적 환경에서 장애인들이 지역 사회 속에서 생활할 수 있도록 사회를 바꾸어내고 있다. 버스에 휠체어 리프트 장착을 의무화하고 모든 대중 건축물에 장애인의 접근 보장을 의무화하며 청각 장애인이 전화를 이용할 수 있도록 전화 중계 서비스를 하도록 하거나 대학에서 수화 통역을 하여 교육권을 보장하는 것 등은 ADA에 규정된 대표적인 조치들이다. 이들 조치들에 의해 장애인들도 지역 사회 속에서 함께 생활해 나아갈 수 있는 것이다.

미국의 ADA는 정상화와 차별 금지를 주요 내용으로 하고 있기 때문에 독특한 것이 있다. 차별을 받을 가능성이 있는 사람들은 모두 장애인이 된다. 따라서 미국은 전 국민의 20퍼센트에 가까운 사람들이 ADA법에 의한 장애인이다. ADA법 제3조 2항에서는 장애의 의미를 ① 사람의 주요 일상 활동(세수하기, 식사하기, 계단 오르내리기 등)의 한 가지 또는 그 이상의 실질적 제약을 갖는 신체적 혹은 정신적 손상, ② 그러한 손상의 기록(예를 들어 간질 발작이 지금은 없지만 진료 카드에 남아 있는 경우), ③ 그러한 손상이 있는 것으로 간주되는 경우(예를 들어 얼굴에 화상 흉터가 남아 있는 경우)로 정의하고 있다. 이상의 세 가지 중 하나라도 해당되면 장애인차별금지법의 적용을 받게 되는 것이다. 즉 현재 장애를 가지고 있거나 현재에는 장애가 나타나지 않지만 과거에 장애가 나타났던 경우, 그리고 장애로 간주될 가능성이 있는 경우 모두 장애인으로 인정을 받는다. 차별을 받을 가능성이 있는 특징을 가지고 있는 경우는 장애인으로 바라보는 것이다. 이래야만 실질적인 통합이 가능해질 수 있기 때문이다.

코페르니쿠스적 전환을 꿈꾸며

지금까지 장애인은 장애에 의해서만 판단되어 왔다. 운동 능력 검사나 지능 검사, 직업 적성 검사, 사회 성숙도 검사, 적응 행동 검사 등의 표준적 검사를 통해 장애인인지 아닌지를 구분했고 어느 정도 심한 장애인인지를 구별지었다. 검사자가 주는 질문이나 과제에 피검사자가 얼마나 잘 대응하지 못하는가가 체크되고, 그 득점이 같은 연령의 많은 사람들과 비교하여 최저의 극단치 수준에 속한다고 판단되면 이들은 장애인이란 이름을 얻었다. 여기서는 장애가 있는 사람이 스스로 흥미로워하고 행하는 일은 크게 중요하지 않았다. 전문가가 던져주는 과업을 수행해야 하고 이래야만 장애를 극복할 수 있다고 믿었다.

이제 장애인을 바라볼 때 장애(disability)가 아니라 능력(ability)을 먼저 보도록 하자. 무엇이 모자라는 사람인가가 아니라 무엇에 흥미 있어 하고 무엇을 잘하는지를 바라보자. 그리고 이 장점을 극대화시켜 주기 위해 사회가 배려해야 하는 것은 무엇인지를 찾아보도록 하자.

이러한 변화는 저절로 주어지는 것이 아님은 미국의 역사에서도 배울 수 있었다. 문제의 담지자가 주체로 나설 때 변화는 시작되는 것이다. 이제 새로운 고민을 시작해야 할 때가 다가왔다. 새로운 전환을 꿈꾸어야만 한다.

코페르니쿠스는 놀랄 만한 전환을 이루었다. 그는 지구 대신 태양을 우주의 중심에 두었다. 장애인에게 중심은 무엇인가? 지금까지는 국가와 재활 전문가였다. 이제 그 중심은 장애인이어야 한다.

제2부 | 신체 장애

편견의 법제와 장애인 수용 시설의 현실

김정열

13년 전에 받은 편지 한 통

인터넷 세상에서는 자신의 억울한 사정을 작은 노력으로도 온 세상에 알릴 수 있다는 장점이 있다. 오히려 잘못된 정보가 걸러지지 않은 채 마구잡이로 뿌려짐으로써 선의의 피해자가 생겨나고 있을 정도이다. 물론 아직도 정보 약자가 있기는 하지만 과거와는 사뭇 다른 양상이다. 필자가 장애 운동을 하면서 수용 시설(지금은 '생활 시설' 로 명칭이 바뀌었다. 이 글에서 시설은 모두 '수용 시설' 을 말한다) 문제에 지속적으로 관심을 갖게 된 계기는 13년 전에 받은 편지 때문이다. 당시만 해도 억울한 사연을 보낼 곳이 많지 않기 때문에, 시설 비리를 보면 문제가 해결될 때까지 물고 늘어진다고 알려진 우리 연구소에 어렵게나마 이 편지를 보냈다고 생각된다. 편지 내용은 "고통 가운데 살다 스스로 목숨을 끊어야 했던 22살의 한 생명을 위해 편지 올립니다" 로 시작된다.

'경기도 ○○원이라는 정박 시설이 작은 섬에 있습니다. 저는 그곳에서 보육사로 1년 반 동안 근무했던 사람으로 지금은 그곳을 떠나 다른 곳에서 근무하고 있는 사람입니다. 며칠 전 9월 7일, 이 글의 주인공인 22살의 원생이 스스로 목을 매고 자살을 했습니다. 그 아이를 소개 드리자면 지능과 신체에 아무런 장애가 없는 정상아이며 모든 원생 중에서 가장 똑똑한 아이였습니다.……

그곳은 위치적으로 섬이었기에 생활의 불편은 당연한 것이었지만, 지역적 취약점을 이용해 원생들은 갇힌 것이나 다름이 없는 생활을 하고 있고, 사회의 시선이나 간섭 보호가 미치지 못해 원장을 비롯해 관리자의 횡포가 극도로 심했습니다. 구타는 물론 원생들에게 심한 노동을 시켜 건강이 나쁜 것은 물론이고, 주식, 부식이 부실해 원생 대부분이 영양실조에 걸릴 지경입니다.…… 사회 복지의 일선에서 장애자들에게 삶을 보장해 주고 있다는 가면을 쓰고 자신의 사리사욕을 채우기에 급급한 일부 시설장과 관리자 등, 그리고 이러한 비리를 알면서도 적당히 챙겨 주는, 금전에 눈감아 버리는 감사원 등— 이러한 사회에 태어난 수많은 장애자들은 어디 가서 그들의 인권을 찾으며 어디서 삶을 보장받을 수 있겠습니까? 제가 이 편지를 보내는 것은 ○○원 시설장의 어떠한 처분이나 응분의 조치를 원하는 것이 아니라, 다만 이 땅의 장애자와 고아 들이 최소한의 인권과 삶의 환경을 보장받을 수 있는 사회가 되길 기도하는 마음과 이 시간까지 이 섬에 갇혀 어두운 삶을 살고 있는 60여 명의 생명들을 구원해 주고 싶은 마음에서 두서없이 편지 올린 것입니다.……

다만 고통 가운데 죽어간 생명과 이 아이와 똑같은 고통을 겪고 있는 ○○원생들을 도울 수 있는 최선의 길이 무엇인지 좋은 의견 부탁 드립니다. 사랑을 행동으로."

이 편지를 받은 우리 연구소는 즉시 현장에 사람을 보내 사실 확인을 했다. 그 과정에서 단순히 자살로 치부해 버린 시설장에게만 무한대의 책임을 돌릴 수 없다는 사실이 확인되었다. 우리 사회가 안고 있는 장애 문제의 근본적인 구조와 관계된 사례라고 생각하게 된 것이다. 그후 필자는 이 시설과 관련이 있는 보육 교사들과 세미나를 조직했고, 시설에서 함께 먹고 자는 프로그램을 정기적으로 갖기 시작했다.

비우지 못한 식판

시설에서 난생 처음 맞은 아침 식사 시간은 아직까지도 기억이 생생하다. 세미나를 함께 한 보육 교사들과 원에 살고 있는 정신 지체 원생들 모두 같은 시간에 함께 식사를 했다. 비위가 그리 좋은 편도 아니어서, 냄새나는 밥에 수저가 가지 않아 어쩔 줄을 몰랐다. 반찬은 고춧가루가 드문드문 묻어 있는 파란 생배추와 허연 깍두기 그리고 무 몇 조각이 듬성듬성 떠 있는 된장국이 전부였다.

시설 문제를 어떻게 해결해야 하느냐는 주제로 밤새 세미나를 이끌며 열변을 쏟아냈던 사람으로서, 이들이 매일 먹고 있는 밥 한 끼조차도 먹을 수 없다면 큰 죄를 짓는 것 같았다. 그래서 밥 한 톨 남기지 않겠다고 마음속으로 여러 번 다짐했지만, 다른 사람들이 식판을 깨끗이 비우고 설거지통에 식기를 반납하기 위해 줄을 서기 시작할 때까지도 결국 몇 숟갈을 뜨지 못했다. 다시는 원생과 보육 교사 들의 얼굴을 똑바로 쳐다볼 수 없을 것 같았다. 그들은 밥이 그대로 남아 있는 내 식판을 무심코 지나치는 것 같아 보였지만, 내 자신이 그렇게 미울 수가 없었다. 지금은 결혼해서 학부형이 되었거나 시설에 남아 중년의 간부가 되어 있는, 당시 함께 세미나를 했던 보육 교사들을 가끔 만난다. 그들을 보며 떠오르는 그때의 장면은 지금의 나를 다시 돌아보게 하는 기회가 되곤 한다.

장애인에 대한 사회적 편견과 장애인의 사회적 자각

우리 나라가 장애인 복지를 국가 차원에서 시작한 직접적인 계기는 1981년 '세계 장애인의 해'를 유엔이 선포하고 이를 각국의 정부에 권하면서부터이다. 1981년에 제정된 '심신장애자복지법'도 이에 직접 영향을 받은 것이다. 당시 민중에게 씻을 수 없는 한을 남기며 피묻은 정권을 거머쥔 전두환 정권은 도덕성과 정통성 시비로부터 자유롭지 못했으며, 이에 미국 등 서방 국가에 잘 보여 이런 상황을 극복할 수 있다면 무슨 일이건 앞뒤 가리지 않고 했던 것으로 기억된다. 그래서 지금은 국가 과제에서 빠져 있는 '복지 국가 건설'을 4대 국시 중 하나로 정하는 과감성을 보여주었다. 이런 배경에서 만들어졌으니만큼 이 '심신장애자복지법'은 실제로 장애를 가진 사람들의 복지를 향상시켜 주기보다는 유엔과 미국에 잘 보이기 위한 수단으로 사용되었을 뿐이다. 죽은 법이 되어 버린 것이다. '심신장애자복지법'은 일본에서 30년 동안 시행해 왔던 '심신장해자복지법'을 그 가운데 국가 책임 부분을 쏙 빼놓은 채 형태만 복사한 것이라고 해도 과언이 아니다. 법 명칭도 거의 똑같다.

1980년대 초반까지만 해도 우리 나라 대학에서는 이과에 지원한 장애

학생은 무조건 떨어뜨렸다. 실험에 참여할 수 없다는 이유였다. 그러나 이러한 비논리적이고 반교육적인 논리는 계속되기 어려워, 1980년대 초·중반에 이르러서는 장애 학생들이 대거 대학에 입학하게 되었다. 이들은 1980년대 중·후반 대학을 졸업하면서 곧 취업이 될 것으로 기대했다. 그러나 취업을 위한 이들의 노력은 사업주 앞에서 간단하게 허물어졌다. 대학을 졸업하고 백여 군데 이력서를 냈지만 끝내 취업을 하지 못한 어느 장애인의 사례는 유명하다. 심지어 면접 기회조차도 쉽지 않았다고 한다.

노동 관련법에는 장애를 사유로 고용하지 말라는 조항이 없다. 적어도 명시적으로는 그렇다. 오히려 헌법은 신체상의 이유로 취업에 차별을 가할 수 없도록 하고 있다. 그러나 현실은 장애를 가진 사람들을 고용하지 않는다. 적어도 통계적으로는 그렇다. 가까운 일본은 물론 서구에서는 이미 제2차 세계대전을 치르면서 장애를 가진 사람의 고용을 촉진하는 특별법이 시행되고 있었다. 우리 나라의 경우 이미 전쟁을 치른데다 산재 사고가 어느 나라보다 많이 발생한다고 했을 때, 이러한 장애인의 고용을 촉진하는 법이 시행되는 것은 너무 자연스러운 일이다. 그러나 당시만 해도 우리 사회에서는 장애를 가진 사람을 우선 고용하는 입법이 가능하지 않았다.

1980년대 중반을 지나면서 거세게 일어난 우리 사회의 민주화 바람은 여러 사회 구성 주체들을 추동하는 계기가 되었다. 부문·계층 운동이 싹 트기 시작한 시기도 이때다. 장애 운동도 예외는 아니었다. '장애 운동'이라는 용어가 공식으로 처음 사용된 시기도 이때라고 기억한다. 이 무렵 장애인들은 이 사회가 편견을 가지고 장애인에게 극단적인 차별을 가하는 불평등한 구조의 사회라고 생각하기 시작했다. 장애인들은 처음에는 장애 문제를 개인의 문제로 인식했으나, 장애를 가진 사람들이 하나 둘 모이게 되면서 서로 공동의 아픔을 가지고 있다는 사실을 확인하게 된 것이다. 장애인들은 아무리 열심히 공부를 해도, 사회 진출에 필요한 조건을 비장애인들과 다를 바 없이 아무리 잘 갖추어도 사회가 자신들을 받아주지 않는다는 것을 깨달았기 때문이었다.

당시 이러한 생각을 가지고 모인 사람들 대부분은 소아마비 후유증으로 인한 신체 장애를 가진 청년 대학생들이었다. 이들 장애 청년 대학생을 중심으로 사회 개혁에 관심을 가진 그룹이 전국적으로 조직을 결성하기에 이르는데, 이들은 장애인들 개개인의 욕구에 관심을 가졌던 과거 장애 단체들과 달리 훨씬 전체적인 문제에 관심을 가지고 활동을 하였다. 예를 들면 기성 단체들이 장애인들에게 직업 상담 및 단체의 역량을 동원해 취업을 알선해 주는 데 그쳤다면, 이들은 법 제정을 통해 모든 장애인의 취업이 가능하게끔 구조를 바꾸는 데 관심을 두었다.

필자가 속한 '장애우권익문제연구소'(1987년 설립)의 경우, 장애라는 것이 단지 개인의 잘못이나 가족만이 책임 져야 할 것으로 생각하는 사회의 인식과는 달리 장애 발생 원인이 사회적인 구조 문제 때문이라고 생각하고 있다. 교통 사고, 산업 재해, 환경 오염, 약물 오남용, 전염병 등의 사회 문제로 인해 각종 장애가 발생하게 된다고 할 때, 그 원인을 개인의 잘못만으로 치부하는 것은 옳지 않기 때문이다. 뇌성마비, 발달 장애(정신적인 문제로 인해 발생하는 장애로 정신 지체, 자폐, 정서 장애 등을 통칭하는 장애 용어) 같은 경우 과거에 비해 그 수가 다섯 배나 늘어나고 있다고 하는데, 이와 같은 절대적 수의 증가에 따른 책임을 사회가 아닌 개인에게 떠넘길 수는 없는 것이다. 원인 제공이 사회 구조적인 데서 주어진다면 그 해결의 주체는 결국 국가일 수밖에 없다.

일할 기회를 위해

우리 연구소에 자주 들르는 P군은 이제 서른이 조금 넘은 나이가 되었다. 처음 연구소를 찾아왔을 때와 비교해 보면 그의 상황은 너무나 많이 바뀌었다. 그때만 해도 이십대 중반으로 일을 할 수 있다는 소망도 가지고 있었고, 가족의 사랑 또한 변함없이 계속돼 든든한 배경이 되어 주리라 믿어 의심치 않았다. 그러나 이러한 기대는 해가 거듭되면서 점차 시들어지기 시작했다. 몇 년 동안 장애인고용촉진공단에 취업 알선을 위해 서류를 접수하곤 했는데 그곳으로부터 아무 소식도 없는데다, 가족의 눈초리가 예전하고 크게 달라졌다고 느끼기 시작했다.

그는 결국 집을 나와 독립 생활을 하기로 했다. 부모로부터 800만 원의 월세 보증금을 얻어 반지하 셋방을 얻었다. 자립을 위해 간간이 오토바이를 이용해 휴지도 팔아 보고, 간단한 액세서리 장사도 하고, 가끔 개량 한복을 팔기도 했다. 그러나 뇌성마비 장애는 혼자서 행상을 해서 생활을 하기에는 너무 나쁜 조건이었다. 아는 사람은 그가 무슨 말을 하는지 조금은 알아듣지만, 그렇지 않은 다른 사람들은 그를 술에 취한 사람 아니면 어딘가 많이 모자라는 사람이라고 생각하기 일쑤였다. 그래서 결국 아는 사람 찾아다니며 물건을 팔 수밖에 없었고, 그런 식으로 계속해서 장사를 하는 데는 한계가 있었다. 겨우 생활비 정도 버는 데 그친 것이다. 그러나 P군에게는 여전히 꿈이 있다. 그는 자신처럼 어려운 장애인들과 함께 공동체 생활을 하면서 독립 생활의 꿈을 키우고 있다.

그를 보면 장애인들에게 일할 기회를 주는 것이 얼마나 소중한지를 깨닫는다. 그러나 선진국에서 보장되는 소득 보장이 되어 있지 않고(복지 정책에 있어서는 미국이나 유럽에 뒤지는 일본의 경우만 해도 무기여 연금, 각종 수당 등이 있어 최소한 기초적인 생활이 가능하다) 일을 통한 생활비 마련이 어려운 상황에서 독립 생활은 사실상 구두선에 그치고 만다. 이러한 상황에 놓여 있는 P군처럼 독립 생활을 원하는 장애인에게 일할 기회를 주는 것은 사회가 연대해서 져야 할 책임이다. 만일 P군이 집안에만 머물러 있거나 수용 시설에 보내진다면, 이는 가족이나 국가가 그의 평생을 책임지는 일이 될 것이다. 그러면 사회적 총량 비용도 많이 들어갈 뿐더러 사회적 가치의 측면에서도 매우 불행한 일이다. 만약 P군처럼 생활의 자립을 위해 노력하는 장애인의 경우 사회가 조금만 힘이 되어 준다면 어떨까? 그는 납세자가 될 것이고, 다른 누구보다도 사회적 가치 창출에 훌륭한 역할을 할 것이다.

1989년에 제정된 '장애인고용촉진 등에 관한 법'은 바로 이 사회 연대 책임이라는 사회적 가치를 전제로 제정되었다. 당시만 해도 사회 상황이 장애인을 의무 고용토록 하는 법제를 수용할 만큼 좋은 편은 아니었다. 이 법은 일정 비율의 장애인을 의무적으로 고용토록 하고, 이를 어겼을 경우 사업주에게 부담금을 부과토록 하는 상당히 진보적인 법이기 때문이다. 이 법이 제정되기까지는 '여소 야대'라는 정치적 역학 구도가 작용하기도 했지만, 그보다는 장애인 단체들이 한 목소리를 낼 수 있었기 때문에 가능한 일이었다고 생각된다.

돌이켜보면 그 당시에는 장애인 단체들이 많지도 않았지만, 그들조차도 하나의 목소리를 내는 데 매우 인색했다. 각각의 단체들은 개별적인 다른 욕구를 가지고 있었고, 설령 같은 문제로 고민하고 있다 할지라도 연대 경험이 없어 서로에 대한 신뢰 관계가 형성되지 못했다. 그러나 일에 대한 장애인들의 강렬한 열망은 모든 장애인 단체를 하나로 묶는 데 충분한 힘이 되었다. 서비스 기관, 보수적인 단체나 진보적인 단체 그리고 청년 대학생 할 것 없이 모두 한 목소리를 낸 것이다.

필자는 1989년 12월 정기 국회 마지막 날 본회의에서 이 법이 통과될 때까지 6개월 동안 집에 들어간 적이 없었다. 거의 일주일에 한 번 꼴로 장외 집회가 열렸고, 우리의 요구안을 법안으로 만들어 지금은 KBS 사옥으로 쓰는 국회의원회관에서 법사위 소속 의원들을 만나 설득하기 위해 하루 종일 기다렸다가 몇 분 설명하고 돌아서곤 했다. 청년 대학생들은 3당을 점거해(당시 민정당의 경우는 경비가 너무 철저해 점거에 실패하였다) 철야 단식 농성을 벌였으며, 법안이 본회의에서 통과되도록 하기 위해 전국에서 장애인 수천 명이 여의도에 모여 대규모 집회를 갖기도 했다. 그래서 여름에는 연구소 사무실에서 생활을 하고, 쌀쌀한 가을 문턱에는 연구소 근처의 여인숙을 장기 임대해서 사용하기도 했다. 이 과정에 많은 사람들이 겪었던 어려움은 말로 표현하기 힘들다. 당시 모 정당의 대표는 이 법이 통과된다면 자기 손에 장을 지지겠다고 공언하기까지 했다. 물론 아직 그분이 손에 장을 지졌다는 기사를 접한 바는 없지만.

이 법이 가지고 있는 사회적인 의미는 매우 크다. 그러나 돌이켜 생각해 보면 이 법을 어떻게 해서라도 통과시키기 위해 안간힘을 썼던 당사자로서 이 법의 시행 과정에 문제점이 있을 것에 대한 대비를 철저하게 하지 못했던 것이 사실이다. 당시 일부에서는 중증 장애인의 경우 이 법에 크게 적용되지 않을 것이라는 우려를 나타냈었다. 그러나 노동부와 전경련 등 경제 단체는 경증 장애인을 받아들이는 데조차도 우려를 나타냈다. 또 대학을 졸업한 수천 명의 장애인들이 실업 상태에 놓여 있었기 때문에 자격이 있는 장애인을 먼저 취업시키는 것이 순서라고 생각하였다. 그러면 중증 장애인을 위한 어떤 대책이 있어야 하지 않겠느냐는 논리에서 이들의 요구를 뒤로 한 채 협상에 나섰다. 지금 와서 생각해 보면 당시 목소리를 높였던 고학력·경증 장애인을 우선해서 고려하게 되었고, 이로 인해 배울 기회조차 갖지 못한 중증 장애인의 존재에 대해서는 너무 소홀하게 대함으로써 사회적으로 책임 져야 할 대상을 정함에 있어 앞뒤가 바뀌지 않았나 하는 자괴감이 든다. 그러나 이러한 생각을 하기까지 십여 년의 세월이 흐르고 말았다.

턱을 없애라

1985년 어느 여름날로 기억된다. 서울시장 앞으로 "서울시에 있는 턱을 없애 달라"는 제목의 유서를 남기고 자살한 고 김순석 씨. 그의 유서에서 핵심은, 아침부터 밤 늦게까지 아무리 일을 해도 가족을 먹여살릴 수 없다는 것이었다. 식당에 가서 밥 한 끼 사 먹으려 해도 문턱이 높아 이용할 수 없고, 대중 교통은 물론 서울 시내를 마음 놓고 다닐 수 없다고도 하였다. 우리 사회는 건강하고 젊은 사람 중심으로 모든 환경이 조성되어 있다. 건강하지 못해 지팡이에 의지해야 하는 노인이나 휠체어를 이용하는 장애인에게 우리 사회는 온통 장벽으로 가득 차 있다. 국민 모두의 세금으로 대중 교통 정책을 지원하고 있음에도 장애를 가진 사람들은 이를 이용할 수 없다. 누구나 텔레비전 수상기를 통해 정보와 문화에 대한 접근이 가능하지만, 귀가 잘 들리지 않는 사람들에게는 한갓 그림의 떡이다.

교육 기회도 절대 불리하다. 일반 학교의 환경은 장애를 가진 사람이 공부하러 다니기에는 온통 장벽뿐이다. 장애인에게 도움이 되는 교육 환경을 갖춘 특수 학교는 일반 학교와 분리되어 있기 때문에, 자신이 살고 있는 지역을 떠나 특수 학교가 있는 지역으로 이사를 해야만 다닐 수 있다. 특수 학교가 있는 서울에 살고 있다고 할지라도 하루에 몇 시간 동안 통학 버스에서 시달려야 한다. 장애인에게 의무 교육이 가능하게 된 것은 1994년 교육법 98조 6항 '특수교육진흥법' 개정 때부터로 그 시기가 그리 오래지 않다. 비장애인들이 45년 동안 의무 교육 혜택을 받았던 것에 비해, 장애인들이 그 혜택을 받기 시작한 것은 이제 겨우 6년밖에 되지 않는다. 그 이전에는 부모의 의무이자 국가 책임이 전제되었던 의무 교육이 장애인들에게 적용되지 않았던 것이다. 국가가 장애인을 교육시킬 책임을 지지 않아도 되기 때문에 비장애인에 비해 교육의 기회가 적을 수밖에 없는 것은 당연한 일이었다. 이렇게 절대적으로 불리한 조건에서도 장애를 가진 수많은 학생들은 밤샘 공부에 매달리면서 국가가 인정하는 고등 교육 과정을 마쳤다. 그리고 취업의 문을 두드렸지만, 면접의 기회조차 얻지 못하고 번번이 낙방의 경험을 쌓아야 했다. 사회에 대한 적개심으로 가슴을 채우고 다른 사람에 대한 불신의 벽 때문에 세상과 담을 쌓는 수많은 장애인들이 생겨날 수밖에 없는 것이다.

1981년에 제정된 '심신장애자복지법'은 1989년 '장애인복지법'으로 이름이 바뀌면서 법의 제정에 가까울 정도의 대대적인 손질이 있었다. 그러나 법 시행을 행정부가 주도하도록 하고 있는 대륙법 체제 때문에, 개정법은 시행령 및 시행 규칙의 작업 과정을 통해 상당 부분 과거의 법으로 돌아가려는 강한 기류에 부딪히게 되었고, 실제로 상당 부분이 그렇게 되었다. 그러나 원칙적으로나마 몇 가지 명시적인 조항이 다행히 살아 남아 지금도 유용한 근거법으로서 역할을 하고 있다. 대표적인 조항을 보면, 제3조에서 장애인이 개인으로 존중받아야 하는 존엄과 가치 그리고 장애를 이유로 모든 생활의 영역에서 차별받지 않음을 존중하도록 규정하고 있다. 이 조항은 '특수교육진흥법'을 개정하게 만들었는데, 장애를 이유로 교육 기회를 차별하는 경우 1년 이하의 징역이나 1천만 원 이하의 벌금형에 처하도록 하였다. 또 제33조(편의 시설)는 도로, 공원, 공공 건물, 교통·통신 시설, 공동 주택 등에 장애인이 이용할 수 있는 시설이나 설비가 갖춰져야 하고 이에 미달하는 시설이나 설비는 시정을 요구할 수 있는 근거를 마련해 놓고 있다. 이 조항으로 인해 1997년 '장애인·노인·임산부 등의 편의증진보장에 관한 법률'이 특별법으로 제정되었다. 이로 인해 최소한 공공 시설의 경우 올해 안으로 법으로 규정한 시설이 거의 갖춰질 예정이다.

그러나 이 법에 의해 분명히 작동해야 할 생존권 보장은 결국 이루지 못했다. 1980년대 내내 생존권 투쟁의 목표였던 장애인 복지법 쟁취는 결과물을 생산해 내지 못함에 따라 21세기에 들어선 지금까지도 끊임없는 싸움의 목표가 되어 있다. 개정법은 장애인의 생존 문제를 해결하기 위해 의료, 교육, 직업 지도, 주택의 보급, 문화 환경의 정비, 경제적 부담의 경감 등이 가능하도록 하기 위해 법제상의 조치를 취할 수 있도록 명시적으로 규정하고 있다. 그러나 장애인에게 있어 생존의 문제는 20년 전이나 지금이나 해결하지 못한 채 과제로 남아 있다.

정보화 시대에는 이러한 불리한 조건이 더욱 크게 벌어지고 있다. 정보의 바다에는 장애 차별이 없을 것이어서 인터넷을 통한 정보화가 장애를 가진 사람에게 좀더 유리한 조건을 가져다 줄 것으로 희망하고 있지만, 현실은 그렇지 못하다.

장애 해방을 위하여

한국 사회에서 장애인들이 혼자서 살아간다는 것은 그리 쉬운 일이 아니다. 그래도 이 땅에서 살려고 발버둥 치는 장애인들은 여전히 장애 해방을 외치고 있다. 어느 정신 지체아를 둔 부모는 매일 이 땅을 떠나는 꿈을 꾸고 있다고 한다. 또 내가 알고 지내던 어떤 분은 국비로 유학을 마치고 미국의 유수한 연구소에서 십여 년 동안 에이즈를 연구해 온 유능한 과학자로 한국에 돌아오고 싶어한다. 하지만 자폐아인 외아들을 교육시킬 학교를 찾다 결국 이 사회에서는 자신의 아들이 도저히 적응하지 못할 것 같아 미국에 눌러 살 생각을 굳혔다고 한다. 우리 사회에서 장애를 가지고 정상적인 생활을 하며 산다는 것은 말 그대로 고행이다. 외국에 이민 가서 성공한 장애인들이 하는 공통적인 말은, 아마 한국에서 그냥 살았으면 무능한 인간으로 낙인 찍힌 채 평생을 살아갔을지도 모른다는 것이다.

몇 해 전인가, 「버려야 살 수 있다」라는 어느 신문 기사의 제목이 기억난다. 부산에서 수녀들이 운영하는 한 수용 시설 대문 앞에는 한 해에도 여러 아이가 버려진다고 한다. 이 기사는 아주 추운 겨울날 장애가 있는 갓난아이가 그 아이에 대한 간단한 내력을 쓴 편지와 함께 보자기에 싸인 채 버려져 있었다는 사연을 담고 있었다. 필자의 경험으로 보건대 그 아이를 버린 사람은 십중팔구 생활이 어려운 사람일 것이다. 장애가 있는 아이를 버릴 확률이 장애가 없는 아이를 버릴 확률보다 크다는 통계가 없기도 하지만, 장애아를 키우는 부모들이 장애아에 대해 가지는 애정이 유독 크다는 사실은 경험적으로 알고 있다. 그런데도 왜 아이를 버릴 수밖에 없었을까?

이 아이로 인해 그들 가족이 먹고사는 데 절대적인 문제가 발생하기 때문일 것이다. 그나마 잠시 맡길 수 있는 곳이 있으면 다행이지만, 우리 나라의 경우 그렇지가 못하다. 수용 시설에 맡기려 해도 정상적인 방법으로는 안 된다. 부모가 있는 경우는 원칙적으로 입소가 안 되기 때문이다. 그리고 적은 비용이지만 유료로 시설을 이용하려면 생활 보호 대상자여야 한다. 그러나 이러한 경우에도 시설에서는 잘 받으려 하지 않는다. 맡겨 놓고 주소를 이전해 버리면 생활비 청구가 거의 불가능하기 때문이다. 결국 부모 없는 아이들만 국가의 지원을 받아 입소시키게 된다. 그렇기 때문에 차라리 버리는 것으로 입소 조건을 만들어 낼 수밖에 없다. 큰 돈을 기부하고 아이를 맡기는 탈법적인 방법도 있다지만, 이러한 경우는 돈이 아주 많이 들어 가난한 사람들에게는 생각하기 어려운 방법이다. 그래서 결국 아이를 버리는 상황에까지 오게 되는 것이다.

시설에는 보통 백여 명이 넘는 가족들이 한 울타리 안에서 살아간다. 심지어는 수백 명이 넘는 경우도 허다하다. 그러니 수용 시설이 커야 한다. 우리 나라 사람들은 세계에서 제일 크든지, 아니면 동양에서라도 제일 크다든지, 어찌 됐든 가장 큰 것을 좋아한다. 그래서 아시아에서 최고

134

로 큰 시설, 세계에서 제일 큰 수용 시설을 외국 손님들에게 자랑스레 보여준다. 가장 부끄러운 치부를 드러내면서도 그것이 왜 부끄러운지 전혀 모르는 것이다. 수용 시설을 운영하는 사람들 중에는 이런 부류에 속하는 사람들이 종종 눈에 띈다.

우리 사회에는 집 안에만 있거나 수용 시설에서 평생을 살아가는 장애인들이 적지 않다. 이들의 사회적인 역할은 제로에 가깝다. 평생 사회와 격리된 채 생활하기 때문이다. 장애인을 둔 가족들 가운데는 이들을 집 안에 가둬 두고 결혼식 등 친인척의 대소사에 참여시키지 않거나, 심지어 가족의 결혼식에도 참여하지 못하게 하는 경우가 있다. 일체의 인격을 부인해 버리는 극단적인 경우이다. 이웃조차 그 장애인의 존재 유무를 전혀 알지 못하는 경우도 허다하다. 나중에 무슨 사건이 나서야 비로소 '아, 그 집에 그런 사람이 살고 있었구나' 한다. 극단적인 예이기는 하지만 아직도 가끔 상담을 통해 이러한 사례를 접한다.

그래도 집에만 있는 경우는 물리적으로 이웃과 가까이 할 기회가 있어 그나마의 교류가 가능하겠지만, 대규모 수용 시설에 있는 경우는 이보다도 상황이 열악하다. 이런 시설은 대부분 동네에서 멀리 떨어진 곳에 위치하고 있기 때문에 여간해서는 일반 사회와 교류하기가 힘들다. 시설을 찾는 방문객과 자원 봉사자 외에는 이들이 만나는 일반인은 거의 없다. 고작해야 시설장과 그의 식구들 그리고 직원들이 전부이다. 생각해 보라. 사람들이 살고 있는 마을 가까이에 큰 시설을 둘 수 있겠는가? 그럴 수가 없다. 땅값이 비싸고, 통제하기가 쉽지 않고, 더구나 마을 주민들도 달가워하지 않는다. 그러기 때문에 대규모의 수용 시설은 되도록 마을 밖 먼 곳에 짓는다. 그러니 사회와 단절된 생활은 더욱 구조화될 수밖에 없다.

아무리 멀쩡한 사람이라 할지라도 사회와 격리된 채 십 년을 산다고 생각해 보라.

그뿐이 아니다. 수용 시설을 한번 방문해 본 사람이라면, 아무리 깨끗하게 지어 놓은 시설이라도 유쾌하지 않은 냄새로 인해 코를 막아 본 경험이 있을 것이다. 그리고 그들의 한결같이 비슷한 표정을 보았을 것이다. 가끔씩 언론을 통해 정신 지체 여성을 상당히 오랜 기간 성폭력 대상으로 삼았다는 소식도 전해 들었을 것이다. 1인 1표제와 비밀 투표제를 철저하게 지키는 민주주의하의 선거에 있어 이런 시설 장애인의 투표권을 대신 행사하는 것을 아무렇지도 않게 생각하는 경우도 있다. 바로 이러한 것들을 시설병(病)이라고 할 수 있다.

이러한 현상은 시설장의 잘못이나 시설 직원들의 게으름 때문만이 아니다. 시설 생활자들 때문만은 더욱 아니다. 구조적인 문제이다. 수십 명, 심지어는 수백 명이 살고 있는 곳에서 민주적인 절차를 통해 자신의 요구를 이야기할 수 있겠는가? 일상 생활을 함에 있어 서로가 서로를 이해하고 서로에 대해서 잘 알 수 있겠는가? 특히 생사여탈권을 쥐고 있는 시설장을 포함해 친가족이 아닌 사람으로 구성된 집단에서 자신의 요구 사항을 쉽게 말할 수 있겠는가? 큰 집단을 유지해 가기 위해서는 개인의 욕구 충족보다는 위계 질서를 앞세우게 마련이다. 그러기에 규율을 강력히 적용하는 비인간적인 틀을 만들게 된다. 모든 것을 규격화하지 않으면 시설이 운용될 수 없다는 것이다. 가족과 같은 관계가 애시당초 생겨날 수 없는 규모이기 때문에 평생을 함께 살지만 한시도 마음을 터놓고 살 수 없는 불안한 곳이 바로 수용 시설이요 수용 시설의 구조적 특징 중 하나이다.

미국의 사회학자 울픈스 버그는 장애인의 사회 통합이 가능하려면 그들의 사회적 역할이 강화되어야 한다고 하였다. 사회적 역할이 가능하려면 그들이 집 안에만 있거나 수용 시설에 갇혀서 생활해서는 안 된다. 버그는 사회가 장애인이 역할할 수 있는 환경을 전혀 만들어 놓지 않으면서 사회 통합을 말한다면 이는 '투매'라고 했다. 사회 환경은 온통 장벽의 숲일 뿐이고, 편견 가득 찬 눈초리가 사방에서 그들을 바라보며, 일반 교육 현장에서는 장애인들과 분리 교육을 조장하고, 일터에서도 그들을 받아 주지 않는다면, 그들이 설령 사회 안에서 생활하고 있다고 할지라도 그곳은 또다른 수용 시설이나 다름없지 않겠는가.

신체 장애인 정책에 대한 비판적 검토

권선진

시혜와 구호에서 출발한 장애인 정책

우리 나라의 장애인 정책은 주로 구빈 차원에서 행해져 왔는데, 역사적으로 이와 같이 구호의 차원에서 이루어진 정책들은 시대적 요구에 따라 불가피한 것이었다. 근대적 의미의 장애인 정책이 시작된 것은 정부 수립 이후이며, 이전까지만 하더라도 장애인 정책으로 내세울 만한 것은 거의 전무한 실정이었다. 그러다가 1981년 장애인 복지에 관한 최초의 법인 '심신장애자복지법' 제정 후부터 다양한 복지 시책들이 도입되어 외형적으로 그 규모나 진행 속도에 있어서 매우 빠르게 발전해 왔다. 이와 같은 장애인 복지 서비스의 양적 확대와 국민들의 복지 욕구에 걸맞은 정책이 요구되어 왔음에도 불구하고 그 내용면에서는 만족할 만한 수준에 이르지는 못하고 있다.

장애의 원인이 교통 사고나 산업 재해, 그리고 각종 환경 오염이나 약물 남용 등 과거와 달리 산업 사회의 병리적 현상에서 비롯되는 경우가 점차 증가하고 있는 가운데 장애는 개인의 문제에서 벗어나 사회적 책임과 대책을 필요로 하고 있다. 장애인 정책은 궁극적으로 장애인을 보는 관점에 따라 달라질 수 있다. 장애의 문제를 개인적 차원에서 본다면 단순 구호적인 차원에서 다루어질 것이지만, 사회 환경적 요인을 고려한다면 사회적 대책이 필요해진다.

일반적으로 장애로 인한 문제점들은 실태 조사의 결과를 인용하지 않더라도 경제적 어려움, 취업의 곤란, 재활 의료 서비스의 부족, 교육 기회의 제한 등으로 요약될 수 있을 것이다. 결국 장애인들이 갖는 곤란한 문제, 즉 이러한 욕구들이 바로 장애인 정책의 시발점이 될 수 있을 것이다.

장애인들은 우리 사회의 대표적인 취약 계층으로, 복지 정책의 일차적인 대상으로 간주되어 왔다. 장애인의 경우 장애로 인해 의료·교육·직업·사회 활동 등 모든 부분에 있어 비장애인과는 다른 부가적인 욕구를 지니게 되는 특성을 갖고 있다. 즉 비장애인에 비해 취업의 어려움 등으로 소득 수준이 낮아 경제적 곤란을 크게 겪고 있어 최소한의 인간적인 삶조차 누리지 못하고 빈곤 상태에 처해 있는 경우가 상대적으로 많다. 더욱이 최근 급변하는 사회의 경제적 여건은 기본적인 생계조차 유지하기 어려운 장애인의 수를 더욱 늘리고 있는 실정이다.

따라서 당장 생계 유지가 곤란하거나 빈곤선 이하의 생활을 영위하고 있는 장애인들에게는 생계 보장 대책이 절실히 요구된다. 장애로 인해 학업을 포기하는 장애인에게는 교육의 기회를, 일하기 원하는 장애인에는 일터를 마련해 주는 것이 국가의 책무이다. 전국민 기초 생활 보장의 측면에서 이에 대한 책임을 가지며, 장애인 복지 프로그램 가운데서도 가장 핵심적인 부분이 소득 보장이나 교육 그리고 고용 대책이라 할 수 있다. 장애인에게 있어 생활 안정은 가장 중요한 정책적 과제로, 장애 범주 확대 등의 여건 변화에 따라 장애인을 위한 직·간접적 정책 방안의 필요성이 더욱더 높아지고 있다.

하지만 지금까지의 장애인 정책은 장애를 가진 사람들을 단지 서비스를 받기만 하는 소비적 객체로서 간주하고, 장애인 당사자보다는 정책을 수립하고 시행하는 공급자의 입장에서 이루어져 왔다고 할 수 있다. 따라서 장애인 정책은 다분히 공급자 위주의 시혜적인 상태로 머물러 있을 수밖에 없었다. 일반적으로 장애의 특성으로 들 수 있는 것은 장애의 복합성과 다양성이다. 장애 범주만 하더라도 장애인복지법의 개정으로 법정 장애 종류는 10가지 종류로 확대되었으며, 신체 장애는 물론 정신 장애에 이르기까지 다양한 종류의 장애가 포함되어 있다. 이에 따라 장애 종류와 장애의 생애 주기에 따라 불편한 점과 필요로 하는 영역에 차이가 있어 획일적인 방식의 접근이 매우 어려워지고 있다. 예컨대 이동할 때 불편한 장애인이 필요로 하는 것은 교통 수단에 대한 지원인 반면, 내부 장애나 뇌병변 장애와 같이 의료적 접근을 더욱 필요로 하는 장애가 있다. 따라서 정책이 획일적이지 않고 장애인의 욕구와 특성에 맞게 시행되어야 한다는 것이 가장 중요하다. 그러나 지금까지는 공급자 위주의 정책으로, 점점 다양해지는 장애인의 욕구가 제대로 반영되지 못하고 있다.

소득 보장 제도와 장애를 가진 사람들의 생활

장애를 가진 사람들에게 가장 큰 어려움은 장애로 인한 경제적 빈곤이다. 제도적 미비와 편견 등으로 인해 장애인이 직업을 구하기는 어렵기만 하고, 중증 장애인의 경우는 아예 취업을 포기해야만 하는 상황에서 빈곤은 불가피한 선택일 수밖에 없다. 이러한 것을 감안할 때 장애인 정책에서 가장 핵심적인 부문은 소득 보장 정책이라 할 수 있으며, 이것은 의료나 교육 등 다른 영역의 정책들과 긴밀한 연관성을 맺고 있어 더욱 중요하다.

그동안 우리의 소득 보장 정책은 국가가 빈곤 장애인에게 최소한의 생계비를 지원하는 주로 기초 생활 보장 차원의 단순한 생계 구호에 머무르는 수준으로 시행되어 왔다. 그러다가 장애인복지법이 제정되면서 1990년부터 장애 수당이라는 것이 지급되었다. 즉 생활 보호 수급 자격이 있는 중증 장애인을 대상으로 지급되는 이 장애 수당은 당사자에게는 얼마간의 생계 수단으로 활용될 수 있었다. 하지만 장애인의 특별한 욕구에 따라 지급 대상과 금액이 결정되지 못해 왔다는 점은 장애 수당의 한계이다.

앞서 말한 바와 같이 일반적으로 장애인의 경우에는 장애로 인해 발생되는 부가적인 욕구들이 있다. 보장구 등 재활 치료를 위해 드는 의료비, 버스를 타지 못해 택시를 타는 데 드는 교통비, 난방이나 세탁을 해야 하는 데 드는 비용들이 그것이다. 2000년 현재 평균적으로 이 추가 비용은 약 16만 원으로 조사되고 있지만 연령층에 따라 장애 아동을 두고 있는 가정의 경우에는 이보다 훨씬 많은 비용을 부담하고 있는 것으로 파악되고 있다. 따라서 최소한 평균적인 수준의 추가 비용이 지급되어야 하지만 현행 수당은 월 5만 원에 불과하다. 이 금액도 1997년 이후 지난 5년간 4만 5천 원으로 유지되다가 올해 들어서야 비로소 인상되었다. 결국 장애 수당이 생계가 아닌 장애로 인한 추가 비용으로 쓰여지기 위해서는 장애의 특성에 따라 최소한 최저 생계 이하의 장애인에게는 모두 지급될 수 있어야 하는 것이다.

그동안 기초 생활 보장 제도의 수급자 선정과 관련하여 이 제도의 적용을 받지 못하는 장애인이 많다는 점도 지속적으로 지적되어 왔다. 생계급여를 필요로 하는 장애인들이 탈락한 사례가 많다는 점은 불합리한 선정 기준 때문이다. 즉 추가적인 욕구 사항을 고려하지 않고 다른 대상과 동일한 기준으로 선정하다 보니 장애의 특성이 고려되지 않았다는 불평이 생길 수밖에 없다.

사회 보장 제도 측면에서는 국민연금, 건강보험 등 4대 사회 보험으로 인해서 제도적으로는 어느 정도 틀을 갖추고 있다. 그렇지만 그 속을 들여다보면 장애인에게는 그림의 떡일 수밖에 없는 것이 현실이다. 직장 근로자들에게는 사회 보험 제도 가운데 국민연금이나 산재보험, 고용보험 등이 노령이나 실업, 사고 등에 의한 보상 제도로서 작용을 하지만 일반 직장에 취업하는 것이 어려운 장애인이나 영세 자영업을 하는 이들은 적용 대상이 아닌 경우가 일반적이다. 보험료를 내고 싶어도 낼 처지가 못되는 장애인에 있어서는 무용지물일 수밖에 없다.

영국이나 프랑스 등의 유럽 국가나 가까운 일본만 하더라도 사회 보장 제도의 틀 내에서 근로 능력이 없는 장애인에게 국가적 차원에서 장애 수당이나 간병 수당, 보호 수당 등이 지급됨으로써 기본적인 생활이 가능하게 되어 있다. 하지만 우리 나라의 경우는 기초 생활 보장 대상자는 아니면서 일하고 싶어도 취업할 수 없는 소득 계층의 장애인은 이러한 사회 보장 제도의 적용을 받지 못해 복지의 사각 지대에 머물러 있다고 할 수 있다. 자본주의 사회에서는 경제적 여력이 없으면 사회 참여와 사회 활동이 어려울 수밖에 없다. 간혹 우리는 언론을 통해 접하는 스웨덴이나 독일과 같은 나라에서 중증 장애인이 도우미를 통해 집에서 목욕하고 외출시 차량을 호출하거나 여가 생활을 즐기고 직장에 출근하는 것을 볼 수 있다. 우리는 언제나 가능해질까? 이들 나라에서는 정부가 일정한 수당 제도를 통해 경제적 지원을 해주고 있다. 금전적 뒷받침이 있어야 중증 장애인이라 하더라도 독립 생활(independent living)이 가능해지는 것이다. 최근 우리 나라의 경우에도 무기여장애연금에 대한 논의가 활발하게 이루어지고 있다.

한편 저소득 장애인에 대한 간접적 소득 지원 시책이라 할 수 있는 이용료 및 조세 감면 제도의 경우, 정부의 직접적 예산을 투입하지 않아도 되는 시책으로서 그 범위가 지속적으로 확대되어 왔다. 많은 재가 장애인들에게는 유용한 시책이라 할 수 있다. 그렇지만 이들 감면이나 할인 제도도 거의 일방적으로 확대되어 왔다는 데 문제가 있다. 가장 대표적인 사례가 장애인 승용차에 대한 감면 제도이다. 본래 이동상의 어려움이 있는 장애인 본인과 보호자를 위한 제도로 시행이 되어 장애인들에게는 큰 도움을 주고 있는 것으로 평가되지만 차량을 소유하지 못한 저소득 장애인들에게는 전혀 혜택이 없는 제도가 되고 말았다.

특히 이러한 간접적 지원 방식이 지속적으로 확대될 경우 빈곤한 장애인보다는 구매력이 있거나 접근이 가능한 계층이 주로 서비스를 이용하게 되어 이들에게만 유리한 제도가 되고 마는 제한점이 있다. 따라서 이러한 문제점을 개선하기 위하여 기본적으로는 저소득 장애인에 대한 실질적인 수준의 지원이 이루어지고 장애인의 특성에 따른 간접적 지원 방식을 확충해 나아가야 한다.

이와 같이 구빈 차원에서 시작된 장애인에 대한 복지 급여는 대상자의 제한과 지원 금액의 불충분성으로 인해 수당이 갖는 본래의 의미를 살리지 못하고 있다. '생활 곤란'이라는 장애인의 가장 절실한 문제를 해결하고 이들이 사회에 적극적으로 참여할 수 있게 하기 위해서는 대상자를 확대하고 급여를 현실적인 수준으로 높이는 방안이 요구된다. 그러므로 지금과 같이 획일적인 지원이 아니라 장애 정도와 보호의 필요도 등을 감안하여 차등 지원하는 방안의 마련이 요구된다. 특히 장애인복지법에 명문화되어 있는 장애아동부양수당과 중증장애인간병수당의 시행이 보류되고 있는데 이를 조속히 시행해야만 한다.

또한 장애인의 생계 문제를 해결하기 위해서는 세제 감면이나 이용 요금 할인 등의 서비스를 이용할 수 있는 장애인에게만 혜택이 가는 불공평한 방식보다는 저소득층 위주의 직접적인 현금 급여의 형태로서 자신이 필요로 하는 서비스를 구매할 수 있도록 지원하는 방향으로 개선되어야할 것이다. 그리고 동일한 맥락의 사회 보험, 공공 부조, 복지 서비스의 제도간 연계에 대한 검토를 통해 각 제도별 대상자의 실태와 급여의 중복이나 누락 등을 면밀히 검토하여 장애인이 필요로 하는 지원을 적기에 제공받을 수 있는 체계를 마련하는 것은 장기적인 안목에서 매우 중요한 과제가 되고 있다.

장애인 교육 여건과 배움의 기회

우리 사회에서 전통적으로 장애인들은 사회로부터 격리된 교육을 받아왔다. 이는 인간적이지 못하며 불평등한 것이다. 서구에서는 사회로부터 격리된 상태의 장애인들을 정상화하려는 인식이 탈시설화의 흐름과 함께해 왔다. 교육에 있어서 장애인들도 다른 사람들과 동등한 수준의 생활과 직업을 유지하도록 하자는 의식으로 확산되어 통합 교육(integrated education)이 등장하게 되었다. 통합 교육은 장애가 있는 학생들을 그들만의 특별한 시설과 공간, 다시 말해 분리된 장소가 아닌 일반적인 정규 학교에서 교육하는 것을 가리킨다. 서구에서 시작된 통합 교육은 기본적으로 장애 학생의 교육 환경을 가능한 분리하지 않고 고립되지 않도록 하는 것이었으나 이제는 특별한 구분 없이 일반 교육이 중심이 되는 완전 통합 교육을 추구하고 있다.

우리 나라도 법적 정비를 통해 1994년부터 통합 교육의 제도적 기반을 갖추고 무상 교육과 의무 교육을 추진해 왔으나 아직까지는 장애 학생들이 일반 학교에서 학우들과 어울려 교육받을 수 있도록 권장하는 수준에 머물러 있다. 이는 특수 학교가 매년 꾸준히 늘어나고 있는 사실만 보더라도 잘 알 수 있듯이, 장애 학생이 단지 일반 학교 건물에서 교육받을 수 있는 물리적인 공간의 변화 정도로 통합 교육을 인식하고 있음을 보여주는 결과이다.

인간은 사회 환경에 적응하여 살아가며 각자가 처한 환경에 적응하기 위해 필연적으로 기존의 사회 환경을 익히는 과정을 거쳐야 하며 이 과정이 교육이다. 인간은 교육을 통해 자아를 실현하고 정체성을 유지할 수 있다. 그러므로 사회는 구성원 개인이 환경에 적응하는 교육을 받을 수 있도록 해야 할 기본적인 책무를 갖는다. 더욱이 사회는 그 구성원인 개인이 어떠한 조건을 가졌더라도 환경에 적응하지 못하는 일이 없도록 마땅히 책임을 다해야 한다. 오히려 개인의 조건이 대다수의 구성원에 비해 열악할수록 사회는 그를 위해 더욱 적극적으로 교육받을 수 있는 여건과 기회를 마련해 주어야 한다.

이러한 교육의 필요성을 절실히 갖고 있는 구성원이 장애를 가진 사람들이다. 장애인은 일반인에 비해 분명 열악한 조건을 갖고 있는 성원으로서 사회는 다른 구성원보다 더 세심하게 배려하고 지원해야만 한다. 우리 나라에서 장애를 가진 사람들의 교육에 관한 권리는 교육기본법에 잘 명시되어 있다. 이 법에서는 "민주 시민으로서의 자질, 인간다운 삶의 영위를 교육 목적으로 규정하고 능력과 적성에 따라 평생에 걸쳐 교육받을 권리와 성별, 종교, 신념, 사회적 신분, 경제적 지위 또는 신체적 조건 등을 이유로 차별받지 않는 기회의 균등"을 보장하고 있다. 한편 1979년부터 시행되고 있는 특수교육진흥법에서는 국가와 지방 자치 단체의 임무, 장애인의 의무 교육과 조기 교육, 개별화 교육, 통합 교육 등 장애인 교육을 보장하는 세부 내용을 포함하고 있다.

그렇다면 장애 학생의 교육 현실은 어떠한가? 우리 나라에서 특수 교육을 필요로 하는 초등학교 아동만 하더라도 11만 명 정도에 이르고 있으나 이 가운데 61퍼센트만이 일반 학교에 재학하고 있고 특수 학급은 22퍼센트, 특수 학교에는 10퍼센트의 아동이 재학하고 있는 것으로 나타나고 있다. 이것은 장애의 특성에 맞는 적절한 교육을 받지 못하고 있음을 보여준다. 특히 장애인의 교육에 있어서는 상급 학교로 올라갈수록 학업을 포기, 즉 상급 학교 진학률이 일반 학생에 비해 크게 떨어진다는 점이 문제로 지적되고 있다. 실제로 고등학교나 대학으로 갈수록 장애 학생의 진학률은 일반 학생의 3분의 1에도 미치지 않는다.

장애의 특성상 일반 학생과 같은 교육 방식으로는 교육 효과를 단기간에 거두기란 매우 어렵다. 장애 학생에 대한 교육에 있어서는 일반 학생에 적용되는 기준으로 평가해서는 곤란하며, 오히려 그 학생이 무엇을 잘

할 수 있는지를 찾아주는 것이 무엇보다 중요하다. 이러한 측면에서 장애인은 평생 교육을 포함해 일반인보다 더 지속적인 교육이 필요함에도 불구하고 중도에 포기, 일반인에 비해 낮은 교육 수준을 보이고 있어 사회 통합에 큰 걸림돌이 되고 있다.

직업안정연구원(2002년)에서 발표한 조사 결과에서도 우리 나라 장애인의 10명 중 4명 정도가 장애 때문에 중도에 학업을 중단하거나 포기하는 등 정규 교육의 혜택을 받지 못하고 있는 것으로 나타나고 있다. 학업을 포기하는 이유는 경제적 이유, 학교의 편의 시설 부족과 적합한 교육 기관의 부족 등 교육 여건 때문이다. 이러한 이유로 부득이 학업을 포기할 수밖에 없어 교육받을 권리를 제한받게 되면 결국 장애인들의 사회 · 경제적 지위가 낮아지는 악순환을 가져오게 된다. 이 조사에 따르면 응답자의 36.6퍼센트가 장애 때문에 학업을 중단한 경험이 있으며, 18.4퍼센트는 중단 후 학업을 포기했고, 4.1퍼센트는 아예 정규 교육을 받지 못하였다.

장애인의 교육 실태와 관련하여 한국갤럽의 2001년도 조사에 의하면 장애인의 65.7퍼센트가 스포츠 경기장에 한 번도 가보지 못했고, 영화관에 가보지 못한 장애인도 37.2퍼센트나 되는 것으로 문화 생활은 여전히 열악한 것으로 나타나고 있다. 장애우권익문제연구소(2001년)의 조사에서도 장애인이 한 번도 가보지 못한 문화 시설로 스포츠 경기장 65.7퍼센트, 전시장 44.2퍼센트, 영화관 37.2퍼센트의 순으로 나타났고, 장애인의 인터넷 활용도 또한 15.3퍼센트에 불과해 우리 나라의 전체 인터넷 인구에 비해 큰 격차를 보이고 있다.

이와 같이 일반인의 실생활과 차이를 보이는 결과들은 장애인에 대한 교육 기회가 제한되어 있다는 점을 시사해 준다. 이는 결국 교육에 있어서도 적절한 지원이 이루어지지 않는다면 장애인 교육 정책이 구호에 그칠 수밖에 없음을 의미한다. 장애 유아의 경우 조기 교육이 장애를 완화하는 데 있어 무엇보다 중요함에도 불구하고, 조기 교육을 받을 수 있는 기관이 지역적으로 한정되어 있고 장애아 가정의 높은 사교육비 부담으로 인해 교육의 기회가 제한되고 있다는 점을 고려할 때 교육비 지원은 무엇보다 시급하다.

장애아에 대한 교육은 통합 교육이어야 한다. 이에 따라 현재의 특수 학교를 일반 학교 취학이 가능해질 때까지는 중증 장애아로 한정하고 특수 교육의 거점 센터로 전환해 나아갈 필요가 있다. 그리고 일반 학교 내에 장애아를 통합하여 교육할 수 있는 여건을 조속히 마련해 가야 한다. 이를 위해서는 우선적으로 통합 교육을 위한 여건이 마련되어야 하는데, 우선적으로 장애 학생들이 공부할 수 있는 물리적 여건을 갖추는 것이 필요하다. 교실당 학생 수를 줄이는 것도 필요하겠지만 장애 학생들이 이용할 수 있는 시설을 정비하는 일도 소홀히 다루어서는 안 된다. 그리고 장애 학생 교육을 담당할 전문 교사의 확보와 배치가 요구되며, 일반 학생과 부모에 대한 통합 교육의 필요성과 장애에 대한 이해의 폭을 넓힐 수 있는 병행 교육이 필요하다.

고용 정책과 장애를 가진 사람들의 일할 권리

헌법 제 32조 1항은 "모든 국민은 근로의 권리를 가진다"고 천명함으로써, 모든 국민에게 근로의 권리가 주어져 있음을 명시하고 있다. 노동권은 대한민국 국민이라면 누구나 누릴 수 있는 보편적 권리인 것이다. 따라서 장애를 가진 사람들의 노동권이 지켜지지 않는다는 것은 헌법적인 권리가 침해당하는 것이다. 장애인고용촉진 및 직업재활법 제4조 2항에도 "사업주는 근로자가 장애인이라는 이유로 채용, 승진, 전보 및 교육 훈련 등 인사 관리상의 차별 대우를 하여서는 아니 된다"라고 하여 장애인에 대한 노동 시장의 차별을 허용하지 않고 있다. 이러한 법률상의 규정으로 볼 때도 장애인은 누구나 자신의 능력과 상관없이 이루어지는 차별 대우를 받지 않을 권리가 주어져 있는 것이다.

하지만 장애인들이 학교나 관련 시설에서 교육을 받고 자신의 직업적 능력에 맞는 훈련을 받더라도 이들이 취업을 통해 사회 생활을 경험하기란 매우 어렵다. 2000년도 장애인 실태 조사에 의하면 전국의 장애인 가운데서 취업하여 일을 하고 있는 장애인은 34.2퍼센트에 불과하다. 취업하고 있는 장애인의 활동 분야도 주로 농업, 단순 노무, 서비스직이 전체 장애인의 3분의 2 이상이고, 전문직이나 사무직 취업은 극히 드문 실정이다. 장애인의 실업률 또한 28.4퍼센트로서 일반인 실업률의 7배에 달하고 있는 것으로 보고되고 있다. 이러한 현실은 우리 나라 장애인 고용의 어려움을 단적으로 보여주는 것이라 할 수 있다.

이와 같이 장애인 고용이 어려운 것은 장애인 고용에 관한 제도적 미비와 함께 사회적으로 폭넓게 자리잡고 있는 편견 속에서 그 원인을 찾을 수 있다. 먼저 제도적 측면에서 본다면 우리 나라는 장애인 고용을 촉진하기 위한 시책으로서 고용할당제(quota system)를 시행하고 있으며, 이 법에 따라 300인 이상 사업체에는 전체 직원의 2퍼센트 이상 장애인을 의무적으로 고용하도록 하고 있다. 그렇지만 많은 기업, 특히 재벌 기업들이 장애인을 고용하는 대신 부담금을 물고 있다. 다시 말해서 장애인을 고용하는 것보다는 돈으로 때우는 게 자신들에게는 이익이라고 판단하고 있는 것이다. 이는 장애인을 고용하지 않았을 때 내는 부담금이 대기업의 입장에서는 크게 부담이 되지 않는 수준으로 정해져 있기 때문에 빚어진 결과로 볼 수 있다.

민간 부문의 장애인 고용을 촉진하기 위해서는 공공 부문이 앞장서야 함에도 공공 부문에서조차 고용을 기피하는 사례를 찾기란 어렵지 않다. 얼마 전 부산시에서 9급 전산직 공무원을 공채하면서 1차 시험에 합격한 뇌성마비 장애인을 면접에서 탈락시킨 사례가 있었으며, 군 가산점으로 인해 불과 몇 점 차이로 채용을 거부당해 위헌 소송을 제기한 사건은 잘 알려져 있는 대표적 사례들이다. 이러한 경우들을 보면 장애인 입장에서는 어떤 형태로든 취업을 통한 자립을 희망하고 있는 것이지 생활에 실질적인 도움이 되지 못하는 부담금은 '그림의 떡' 일 수밖에 없다.

사회적 편견은 법과 제도를 넘어서 장애인 고용을 가로막는 주요한 요인이다. 장애인 고용이 활성화되지 않는 가장 근본적인 이유는 고용 주체인 사업주가 장애인을 고용하지 않기 때문이다. 그렇다면 왜 장애인 고용을 기피하는가? 여기에는 여러 가지 원인이 있지만 장애인에 대해 갖고 있는 편견, 즉 '장애인은 생산성이 낮다. 장애인을 고용하면 추가 비용이 더 들 것이다. 장애인이 우리 회사에 들어오면 직장 분위기를 해칠 것이다' 등등의 부정적 인식이 장애인의 취업을 가로막고 있는 것이다. 우리가 잘 아는 바와 같이 장애인의 개인적 특성에 따라서는 컴퓨터 프로그래밍, 피아노 조율, 수공예 등 일반인보다 높은 경쟁력을 보이는 직종들이 많다. 하지만 결국 객관적이거나 과학적인 근거가 없는 편견으로 장애인 고용에 있어 그들을 차별하게 되는 것이다.

최근의 경제 여건 악화로 장애인 취업이 더욱 어려워지고 있다. 특히 취업중인 장애인조차 언제 해고될지 모르는 불안한 생활을 하는 경우가 많다. 극단적인 경우에는 장애인을 고용하고 정부로부터 받는 지원금을 가로채거나, 장애 근로자에 대한 임금 착취, 부당 해고 등을 일삼아 사회적으로 물의를 일으킨 업체들을 볼 수 있다. 얼마 전에 보도되었던 한 정신 지체 장애인이 10년 동안 근무해 오던 봉제 공장에서 잦은 구타를 당하고 임금을 제대로 받지 못하여 피해를 호소한 사례가 있었다. 오전 8시부터 밤 10시까지 일한 대가로 이 장애인이 회사로부터 받은 임금이라고는 매월 10만 원씩 통장으로 입금되는 돈(지능이 낮아 금전 관리를 못한다고 하면서 고용주가 통장을 대신 관리함)과 용돈 명목으로 받은 몇천 원이 전부였으며, 그나마 만기가 된 적금조차도 받지 못하는 등 이는 그 실상을 잘 알려주는 사건이었다. 이 사건을 통해 우리 사회에 자리잡고 있는 편견과 차별, 그리고 장애인 고용 정책의 문제가 얼마나 심각한지를 다시한 번 되돌아볼 수 있게 한 계기가 되었다.

이와 같이 장애인의 고용에 있어 불합리하고 차별적인 처우에는 장애인에 대한 뿌리깊은 편견이 자리잡고 있어 장애인 고용이 활성화되지 않는 요인이 되고 있다. 취업이 되지 않으면 당연히 장애인의 '삶의 질' 은 개선될 수 없다. 장애인이 빈곤이나 각종 사회적 불리한 상황에 처하게 되는 주된 이유 중 하나는 직업을 갖지 못하기 때문이다. 결과적으로 아무리 본인이 능력을 갖추고 있더라도 장애인의 노동권이 제대로 보장되지 않고 있는 실정이다. 우리 사회는 이와 같은 어려운 여건들을 스스로의 힘으로 극복해 낸 장애인에게는 칭찬과 박수를 보내면서도 능력은 있으되 장애를 이유로 이 두터운 취업의 벽을 넘지 못하는 대다수의 장애인들에 대해서는 외면해 버리고 마는 것이다.

장애를 가진 이들에 대한 정책은 고용이 우선되지 않고서는 달성될 수 없다. '사회 통합'이나 '함께 더불어 사는 사회'는 직업을 통해서 궁극적으로 꽃을 피울 수 있는 것이다. 이를 위해서는 우선 정부부터 솔선하여 장애인 고용 비율을 달성해야 하고, 의무 고용 업체도 단계적으로 확대하도록 하여 장애인에게 일할 수 있는 기회를 넓혀주는 정책의 틀을 갖추어야 한다. 장애인 직업 교육 측면에서도 과거와 달리 최근에는 지식 정보화 사회에 걸맞은 많은 직종들이 생겨나고 있으나 장애인들이 받는 교육 직종들은 과거의 직종을 탈피하지 못하고 있다. 이제 장애인에게 적합한 직종도 과거의 단순 업종에서 벗어나 시대 변화에 맞는 고부가 가치 산업으로 전환될 필요가 있다.

사회 통합과 수요자 중심 정책으로의 전환 필요

장애를 갖고 있는 사람들에게 충족되어야 할 욕구는 매우 다양하다. 기본적으로는 의료 재활에 관한 욕구를 비롯하여, 교육, 심리, 직업, 사회적 재활에 이르기까지 복합적으로 폭넓은 욕구를 지니고 있다. 과거에는 주로 장애인의 욕구가 생계라는 일차적 문제 해결에 초점이 맞추어져 있었다. 이들 욕구는 현재도 가장 중요한 정책적 변수가 되고 있지만, 산업화의 진전, 과학의 발달, 생활 수준의 향상, 활발한 정보의 교류 등 제반 사회 환경의 변화와 장애인들의 인식의 변화 등으로 과거에 비해 장애인들의 욕구는 양적으로나 질적으로 매우 역동적으로 변화해 가고 있는 실정이다. 이러한 경향에 따라 장애인이 겪는 어려움과 이를 해결 또는 완화해 줄 수 있는 체계적인 제도와 서비스가 필요해지고 있다.

장애를 가진 사람들이 사회적으로 복지 서비스와 급여를 일방적으로 받기만 하는 대상으로서가 아니라 서비스를 소비하는 계층으로서 자신의 목소리를 내기 시작하고 있다는 점이 앞으로 정책적인 측면에서 반드시 고려해야 할 요인으로 등장하고 있다. 예컨대 과거에는 비록 적은 양의 제한된 서비스나 급여를 받는 것 자체로 만족할 수도 있었지만 이제는 자신에게 맞는 충분한 급여와 서비스를 받아야 한다는 인식으로 변화하고 있는 실정이다.

장애인의 범위가 점진적으로 확대되고 또한 장애 및 장애인의 사회적 의미가 변화함에 따라 앞으로는 장애인을 일률적으로 묶어서 구분하거나 정책을 수립하는 것은 점차 의미가 줄어들게 될 것이다. 획일적으로 서비스를 늘려가는 것은 예산이나 인력 등의 측면에서 어려움이 클 것으로 전망된다. 이에 따라 정책적으로도 매우 복합적인 요인을 고려해야 하고 정책과 실제적인 서비스는 보다 세분화되어 실시될 필요가 있다.

그 나라의 복지 수준을 가늠할 수 있는 잣대로 곧잘 비유되는 것이 장애인 복지 수준이다. 장애인 복지는 소득·교육·고용·의료 보장이 함께 연계되지 않고서는 달성될 수 없다. 장애인복지법의 개정과 더불어 장애인을 둘러싼 환경은 급격한 변화를 맞이하고 있다. 국민 최저(national minimum)가 한 국가에서 개인이 최소한의 인간적인 삶을 영위할 수 있는 기준이라고 간주할 때, 이는 국가의 의무이며 개인이 청구할 수 있는 기본적인 권리로서 기능할 때 의미를 갖는다. 장애인을 대상으로 한 소득·교육·고용의 보장은 장애인의 생활과 직결된 경제적 측면뿐만 아니라 관련 서비스도 포함된다.

국민 복지의 적용 영역이 모든 국민을 대상으로 하고 최소한의 수준을 보장한다는 점에서 장애인의 경우에는 특히 비장애인과 다른 고유의 특성과 부가적인 욕구에 부응하는 시책들이 고려되어야만 한다. 장애인 복지의 최저선은 장애인의 권리 측면에서 달성되어야 할 최소한의 수준을 의미한다. 장애인 복지에서 기본적으로 다루어져야 할 이념은 평등과 정상화, 사회 통합이라 할 수 있다. 장애인 복지를 정당화하는 일차적인 근거는 바로 인간의 존엄성이다. 장애인 복지에서 추가 부담을 정당화하는 근거는 바로 장애인이 인간으로서 모든 시민과 같은 권리를 보장해야 한다는 데 있다. 즉 장애인 복지의 기본은 인권에 바탕을 둔 가치인 것이다.

장애인의 권리는 개인에게 평등을 보장하는 것이며, 개인이 아닌 사회가 제공해야 할 제도적 특성을 갖는다. 장애인의 권리가 보장되었을 때 가시화되는 현실은 통합이며, 완전한 통합은 사회로부터 장애인을 구분할 수 없는 상태로서, 이는 곧 장애인이 다른 시민과 모든 면에서 같아짐을 의미한다. 결국 국가는 다른 국민과 동일하게 장애인의 기초 생활을 제도적으로 보장하여야 함은 물론 장애의 특성과 장애인의 부가적인 욕구를 고려하여 그에 부응하는 정책을 수립, 시행하여야 한다는 점이다.

장애인은 더 이상 구호와 동정의 대상일 수만은 없다. 장애인은 다른 사람들과 더불어 살아가는 존재이며, 몸과 마음이 불편하다는 이유만으로 가정은 물론, 사회로부터 차별받거나 소외되어서는 안 된다. 장애인이 비장애인에 비해 좀더 특별한 대우를 요구하는 것은 아니다. 다만 장애인이 생활해 나아가기가 불리한 구조나 환경을 개선하자는 것이다. 산업 사회에서는 누구나 장애인이 될 수 있으며, 따라서 장애와 장애인의 문제를 단순히 일부 한정된 계층의 남의 일로만 볼 수는 없는 것이다. 그동안에는 장애를 개인의 문제로 치부해 버렸으나 우리 사회에서 장애인이 갖는 역할과 가치를 인정하고 이들이 사회 구성원으로서 생활하는 데 필요한 환경을 갖추어주어야만 한다.

지금까지 우리 나라 장애인 복지 정책은 공급자 위주로 추진되어 왔고, 장애에 대한 객관적 인식이 결여된 상태에서 이루어져 왔다고 해도 과언이 아니다. 사회 정책은 그 사회 구성원의 가치관과 이념을 바탕으로 사회적 관계를 형성하는 여러 가지 법·제도 등이 제대로 연계되어야 바람직한 방향으로 발전할 수 있다. 그렇다면 지금까지는 어떤 형태로 이러한 정책들이 수립되고 추진되어 왔는지 검토해 볼 필요가 있다. 앞서 살펴본 장애인 정책 현황에서 볼 수 있듯이 양적으로는 많은 프로그램들이 실시되어 왔으나 근본적인 문제점은 장애인 당사자의 부가적인 욕구를 바탕으로 하지 않고 있다는 점일 것이다.

장애인의 정책이 전근대적 구호 차원의 정책에 머물러 있을 것인가, 아니면 진정한 의미의 사회 통합과 연대 의식 속에서 이루어질 것인가 하는 근본적인 질문을 갖고 현실에 대한 객관적이고 냉철한 분석을 바탕으로 정책이 수립되어야 할 것이다. 이는 복지 수급자로서 장애를 갖고 있는 사람들이 자신에 맞는 서비스를 선택할 수 있어야 하며, 소비자로서 이들의 욕구에 부응할 수 있는 내용으로 서비스가 제공되어야 함을 의미한다. 이를 위해서는 정책의 패러다임을 그동안의 시설이나 치료 중심에서 가정이나 학교, 직장과 같은 지역 사회에서의 장애인 실생활과 관련 있는 영역으로 전환하고 사회 통합을 촉진시킬 수 있는 구체적인 프로그램들이 개발되어야 한다.

나는 '나쁜' 장애인이고 싶다

김형수

나에게 일상을 돌려달라

참으로 어렵다. 장애인이 장애인에 대해 쓴다는 것, 아니 써야 한다는 것은 우리 사회에서 늘상 교육받은 장애인이 받는 강요요 스트레스다. 한국 사회에서는 보기 드문 간판과 학벌을 지닌 희귀한 장애인 중 하나인 나에게 "장애인에 대해 한번 떠들어보시오"라고 하는 것 자체가 억압이지 않은가?

그것은 마치 많은 남자들 앞에서 한 여성이 알몸을 드러내며 자신이 여성임을 증명해야 하는 것과 같은 꼴이다.

사람들은 흔히들 어떤 사람들에 대한 편견과 차별은 그들에 대해 잘 모르기 때문에 일어난다고 생각한다. 그래서 소외당하고 억압받는 그들에게 자신들의 문제에 대해 잘 이해할 수 있도록 설명해 달라고 요구한다.

하지만 바꾸어 생각해 보면 '잘 모르는 것'은 알고자 하지 않았던 사람들의 잘 모르고자 하는 의지를 나타내는 것이고 그것이 곧 편견이지 않을까?

장애인을 비롯한 어떠한 개인도 다수의 대중 앞에서 또는 다른 사람과 비교해서 자신에 대해 더 말하거나 덜 진술해야 할 책임을 가지고 태어나지는 않았다.

모든 인간은 천부적인 권리를 가지고 있다는 것이 여전히 유효하다면 장애인이든 비장애인이든 자신에 대한 이야기 방식이 객관적이고 독립적이어야 함은 분명하다.

그러나 장애인인 나 역시 '장애인에 대해 말하기'는 비장애인이 장애인을 바라보는 상대적이고 이분법적인 관점을 벗어나는 데 퍽이나 많은 시간을 할애해야 했다. 장애인이 장애인의 이야기를 하는 데 있어 '장애로 인한 고통과 힘듦'의 이야기만 주절거리는 하소연이 되어서도 안 되고, 그렇다고 그런 부담을 감추기 위해 철저하게 비장애인의 시각에서 내 이야기를 하는 것도 영 어울리지 않는다.

'글쓴다' 하는 사람 모두가 그러하듯 나 또한 뻔한 이야기를 떠들고 싶지는 않고, 소위 지식인들에게 새로운 앎에 대한 쾌락을 느끼게 해주고 싶고, 그런 만큼 장애인의 장애인에 대한 '일상적' 글쓰기를 벗어나고 싶다. 그 때문에 이런 주제는 나를 자꾸 갇히게 만든다. 파시즘적인 억압을 가하고 있다. 편견이니 차별이니 징벌이니 하는 따위는 장애인에게 있어 현상을 설명하는 낱말이 아니다. 그것은 장애인과 같이 상징화되는 것이요, 전체이며, 장애인의 '일상'이다.

따라서 이런 글쓰기는 솔직히 거부하고 싶다.

여전히 나는 이 글을 쓰는 이 순간까지도 잘난 지식인으로서 장애인에 대한 사회의 도덕성이나 당위적인 면의 담론만을 합리화하는 나를 발견하고 있다. 이 글을 읽을 수많은 지식인들, 독자 역시 뻔하고 상투적인 장애인 문제를 원하고 있지는 않은가? 나 역시 그런 기대를 저버려서는 안 될 것 같다.

일상적 파시즘이 한 개인의 각자의 일상과 관계를 통제하고 규정하고 그것을 합리화하여 거대한 공동체로 편입하려는 개인 함몰의 공동체주의라고 다시 해석한다면, 이 글쓰기는 나에게 분명 장애인에 대한 일상적 파시즘을 강요하는 것이다.

이러한 장애인에 대한 지식 매체들의 파시즘적인 글쓰기 강요는 오히려 나의 일상적이고 자유로운 생각부림을 파괴하고 있다.

그렇다면 어떻게 글을 부리면 희귀종인 장애인 지식인에게 내려지는 지식 사회의 일상적 파시즘으로부터 자유로워질 수 있을까?

장애인다운 '자유'를 담아야 장애인에 대한 일상적 파시즘이든 편견이든 징벌이든 그 본질의 모습을 꿰뚫어볼 수 있는 것이라면, 무언가에 짓눌린 채 쥐어짜듯이 나온 글이 아니라 '내'가 살아 있는 '장애인'이라는 실체를 있는 그대로 드러낸 장애인에 대한 글쓰기가 바로 우리 사회의 장애인 편견과 징벌을 정확하게 꼬집는 것이 될 수 있을 것이다.

지식인들을 위한 지식의 공유나 사회화가 아니라 우리 사람들을 위한, 자신만의 자유로운 일상을 위한 체험과 삶의 사회화를 꾀하는 것, 바로 그것이다. 장애인으로서 장애인의 글쓰기 자체가 이미 우리 사회가 장애인 개개인에게 요구하고 강요하는 장애인의 모습, 삶과 크게 다르지 않다. 장애인에게 있어 '일상'은 이미 자신만의 '일상'이 아니라 우리 사회와 비장애인이 정해 놓은 그들의 '일상'이기 때문이다. 나는 그 장애인에 대하여 도식화된 파시즘에 바이러스를 뿌리고 '혜살' 부리고 싶은 터였다.

편견이라고 하는 것이 편견이다

장애인 마음대로의 일상 체험과 경험의 사회화를 떠들겠다고 해서인지 사실 일반 사람들이 자신의 체험을 불특정 사람들에게 전하는 토크쇼나 그럴 듯하게 짜맞춘 드라마를 나는 싫어한다. 특히 번지 점프를 해보았다, 암벽 등반을 해보았다, 해병대 병영 체험 등을 해보았다 등의 체험담을 싫어한다. 그러나 그것이 싫은 까닭은 몸으로 하는 것들을 모두가 그냥 생각하듯이 내가 장애인이라 그런 것을 하지 못해서가 아니다. 또한 장애인을 배려하지 못한 우리 방송의 획일성이 갖는 편견 때문도 아니다. 우리 방송과 매체는 그 나름대로 장애인에게 모두들 애틋하다.

다만 그런 매체와 방송들이 만들어내는 별로 영양가 없이 물량 공세만 벌이는 그들만의 일상이 싫을 뿐이다.

매년 장애인의 날이 끼어 있는 4월이 되면 우리 사회는 비장애인들에게 장애의 경험을 함께할 수 있는 기회를 수도 없이 제공한다. 그것은 아마도 많은 사람들이 장애인들의 경험 기회의 결핍 현상을 우리 사회의 '편견' 탓이라고 이해하기 때문일 것이다.

우리 사회는 비장애인의 일상과 경험이 장애인의 '일상', '경험'과 같다고 보고 있다. 아니 동일할 수 없는데 동일한 것을 한 것에 대해 이른바 인간 승리라는 아주 특별한 보상을 해준다. 아주 특별한 장애인이 나온 토크쇼들을 보거나 다큐멘터리를 보아도 이것은 금방 알 수 있다.

비장애인에게는 일상적이고 반복적이다 못해 지루하기까지 한 버스, 지하철 이용이 장애인들에게는 아주 특별하고 드문 버스 타기, 지하철 타기 행사가 된다.

159

비장애인들이 항상 즐기는 여가와 레저가 장애인들에게는 유명 연예인과 정치인 군장병과 함께하며 뉴스에 보도거리가 되는 특별한 이벤트가 된다.

우리 사회가 칭찬하는 장애인들의 경험과 일상은 어떠한 것인가? 그것은 장애인 자신만의 주체적이고 고유한, 그래서 자유로운 '일상'이 아니라 사회와 비장애인이 만들고 강요하는 도식화된 '일상'이요 경험이다.

문제는 단순히 그런 관점에 있는 것이 아니라 장애인이나 비장애인 모두 '장애인'과 '편견'을 개념상 동일시하는 것에 있다. 비장애인들은 장애인에 대하여 이야기할 때마다 이해와 배려의 부족을 지적하고, 장애인에게 번지 점프를 할 기회를 주고 암벽 등반을 함께하며 함께 살자고, 우리 사회에서 더불어 살지 못해서 미안하다고 떠든다. 말은 다 맞는 말이다. 그러나 그 말은 곧 장애인은 혼자서 더불어 살지도 못하고 이해와 배려 없이는 이 사회에서 함께할 수 없으며 자기 결정권이 없는 존재라고 동네방네 소문을 내고 있는 것과 같다.

그것은 억압이다. 왜냐하면 장애인들은 결코 비장애인들에게 껴안겨서 억지로 같이 살기를 원하지 않기 때문이다.

대부분의 장애인은 그저 자신들이 살고 싶은 삶, 자신만의 독자적인 삶을 살고 싶을 뿐이다. 자신만의 일상을 가지고 싶다는, 지극한 상식이다. 비장애인의 도덕적이거나 휴머니즘에 의해 배려되는 삶을, 타인이 양도해 주는 삶을 살고픈 사람은 아무도 없다. 물론 도덕성이나 인간다움이 모두 쓸모 없다는 이야기는 아니다.

다만 장애인을 말하는 데 있어 '편견'이 동일시되고, 그렇기 때문에 이해와 배려로 풀어내지는 말자는 뜻이다. 예를 들면 우리는 장애인 승강기

160

나 장애인 화장실과 같은 장애인 편의 시설(?)을 고민할 때 장애인들을 배려해서 또는 장애인도 같은 사람이니까 편의를 봐주기 위해서 설치하자고 주장한다. 그런 말과 이념은 옳다. 그러나 너무나도 당연한 그 논리엔 엄청난 함정이 숨어 있다. 어떤 함정인지 한번 생각해 보라.

우리는 어느 공간에 어느 건물이 남자만 있고 여자가 단 한 명뿐이니 남자 화장실만 만들고 여자는 사람 수가 적지만 편의를 봐줘서 여성 화장실을 설치하지는 않는다. 여성 화장실은 당연히 필요한 것이기 때문에 있는 것일 뿐 편의 시설이 아니다. 장애인 역시 정말 존재 자체를 인정하고 우리 사회가 더불어 살려고 한다면, 장애인 화장실이나 경사로는 편의 시설이 아니라 반드시 필요한 시설이다.

장애인 관련 시설이 '편의 시설'로 남아 있는 한 편견과 장애인은 여전히 동일선상에 놓여 있을 수밖에 없다. 그것은 비장애인들의 당위론적 도덕의 상징 그 이상도 그 이하도 아니다.

온전한 평등이란 것은 누군가에 상대적으로 우월한 관념과 가치관에 의해서가 아니라 그 과정과 그 가치관까지도 이렇듯 평등하게 되는 과정을 거쳐야만 되는 것이다. "장애인을 사랑합시다. 장애인에게 봉사합시다. 장애인도 인간입니다"라는 말을 우리는 너무나도 쉽게, 자주 하곤 한다. 그러나 그 말은 바꾸어 말하면 "장애인은 그동안 아무런 사랑도 받지 않았고 인간도 아니었습니다"라는 말과 하나도 다를 바가 없다. 캠페인용으로 쓰인 이 말 자체에 시비 걸자는 것은 아니지만, 우리 사회가 안고 있는 장애인의 논리적 오류를 짚고 넘어가야 우리가 보고자 하는 장애인에 대한 진정한 '편견'을 조금이라도 볼 수 있지 않을까?

"이러이러한 것이 편견이다. 그래서 우리 인식을 바꾸자"라는 논리에 숨어 있는 무서운 함정, 그 함정이 지니고 있는 또 다른 편견의 얼굴, 그것은 "우리의 편견은 자연스럽고 일상적인 것이라 지속될 수밖에 없다"고 말하고 있다.

일전에 장애인을 가르치는 특수교육과 후배들과 대화를 나눌 기회가 있었는데 어느 후배가 대뜸 이런 질문을 던졌다. "장애인에게 고등 교육이 필요합니까?" 이 질문에 나는 일반적인 답변으로 끝내고 말았지만, 사실은 기분이 몹시 나빴다. 말꼬리 잡는 것은 아니어도 "고등 교육이 필요합니까?"라는 질문은 '필요하다'와 '필요하지 않다'라는 두 가지 대답을 전제로 하는 것이고, '필요하지 않다'는 의미를 질문 안에 담고 있다. 그러나 한국처럼 교육 우선 국가에서 어느 누가, 어느 계층 계급에게 고등 교육이 필요한가 필요하지 않은가를 물을 수 있는가?

차라리 "고등 교육을 받지 못했습니다", "받습니다"와 같은 결과를 묻는 질문들이 낫다. 행여 앞의 선택적인 질문이 장애인이 고등 교육을 많이 받지 못한 현실 때문에 나온 질문이라 백분 이해한다 해도 그다지 이치에 맞는 것은 아니다. 장애인이 결혼하기 어려워 독신이 많다고 해도, 어느 누가 장애인에게 "결혼이 필요합니까?" 또는 "필요하지 않습니까?"라고 물을 것인가? 하기야 우리 사회는 그 질문 자체를 사실상 용납하지 않는다. 대부분의 정신 지체 장애인들에게 결혼 자체를 불허한 것이 불과 얼마 전의 일이었고, 결혼한다손 치더라도 불임 수술을 자행하기도 했었다.

아마도 내가 이런 말을 하여도 이 글을 보는 대부분의 교수나 지식인들은 이렇게 생각하실 것이다. "말은 맞는 것 같기는 한데, 장애인이 결혼하기 어려운 것은 사실이잖아. 아이도 기르기 어렵고……" 그러나 이제 결과의 함정에 빠지지 말자. 결혼하기 어렵고 힘들다고 결혼이 불가능하거나 불필요한 것이 될 수는 없으며, 장애인 교육이 아무리 곤란하더라도 교육이 필요 없는 것은 아니다. 현상을 결론화하는 비장애인 중심의 일상적 오류에 휘말리지 말자. 이러한 결과의 함정에서 헤어나오지 않는 이상, 무엇이 편견이고 무엇이 장애인 문제인지 정확한 진단조차 기대하기 어렵다.

이러한 결과의 함정에, 특히 다수와 소수라는 수량적 한계에 극단적으로 나아가면 장애인의 존재 자체를 부정하게 되고, 이런 극단이 나치즘 같은 좋은 촉매제를 만나면 학살이라는 무서운 결과를 초래할 수도 있다. 사실 나치가 유대인을 학살하기에 앞서 '자비 살인'이란 이름으로 정신 지체 장애인은 모조리 죽였으니까.

우리 사회가 장애인에 대한 그런 극단적인 모습은 보이지 않아서 다행일지 모르지만, 오히려 언뜻언뜻 잘 숨어 있고 그럴 듯하게 포장되어 있어 더욱 두렵다. 전체 학생의 단 10퍼센트에 해당하는 공부 잘하는 학생들이 좀 피해를 보았다고 온 나라가 대학 입시 문제로 들썩들썩하면서도, 장애인 교육 수혜율이 고작 20퍼센트에 지나지 않고 450만 장애인 중에 80퍼센트가 의무 교육도 받지 못한 채 집에만 있는 현실에 대해서는 모두가 동의하며 함구하는 사회, 그런 사회가 오히려 장애인을 철저히 외면하고 차별하는 사회보다 더 무섭다.

그러면서도 입시철만 되면 장애인 대입 합격이 국민 뉴스가 되는 우리 사회의 가면이 무섭다. 차라리 정직하게 "우리는 장애인을 거부합니다"라고 떳떳하게 자기 편견을 밝히는 대학이 반가울 정도다. 실제로 학살이 일어나고 있기는 하다. 장애 태아의 약 87퍼센트가 숨도 못 쉬어보고 갈

기갈기 찢겨져 낙태를 당하고 있다. 낙태하는 부모의 논리도 무시하기는 어렵다. 한국 사회에서는 그분들 말씀처럼 장애인으로 산다는 것이 상대적으로 어렵고 힘들 가능성이 높으니까. 그러나 과연 그럴까? 개인적으로 난 내 삶이 어렵고 힘들다고 생각해 본 적이 없다. 객관적인 삶의 조건이 어렵고 차별적이긴 하다. 간판 값을 좀 한다는 연세대를 나왔어도 기업에 원서조차 내밀지 못하는 냉엄한 현실을 겪고 있으니까.

하지만 정말 장애인의 삶이 상대적으로 힘들고 어렵다면 자살 사이트에서 자살하는 비장애인들을 어떻게 설명할 것인가? 수없이 부모 속을 썩이는 수많은 청소년과 비장애인은 어떻게 설명할 것인가? 정말 장애인을 기르고 장애인으로 살아가는 것이 비장애인의 경우보다 힘들다고 하는 객관적이고 검증된 자료가 단 한 쪽이라도 있는가? 우리는 분명 디지털 시대 21세기를 살아가고 있지만 우리 사회의 장애인은 아직도 전근대의, 비합리의 시대에 살고 있다.

이렇게 장애인에 대한 편견과 그에 따른 차별과 소외 징벌은 오히려 사랑과 희생, 봉사 그리고 때로는 인간애라는 것으로 보다 정교하고 세밀하게 가면을 만들면서 도저히 저항할 수 없는 힘과 권력으로 가해진다.

그리고 더욱 살이 떨리는 것은 이런 비합리의 함정과 가면의 속성이 장애인 쪽에서 일하는, 장애인 문제를 공부하는 사람들, 즉 전문가들이 다른 사람보다 더 많이 더 진하게 나타나며 내면화하는 데 있다.

좀 과격한 표현으로 하자면, 정부의 잘못된 지원 체계로 장애인이 자살하거나 강간을 당하거나 돈벌이의 수단으로 전락하는 등의 사건이 비일비재한데도 이런 문제에 대해서 우리 나라의 90여 개 사회복지학과 학생들과 교수는 조용하고, 장애인을 사랑하는 사명감이 남다르다는 특수 교육계도 조용하다. 나아가 장애인들의 실업 문제, 고용 문제 등을 이런 전문가들이 나름대로의 전문성을 뽐내며 전공 학문으로 연구하고 배우지만, 그들이 거리로 나와서 요구를 하거나 텔레비전 토론에 나오는 것을 보기는 힘든 일이다. 장애인 실업률이 80퍼센트에 달하지만 그것은 사회적인 문제가 되지 않으며, 오히려 장애인을 고용한 업체는 사랑을 실천했다며 칭송을 받는다.

사회 복지계나 특수 교육에 종사하는 사람들은 대부분의 사람들로부터 '천사' 대접을 받는다. 그러나 그들은 천사가 아니라 의사나 약사처럼 전문가이고 자기 직종에서 일하는 사람일 뿐이다. 일의 위험도나 성격을 보아도 직접적으로 사람 목숨을 좌지우지하는 의사가 더 천사에 가깝지 않은가? 그러나 우리는 결코 의사에게 "좋은 일 하시네요"라고 인사하지 않는다.

장애인에게 우리 사회가 비장애인들의 일상 경험들을 장애 극복, 인간 승리라는 것으로 보상해 주려 하듯이 장애인 분야 사람들에게는 유달리 강한 사명감과 희생 정신이란 것으로 천사로 만들어주며 ─ 사실은 낙인을 찍는 것이지만 ─ 보상해 주고 있는 것이다.

이렇게까지 말하면 반론을 제기할 사람이 많겠지만, 분명 우리 나라 사회 복지나 특수 교육의 발전상이 그 주체들의 활동이나 투쟁으로 만들어져 왔다기보다는 정치인이나 비전문가에 의해 형성되어 왔음은 누구도 부인할 수 없는 자명한 사실이다.

더군다나 사회 복지나 특수 교육은 철저하게 밑바닥으로부터, 민중들로부터 올라와 학자들에 의해 체계화되고 정리되는 학문임에도 불구하고, 우리 나라 장애인 관련 학문에서 그 해당 민중은 상당 부분 소외되어 왔다. 바꾸어 말하면 일반적으로 지식인들과 전문가들이 "이것은 장애인에 대한 편견이고 차별이다"라고 말하는 것 자체가 편견을 조장하는 기이한 기제—사랑과 사명감의 엘리트주의—가 작용하고 있는 것이다. 지금껏 우리 사회의 장애인에 대한 사랑과 봉사는 장애인에게 자기 자신에 대한 자부심과 애정을 만들어주지 못한 채 구체적인 실상이 없는 단지 허상—이데올로기—에 불과했다. 그리고 장애인 분야에서 공부하는 학생과 연구하는 전문가들은 그것에 충분히 기여해 왔다.

장애인에게는 사랑이 필요한 것이 아니라 당연한 권리가 주어져야 하는 것이고, 봉사와 희생이 필요한 것이 아니라 문제를 함께 해결할 전문가가 필요하다. 우리가 여성 문제를 말하고 풀어 나아가고자 하는 조직을 '여성 봉사 동아리'라고 이름 붙이지 않으며, 노동자 문제를 대변할 때 "노동자 사랑합시다"라고 떠들지는 않지 않은가?

만약 지금 이 글을 장애인 쪽에서 일하고 공부하는 사람들이 읽는다면 아마도 상당히 화를 낼 것이다. 얼마나 어렵고 열악한 상황 속에서 일하고 공부하는데 도움을 못 줄망정 욕부터 하냐고 화를 낼 것이다. 맞는 말이다. 그러나 난 그래도 사회복지사나 장애인 봉사 동아리를 보면 여전히 화가 치민다. 내가 만약 그들에게 과연 장애인을 위해 무엇을 해놓았느냐고 묻는다면, 대부분의 사람들은 열악하긴 하지만 없는 것보다는 낫지 않냐고, 그나마 우리가 있어서 여기까지 오지 않았느냐고 할 것이다. 그것도 맞는 말이다. 그러나 난 지금까지 대학의 수많은 장애인 관련 봉사 동아리와 사회복지학과나 특수교육학과가 오히려 장애인의 삶과 인간의 존엄성을 훼손했다고 단언한다.

굳이 서유럽의 복지 국가도 전체주의의 변종이라고 했던 쿤데라의 지적을 빌려와 지적 오류에서 허우적거릴 필요까지는 없지만, 장애인에 대한 이해와 사랑이 국가에 의한, 정치에 의한 의도된 조작품이란 사실은 설사 서구 유럽과 우리 나라의 사회 복지 발달이 서로 극단적이라 하더라도 동일하다. 왜냐하면 국가나 사회가 우리 나라처럼 편견과 차별에 대한 해답으로 사랑과 봉사를 강조할수록, 그만큼 국가와 사회의 실질적 책임은 줄어들기 때문이다. 장애인에 대한 편견과 징벌의 문제를 사랑과 봉사의 이데올로기로 풀려고 하면 할수록 본질에서는 멀어진다. 사랑과 희생으로 봉사하는 사람이 많으면 많아질수록, 국가와 사회는 임금을 줘야 하는 '프로' 의 기용을 그만큼 피할 수 있다. 또한 장애인에 대한 문제를 사회 복지나 특수 교육이란 개념으로 분리하면 분리할수록, 오히려 '프로' 는 사라지고 '소록도'화 된다. 이것이 우리 사회가 만들어놓은 장애인에 대한 전체주의적 함정이다.

장애인에 대해 누군가가 희생해야 한다는 논리는 곧 우리 사회가 장애인들에 의해 불이익을 받을 수 있음을, 해악을 끼치는 존재임을 전제하고 있다.

이것은 언제나 차별에 대한 합리화의 논리이며 다수의 행복이 최대의 행복이라는 공리주의가 팽배한 사회에서는 늘 장애인에 대한 일상적인 격리와 학살을 유발시킨다. 이렇듯 장애인이 아직도 사회적 부담과 편견으로 동일시되고, 그로 인해 당연함으로 인식되는 것이 아니라 사랑과 봉사로 환치되는, 우리 사회의 장애인에 대한 전체주의 이데올로기 그것이 장애인 편견의 참모습이다. 그리고 더욱 심각한 것은 이러한 이데올로기가 파쇼적인 데 있다. 과거에 파시즘이 뒤덮었던 독일에선 파시즘이 최고의 '선' (善)이었듯이, 이미 사랑과 봉사는 장애인 문제를 해결하는 최고의 '선'으로 자리를 굳건히 잡았다.

누군가가 이 글에 대한 반론을 제기한다고 해도 사랑과 봉사에 대한 그리고 편견에 대한 칸트식의 논리에서 크게 벗어나기 어렵다. 내가 사랑과 봉사, 희생의 절대적 가치를 부정하는 것은 아니다. 그런 절대적 가치를 이상하게 포장하지 말자는 뜻이다. 절대적 가치는 절대적 가치이고 철학이지 구체적인 문제를 해결하는 대안일 수 없다.

이제 우리 사회는 장애인을 내놓고 차별하자고 떠들지는 않는다. 오히려 반대 급부적으로 장애인에 대한 사랑과 이해가 강조되고, 이것은 시민이 최고로 갖추어야 할 덕목으로 평가된다. 땅값이 떨어진다고 장애인 시설을 반대하지 않는 대신 자신의 지역은 교육 여건이 열악하기 때문에 장애인 학교는 '부적절'하다고 주장하며, 대학의 권위와 체면이 손상된다고 장애인 입학을 거부하지 않는 대신 장애인 학생의 안전을 보장할 편의 시설이 없다면서 장애인들을 거부한다.

그래서 어쩌다가 장애인에 대해서 신경을 쓰는 학교가 나타나면 우리 사회는 침이 마르도록 칭찬하고, 학교장이나 교수는 우리 장애인에게 고마워해야 하지 않느냐고 은근히 자랑한다. 이런 도덕적 파시즘이 난 무섭다. 이런 교묘함에 아연질색하게 된다.

이런 사회의 도덕적 파시즘은 장애인으로 하여금 자신을 부끄러워하게 만들어버렸다. 늘 사람들과 사회로부터 사랑과 이해를 받아야 하는 존재, 고마워해야 하고 누군가에게 희생을 강요하는 존재, 장애인은 스스로를 그렇게 인식한다. 자기 존엄을 거부하고 자기 정체성을 찾지 못하는 장애인, 차별과 억압을 자기의 정체성으로 받아들여서 그것을 당연시하는 것, 이것이 우리 사회의 장애인, 나의 모습이다.

그것이 장애인 편견과 차별에 대한 우리 사회의 해결책이다. 약이 아닌 독이다.

사회의 공식적 면죄부 '장애인'

바로 얼마 전에 장애인 승강기 철끈이 떨어져 할머니 한 분이 돌아가시고 함께 탔던 할아버지가 크게 다치는 사건이 발생했다. 성수대교 붕괴 사건보다 더 황당한 사건이었다. 설치한 지 넉 달밖에 안 된 장애인 승강기가, 그것도 핵심 부품인 철끈이 끊어져 사람이 죽다니. 돌아가신 할머니는 장애 등급 3급의 장애인이셨다. 국제적 망신거리였다.

그런데 이상한 것은 우리 '사회'의 조용한 반응이다. 분명 공공의 안전을 책임 지는 철도청 관할 역에서 아무나 탈 수 있는 승강기가 추락하여 사람이 죽은 어처구니없는 사건이 일어났음에도 불구하고 너무 조용하다. 죽거나 다친 사람이 건장한 남자였다면 과연 그럴까? 혹시나 사람들도 황당해 하면서 죽은 사람이 장애인이라고 하니까, 탄 사람에게도 어떤 과실이 있겠지 하고 생각하는 것은 아닐까?

작년에도 올해도 정신 지체 여성에 대한 집단 윤간 성폭행으로 장애인계는 시끌시끌했다. 그러나 사건의 성격에 비해 사회는 너무 조용하다. 만약 비장애 여성이, 20대 여성이, 어린이가 마을 어른들 스무 명, 서른 명에게 몇 년씩 성 노리개였다고 한다면 이렇게까지 조용할 수 있을까?

우리는 매년 심심치 않게 사회 복지 시설에서 일어나는 인권 유린이나 범죄에 관한 뉴스를 접한다. 그런 뉴스를 접할 때는 분노하지만, 돌아서면 "그래도 좋은 일 하는데 실수할 수 있지"라고 말하지는 않는지? '장애인'이면 모든 형사 책임이 약해지거나 면제되는 면죄부는 아닌지?

바로 이런 이중성이 사랑과 봉사의 이데올로기가 만들어놓은 왜곡된 모습이다. 그리고 이것은 장애인에 대한 우리 사회의 전반적인 '파시즘'이다. 그래서 내가 앞에서 찰떡 궁합이라 하지 않았는가? 면죄부의 남발은 중세 때 마녀 사냥의 파시즘이나 나치의 파시즘이나, 파시즘의 대표적 현상이었다. 면죄부가 남발되는 사회에서 편견 운운은 이미 유행 지난 유행가 가사일 뿐이다.

어떤 사회 문제에 대해 사회 구성원이 그것을 문제라고 인식할 때, 정부가 그것을 해결할 능력이 있을 때, 아니면 기득권이 제도화하려는 의지가 있을 때 이 세 가지를 동시에 충족해야만 그것은 사회가 고민하고 풀어야 할 문제가 된다. 그런데 참으로 신기하게도 장애인 문제는 이 세 가지를 충분히 다 내포하고 있음에도 불구하고 개인의 인간 승리 문제가 되어버린다. 이는 우리 사회가 장애인을 노출하여 문제로 인식하기보다는 은폐하고 격리하며 '도덕'의 개념으로 규정하려 하는 한 단면이다. 또한 이것은 우리 사회가 강간하여 죄를 지은 남자보다 강간당한 피해자가 더욱 죄의식에 시달려야 하는 것과 같은 현상을 장애인에게 갖게 한다.

장애가 부끄러움이나 허물이 아닐진대, 장애인은 자신의 장애를 부끄러워하고 인간 승리를 하지 못해 안달을 하며 자기의 장애를 세상에 떠들지 못한다. 우리 사회가 장애인을 부끄러워하고 있다는 증거이다. 장애인에 대한 사랑과 봉사, 도덕의 이데올로기는 바로 장애인에 대한 우리 사회의 집단적 부끄러움을 감추는 파시즘적 기제이다. 이해하기 어려운가? 그러면 이런 현상을 어떻게 설명할 것인가? 어떤 특수교육과에서는 장애인을 입학조차 허가하지 않으며, 입학해서 졸업을 했다손 치더라도 임용 고시에서 장애인을 거의 뽑지 않는 이 현상을, 장애인을 제일 사랑하는 특수교육과가.

커밍아웃 '나쁜 장애인'

사회학자 메이어슨(Meyerson)은 "장애란 한 개인에게 객관적인 사실로서 존재하는 것이 아니라 사회적인 가치 판단에 의해 필요에 따라 규정되는 것"이라고 하면서, "장애란 다른 사람이 그 사람과 사실에 대하여 충분한 이유가 있건 없건 간에 사회적으로 그런 사람에게 불리한 제재를 가하게 되는 조건"이라고 설명했다.

모든 인간의 삶에서 출발점은 자기의 의지에 따른 선택이 아니다. 마치 수없이 많이 포장된 초콜릿 속에서 그냥 하나 집어들어 포장을 벗겨 먹는 것과 같이 우리의 삶은 처음 선택의 운명을 따른다. 그 벗겨 먹을 포장은 여성일 수도 남성일 수도, 부자일 수도 가난할 사람일 수도, 뇌성마비 장애인일 수도 정신 지체 장애인일 수도 있다. 그 점에 대해서 그 누구도 책임을 물을 수는 없다. 따라서 그러한 무의지로 선택받은 삶에 대해 누구나 자유로운 자신만의 '일상'을 소유할 수 있어야 한다. 그런데 장애인의 삶은 자연스럽지 않다. 언제나 특수하고 특별하다.

신체적·정신적 '장애'는 의지적 선택의 문제가 아니다. 군대 면제를 위해 일부러 자기 신체에 장애를 입히는 경우를 제외하고 말이다. 요컨대 '장애'의 개념은 그 사회의 가치 판단에 의해 좌우되고, 그 개념에 따라 그에 해당하는 사람들의 삶이 규정되며, 그 문제점에 대한 해결책까지 강요된다. 사회가 규정한 삶의 조건 속에서 산다는 것은 언제나 부정적 불평등과 억압, 착취를 동반한다. 왜냐하면 개인의 삶의 조건을 규정한다는 것 자체가 천부적으로 부여된 인간의 자유와 자신의 삶에 자신이 주인이 될 수 있는 인간의 존엄성에 위배되기 때문이다.

누구나 궁극적인 소망은 행복하게 살기일 것이며, 행복하게 사는 것은 삶을 잘 풀어 나아간다는 의미일 것이다. 그리고 삶을 풀어 나아간다는 것이 나의 삶을 '내가' 만들어 나아가야 함을 뜻한다는 것 역시 누구도 부인하지 않을 것이다. 그래서 삶은 그것을 사는 자, 그 사람의 주체성, 자기 자신에 대한 주인 의식을 떠나서는 논의될 수 없다. 또한 그러한 삶을 함께 만들어가는 사람들이 모인 마당인 사회도 결코 이를 간과할 수 없다. 그러므로 우리가 주체적일 수 없다면 우리는 우리의 삶을 갖지 못할 것이고, 자신의 삶을 가질 수 없는 한 행복해질 수 없으며, 행복해질 가능성이 없는 존재는 더 이상 인간이 아니다.

우리 사회가 장애인에게 내리고 있는 가장 큰 형벌은 비장애인들이, 사회가 "장애인의 삶, 우리가 풀어줄게, 내가 너랑 함께 살아줄게" 하며 지레 말하면서도, 정작 자기 집 앞에 장애인 시설이 들어서는 것보다는 지하철에서 구걸하는 장애인에게 동전을 던져주는 쪽을 선호하는 그런 도덕적 파시즘이다. 「인간시대」와 같은 휴머니즘으로 지갑을 터는 각종 프로그램에서 가장 놀라운 효과를 발휘하며, 칭찬과 미덕의 최고 기제가 장애인임을 인정하는 사회임에도 불구하고, 승강기가 안전한지 그렇지 않은지, 정부와 관계 당국에 장애인 추락 사고에 대한 각성을 촉구하기 위해 서울역에서 몇몇 장애인들이 지하철 운행을 약 30분 지연시키자 사람들 입에서 앞뒤 가리지 않고 "병신××"라고 말하는 사회, 구호를 외치며 분노를 표시하는 장애인들이 선로에 누워 농성을 벌이는데도 옆에 있는 비장애인에게 "왜 순진한 장애인 꼬드겨 이런 못된 짓을 시키냐?"고 따지는 사회, 그것이 바로 장애인을 전유하고 소유하는 전체주의의 함정으로 가득 찬 우리 사회의 자화상이다.

장애인 문제를 해결하기 위해서 모든 장애인들을 비장애인과 같은 경쟁력과 능력을 갖추도록 한다는 인간 승리 양산 정책은 모든 비장애인들을 전부 실제적인 장애인으로 만들어버리려는 이율배반적이며 이분법적인 이데올로기에 불과하다.

그러면 어디서부터 이것을 깨뜨릴 것인가?

나는 무엇을 할 수 있는가?

제일 먼저는 사회가 강요하는 이미지화된 또는 정형화된 장애인의 모습을 내 스스로 부숴야 할 것이다. 장애인에 대한 차별과 억압의 자기 동일시, 내면화를 부정해야 할 것이다.

그래서 나는 착하고 순수해서 사랑받기 좋아하는 장애인이기를 거부한다. 나는 여자를 꼬드기고 적당히 나쁜 짓을 자행하는, 누군가를 사랑할수 있는, 희생을 받는 것이 아닌 사랑을 쟁취하는 '나쁜' 장애인이고자 한다. 장애는 '극복하고 불굴의 의지로 일구는 인간 승리'로서 패배해야 할것들이 아니고 살리고 가꾸어야 할 나의 소중한 개성이고 부분이다.

편견은 내가 느끼는 것이 아니라 이미 그런 시각과 관점을 가진 사람들의 자기 진단에 불과하다. 나는 편견을 느껴본 적이 없다. 편견을 느끼기전에, 타인들이 '편견'을 가지기 전에 나는 내 모습을 그들에게 보여준다. 목발을 짚고 파도 타기를 하고 집회에서 목발꾼다운 '사수대'의 모습을 보여준다. 그것이 나의 '일상'이요 자유니까.

우리 사회의 장애인에 대한 일상적인 편견과 폭력은 바로 그리스 신화에 나오는 일종의 프로크루스테스의 침대에서 일어나는 것과 유사하다. 자신의 여관에 든 손님을 침대 길이에 맞추어 키 큰 사람은 다리를 자르고 키 작은 사람은 잡아 늘리는 그리스 신화 속 프로크루스테스의 침대, 그러나 우리 사회의 장애인은 이미 그 전에 자신 스스로가 없는 다리까지 억지로 만들고 붙이고 있다.

　이런 파시즘에 대항하는 길은 동성애자들이 커밍아웃을 하는 것처럼 장애인들이 비장애인들의 이중적인 울타리를 박차고 나오는 길밖에 없다. 갇혀진 나로부터의 자유를 꾀하는 길, 장애인의, 장애인에 대한, 장애인을 위한다는 도덕적 파시즘을 거부하는 일, 나는 그것을 '나쁜', 게다가 순수하지도 않고 더 음흉하며, 게다가 순진하지도 않고 의식화된, 철저하게 과격한 장애인되기를 통해 하고 있다. 커밍아웃을 하고 있다.

제3부 | 정신 장애

한국 사회와 정신 질환: 사회적 반응으로서의 배제

김창엽

잔 다르크, 루터, 괴테, 발자크, 슈만, 콕토, 고갱, 반 고흐, 헤밍웨이, 도스토예프스키, 버지니아 울프, 이중섭…… 그리 새삼스러울 것도 없지만, 이들의 공통점은 정신 질환자이거나 혹은 그러리라는 혐의(?)를 받았던 사람들이라는 것이다. 물론 또 다른 공통점은 이들이 매우 유명하다는 것이다. 때문에 이들의 정신병적 행동이나 특성은 곧잘 위인의 비범한 행동이나 예술가의 창조적 기행으로 찬양의 대상이 되었다. 그들이 겪었던 예외 없는 고통과 고단한 삶의 궤적은 흔히 잊혀진 채로.

탁월한 능력을 지녔던 일부는 제외하더라도 정신 질환은 일반인들의 상식을 훨씬 뛰어넘을 정도로 흔하다.[1] 그리고 나라와 문화에 관계없이 보편적인 질병이다. 현대 정신 의학의 정의에 따르면 정신 질환의 유병률

---

[1] 정신병 혹은 정신 질환은 의학적으로는 매우 광범위해서, 생물학적 혹은 심리적 이유로 정신 기능, 즉 지능, 인지와 지각, 생각, 기억, 의식, 감정, 성격 등에서 병적인 현상이 나타나는 모든 질환을 포괄한다. 그러나 정신 질환 중에서 사회적으로나 정책적으로 주로 관심의 대상이 되는 것은 정신분열병(schizophrenia)과 우울증으로 대표되는 소위 '주요 정신병'(major psychosis)이다. 이들 주요 정신병은 다른 정신 질환과 달리 만성화되는 경향이 강하고 인격의 와해가 일어나서 생활과 사회적 기능의 심각한 손상이 동반되는 특징이 있기 때문이다. 이 글에서는 달리 언급하지 않는 한, 정신 질환이라고 표현하는 경우 주요 정신병을 의미한다.

(有病率)과 발생률은 나라들간에 대체로 큰 차이가 없는 것으로 알려져 있다. 예를 들어 우리 나라와 미국의 경우 모두 정신 질환의 평생 유병률이 전체 인구의 약 3분의 1 정도로 나타나, 전체적으로 매우 높은 유병률을 보이고 있다. 물론 주로 문제가 되는 주요 정신병의 유병률은 이것보다는 훨씬 낮다. 우리 나라에서 주요 정신병의 평생 유병률은 정신분열병이 0.12~0.34퍼센트, 주요 우울병이 1.28~3.31퍼센트의 인구에서 나타난다.[2]

사실 비전문가가 이해하기에는 '평생 유병률' 이라는 다소 학술적인 개념보다는 현재 얼마나 많은 사람이 정신 질환을 앓고 있는가 하는 말이 더 쉬울 것이다. 정신 질환의 특성상 정확하게 파악하는 것이 쉽지는 않으나, 우리 나라의 경우 대체로 전체 정신 질환자 수는 120만 명, 그리고 중증 만성 정신 질환자는 약 9만 명으로 추정된다.[3] 이 수치는 한국보건사회연구원이 조사한 전국의 법정 정신 장애인 수인 약 7만 8천여 명과 큰 차이가 나지 않아,[4] 생활이나 사회적 기능에 장애가 있는 정신 질환자 수가 8~9만 명에 이를 것으로 보인다.

이처럼 정신 질환자의 수가 적지 않기 때문에, 정신 질환이 사회적으로 만만치 않은 부담이 되고 있는 것도 부인할 수 없는 사실이다. 경제적인

---

2) 이정균, 곽영숙, 이희 등, 「한국 정신 장애의 역학적 조사 연구: 도시 및 농촌 지역의 평균 유병률」, 『대한의학협회지』 28 (1985), 1223~1244쪽; 이호영 등, 「강화도 정신과 역학 연구(III): 주요 정신 질환의 평생 유병률」, 『신경정신의학』 28 (6) (1989), 984~998쪽.
3) 서울대학교 의과대학 의료관리학교실, 『정신보건의 현황과 정책개발』 (1994).
4) 보건복지부·한국보건사회연구원, 『2000년도 장애인 실태조사』. 정신병이나 정신 질환이라는 말과 달리 '정신 장애' (mental disability)는 정신 질환에 의해 이차적으로 나타나는 생활이나 사회적 기능의 손상 또는 저하를 의미한다. 따라서 모든 정신 질환이 정신 장애인 것은 아니다. 그러나 신체적 질환과 달리 정신 질환은 만성화되는 경향이 크고 생활 기능, 사회적 기능이 떨어지는 경우가 많아, 정신 장애와 정신 질환이라는 말이 혼용되는 경우가 많다.

면만 보더라도 놀랄 만큼 많은 비용을 지출하고 있고, 특히 선진국일수록 더욱 그러하다. 미국의 경우 정신 질환의 치료에 소요된 비용과 정신 질환에 의한 생산성 저하 비용 등으로 연간 국내 총생산의 2.5퍼센트인 약 2천억 달러(약 240조 원)를 지출하고, 네덜란드는 의료비의 23.2퍼센트, 영국은 입원 진료비의 22퍼센트를 정신 질환 때문에 지출한다고 한다.[5] 건강 혹은 보건 의료상의 부담도 그리 다르지 않다. 질병 부담(burden of disease)이라는 측면에서 2000년 현재 전세계적으로 우울증이 하기도 감염(lower respiratory infection), 에이즈 등에 이어서 4위를 차지하였고,[6] 2020년에는 허혈성 심장 질환, 교통 사고와 함께 우울증이 3대 주요 질병이 될 것으로 예측된다.[7]

정신 질환, 일탈과 낙인

정신병은 분명 여러 질병 중 하나이고 게다가 흔한 질병이지만, 현실에서나 역사적으로나, 그리고 의학적으로나 사회적으로나 매우 독특한 위치를 차지하고 있다. 우선 좁게 보아서 의학적으로도 정신 질환은 신체적 질환과 구분된다. 주관적 인식이 중요하게 취급되고, 사회적인 요인이 중요하며, 아울러 상대적으로 고차원적인 대상인 정신에 대한 것이어서 그 복잡성의 정도가 신체를 대상으로 하는 것보다 높다는 것이다.[8] 의료와

---

5) World Health Organization, *The World Health Report 2001* (2001), pp. 24~29.
6) *ibid.*
7) C.J.L. Murray · A.D. Lopez eds., *The Global Burden of Disease* (Harvard University Press, 1996).
8) 이정균, 『정신의학』 (일지사, 1994), 2쪽.

보건 서비스 측면에서도 마찬가지이다. 경우에 따라서는 거의 평생을 지속하는 만성적 경과를 보이고, 사회적 낙인이 존재하며, 진단과 서비스의 효과를 측정하기 어렵고, 복지 서비스의 필요성이 크다는 특성을 보인다.[9]

그러나 의학적인 것보다 더 중요한 것은 정신 질환과 정신 질환자가 가지는 '사회성'이다. 사실 '정신 질환자'라는 말 속에 이미 정신 질환이 가지는 사회적 의미의 상당 부분이 나타나 있다. 의학 전문가든 일반인이든 신체적 질환에 대해서는 아무도 '신체 질환자'라는 말을 일상적으로 사용하지 않는다. 그러나 정신 질환은 정신분열병, 우울증 같은 구체적인 질병의 이름이 있음에도 통틀어 정신 질환자라는 말이 매우 자연스럽다. 즉 우울증 환자, 정신분열병 환자는 고혈압 환자, 당뇨병 환자와 거의 같은 차원으로 사용되지만, 정신 질환자는 개별 질병의 이름과는 사뭇 다른 의미를 가진 어떤 집단을 나타내는 말로 사용되고 있는 것이다.

정신 질환자가 신체적 질병과는 구분되는 사회적 의미를 가지는 것은 무엇 때문일까? 그것은 전통 사회학의 용어를 빌자면 모든 질병 중에서 사회 체계를 위협하는 일탈(deviance)의 성격이 가장 강하고 신체 질환과는 그 성격이 다른 질병이기 때문일 것이다. 즉 대부분의 신체 질환이 파슨즈(Parsons)가 표현하였듯이 "조건부로 정당화된 일탈"이라면, 정신 질환은 사회적으로 정당화될 수 없는 일탈이라고 해야 할 것이다. 이는 정신 질환으로 인한 일탈이 전체 인구에 일반화될 경우 사회의 다른 집단·조직·제도의 기능 수행에 심각한 문제가 생기는 '거시적 일탈'로 발

9) 한국보건사회연구원·보건복지부,『전국 정신보건시설의 정신건강 프로그램 및 재원환자의 정신건강 실태조사』(1999).

전할 가능성이 있기 때문이다.[10)]

정당화될 수 없는 일탈의 또 다른 예인 에이즈(AIDS)가 질병 발생의 원인으로서 기존의 성(性) 행동의 문제와 밀접하게 연관되어 있다면, 정신 질환의 증상으로 나타나는 인지와 지각·생각·감정 등의 이상이 기존의 사회 질서를 위협할 수 있다는 것은 상식적인 일이다.

사회적으로 정당화하기 어려운 일탈에는 오명(stigma)이 덧붙여진다. 프리드슨(Freidson)은 병을 심각성과 정당성에 따라 여섯 개의 범주로 나누고, 정당성이 결여된 경우 일상적 의무가 일부 정지되지만 환자로서의 특권은 적거나 없으면서 오명을 갖게 된다고 하였다.[11)] 그의 주장에 예시된 질환은 말더듬과 간질이었지만, 정신 질환도 이 영역에 속하는 것이 틀림없다.

오명은 낙인(labeling)으로 이어진다. 프리드슨은 낙인을 '사회적 반응'(societal reaction)이라고 하고, 일탈에 대해 가정·법·경찰·대중 매체 등과 같이 사회적 통제를 행하는 기구가 보이는 반응이라고 하였다.[12)]

정신 질환에 낙인 이론을 적용한 대표적 학자인 셰프(Scheff)는 암묵적이지만 공유된 사회적 규범을 지속적으로 훼손함으로써 사회적으로 정신 질환이라는 낙인이 찍히게 된다고 주장하였다.[13)] 일단 낙인이 찍히고, 경찰·법원·의료인 등 사회적 통제 기전들이 개입하게 되면 이들은 정신

---

10) 르네이 C. 팍스, 『의료의 사회학』, 조혜인 옮김 (나남, 1993), 64~65쪽.
11) E. Freidson, *Profession of Medicine* (Dodd, Mead & Company, 1970), pp. 238~240. 환자로서의 특권은 환자 역할(sick role)에서 개념화된 것으로 이에 대해서는 다음을 참조할 것. T. Parsons, *The Social System* (The Free Press, 1951), Chapter X.
12) 사라 네틀턴, 『건강과 질병의 사회학』, 조효제 옮김 (한울, 1997), 107쪽.

질환자로서의 역할을 하게 되고 사회적으로는 수용화(institution-alization)의 과정을 밟게 된다.[14]

그러나 정신 질환을 전적으로 사회적 낙인의 소산으로 설명하는 견해에 대해서는 반론이 많다. 낙인 이론은 정신 질환이 생물학적·의학적으로 명확하게 정의된 질환이라는 것을 부인하고, 잘 이해되지 않는 행동이나 개인의 사회적 부적응에 대해 정신 질환이라는 낙인을 찍은 것으로 이해하기 때문이다. 즉 낙인 이론에 근거할 경우 심하게 말하면 정신 질환은 만들어진 것이라는 주장도 가능하다.[15] 현대 정신 의학의 주류 입장과는 완전히 배치된 이러한 주장은 폭넓은 지지를 받지는 못하였으나, 반(反)정신 의학(anti-psychiatry) 운동으로 이어져 정신 질환에 대한 사회적 인식과 태도, 특히 수용 위주의 정신 질환 관리 방식 등에 적지 않은 영향을 미쳤다.[16]

정신 질환에 대한 낙인은 매우 일반적인 현상인 것처럼 보이고 일반인들도 이에 매우 익숙하다. 그러나 정신 질환에 대한 현대 의학의 설명은 점점 더 생물 의학적인(biomedical) 해석을 강화하고 있다. 예를 들어 정

---

13) P.R. Benson, "Labeling theory and community care of the mentally ill in California: the relationship of social theory and ideology to public policy," H.D. Schwartz (eds.), *Dominant Issues in Medical Sociology* (Random House, 1987), pp. 155~170. 이외에도 Lemert, Szasz 등이 이 이론을 주장한 대표적인 학자들이다. 조지 포스터·바바라 앤더슨, 『의료인류학』, 구본인 옮김 (한울, 1994), 124~127쪽.

14) 서양에서 중세를 지나 근대로 들어오면서 정신 질환자 수용이 시작되었다. 푸코에 의하면 결정적인 계기가 된 것이 1656년 파리에 종합 병원이 처음으로 세워진 것이다. 시설 수용을 비롯한 정신 질환과 사회 통제의 역사적 전개에 대해서는 잘 알려진 다음 문헌을 참조할 것. 미셸 푸코, 『광기의 역사』, 김부용 옮김 (인간사랑, 1999). 또 정신 질환에 대한 사회적 통제에 관해서는 조병희, 「정신병과 사회통제」, 『사회비평』, 2001년 여름호 참조.

15) 이를 정신 질환에 대한 '음모론적'(conspiratorial) 설명 모형이라고 한다.

16) 정경균·김영기·문창진 등, 『보건사회학』 (서울대학교 출판부, 1991), 104~131쪽.

신분열병은 도파민(dopamin)이라고 하는 뇌 속에 있는 신경 전달 물질의 과잉 활동이 중요한 원인이고, 우울증은 단가(單價)아민(monoamine)의 활동과 관계된다는 것으로, 이들 물질을 조절할 수 있으면 정신분열병이나 우울증의 증상을 억제할 수 있다는 것이다.[17] 또 최근의 유전학적 연구의 성과도 생물 의학적인 해석을 더욱 강하게 뒷받침하고 있다. 이란성 쌍생아의 15퍼센트에서 모두 정신분열병이 발병하나, 일란성 쌍생아의 경우 모두 발병할 확률은 무려 50퍼센트에 달한다.[18]

사실 정신 질환에 대한 생물 의학적인 해석의 득세는 제2차 세계대전 이후 도입된 정신과 약물과 이들의 극적인 효과로 충분히 예측되었던 것이다. 정신 질환에 대한 약물 치료는 1949년 케이드(Cade)가 조증(mania) 환자에게 리튬을 사용하고, 1952년 들레(Delay)가 합성 약물인 클로르프로마진(chlor-promazine)을 정신분열병 환자에게 투여하는 데서 시작되었다.[19] 약물 치료가 어느 정도 효과를 거둠에 따라 정신 병원의 병동이 일부 개방되고, 지역 사회에서도 정신 질환자를 '관리'할 수 있게 되었다. 약물을 사용하여 지역 사회에서도 어느 정도 정신 질환자를 관리할 수 있게 되었다는 것은 정신 질환자의 치료와 사회 복귀에 획기적인 전기가 마련된 것이라 할 수 있다. 정신 질환자의 인권과 사회적 기능이 따라서 개선되었음은 물론이다.

정신 질환을 생물학적 요인으로 설명할 수 있다는 것은 정신 질환에 대한 사회적 인식을 획기적으로 바꿀 수 있다는 것을 뜻한다.[20] 잘 알려져

---

17) 이정균, 앞의 책.

18) T. Turner, "ABC of mental health: schizophrenia," *British Medical Journal* 315 (1997), pp. 108~111.

19) 김영진, 『광기의 사회사』 (민음사, 1997), 127~129쪽.

있듯이 현대 의학이 질병과 치료를 설명하는 주류 모델은 생의학적 모형이다.[21] 여기에서는 인체를 기계적 구조의 하나로 이해하며, 질병은 분자와 세포 수준의 형태학적·생화학적인 변화로 간주한다. 즉 질병은 특정 세균이나 화학 물질 등 단일 원인에 의하여 발생하는 것으로 이해되는 것이다. 따라서 질병의 치료 과정은 특정 원인을 없애는 것이며, 약물이나 수술 등 국소적 치료 방법으로 그것이 가능하다고 본다. 정신 질환을 생물학적 요인으로 설명하고 약물 치료를 주된 치료 방법으로 이용하게 되었다는 것은, 적어도 병인론(病因論, etiology)의 관점에서는 정신 질환이 신체 질환에 좀더 가까워졌다는 것을 의미한다. 정신 질환자에 대한 낙인이나 차별의 원인이 단지 정신 질환의 발병 원인에만 있는 것은 아니므로 분명 한계는 있다. 그러나 정신 질환을 신체 질환과 비슷하게 하나의 '질병'으로 이해한다는 것은 정신 질환에 대한 편견을 줄이는 데 도움이 되는 것은 의심의 여지가 없다.[22]

서양 현대 의학의 시각

논란의 와중에서도 주류의 위치를 확고하게 하고 있는 서양 현대 의학은 정신 질환을 어떻게 설명할까? 생물 의학적 설명들이 최근 들어 거의

---

20) 현대 의학이 생물 의학적 만능주의에 빠져 있다는 비판이 적지 않다는 점을 고려하면, 정신 질환이 오히려 이러한 생물 의학적 구조의 혜택을 볼 여지가 있다는 것은 매우 역설적이다.
21) G.L. Engel, "The need for a new medical mode: A challenge to biomedicine," A.L. Caplan, et al (eds.), *Concepts of health and disease interdisciplinary perspectives* (Addison-Wesley, 1981), pp. 589~608.
22) Office of Technology Assessment, *The Biology of Mental Disorders* (1992).

독점적인 위치를 차지하게 되었다는 것은 앞에서 이미 설명한 바 있다. 그러나 여전히 정신 질환은 발생과 경과, 치료의 효과에 이르기까지 한 가지 요인보다는 생물학적·심리적·사회적 요인이 서로 밀접한 연관성을 맺고 있다는 것이 대부분 전문가의 합치된 의견이다.[23] 여기에서는 정신 질환에 대한 서양 의학의 설명에 익숙하지 않는 비전문가를 위하여 최소한의 이해를 돕는다는 의미에서 정신 질환에 대한 개략적인 내용을 소개한다.

서양 정신 의학에서 말하는 정신 질환이란 가벼운 우울증이나 일시적인 적응 장애를 포함하는 폭넓은 질환군이다.[24] 흔히 정신 질환을 정신증(psy-chosis)과 신경증(neurosis)으로 나누는데, 이는 최근에는 잘 사용되지 않는 개념이기는 하나 임상 진료에서는 흔히 사용되며 질병군의 특성을 이해하는 데에는 도움이 된다.

정신 장애의 대부분을 차지하는 신경증은 정신 기능의 장애 정도가 비교적 가벼우며, 현실 검증 능력에는 이상이 없이 수면 장애나 불안감 등 비교적 단순한 정신적 고통을 받는 것을 말한다. 적응 장애, 신경증성 우울 등도 여기에 포함된다. 이에 비하여 정신증은 정신 기능의 장애가 심하여 병에 대한 인식(insight)이 없고 현실 검증 능력이 떨어져 망상이나 환청과 같은 증상을 나타내는 질환이다. 정신분열병, 조울정신병, 심한 우울증, 중증의 알코올 중독 등의 질환이 대표적인 병이다.

이 중 정신분열병은 망상, 환청 등 현실 검증 능력의 장애가 뚜렷한 정

---

23) 이에 대해서는 World Health Organization, op. cit., pp. 5~17 참조.
24) 이하 정신 질환에 대한 대부분의 설명은 다음을 참조하였음. 서울대학교 의과대학 의료관리학교실, 앞의 책, 19~28쪽.

신 질환이다. 일반적으로 약물 치료나 정신 요법으로 좋아지나 재발이 반복적으로 올 수 있다. 자신이나 남을 해치는 등 난폭한 행동을 보일 경우 입원이 필요하고 퇴원 후에도 지속적인 관리가 필요하다. 상당수의 환자는 제대로 치료를 받아도 기능상의 장애가 와서 사회 적응 훈련, 직업 재활 훈련 등을 필요로 한다. 정신 병상을 장기간 사용하고 있는 환자의 대부분이 이 질병을 가지고 있다.

우울증, 조울증 등을 정신 의학적으로는 흔히 기분 장애(affective disorder)로 분류한다. 기분의 변화가 주된 장애로, 비정상적으로 우울해지거나 기분이 좋아지는 것을 말하며 이차적으로 일상 생활이나 활동 수준의 변화를 초래한다. 여기에 속하는 질환 중 기분이 좋아지고 나빠지는 조증과 우울의 기복을 반복하는 소위 조울증과 중증 우울증이 주요 정신병에 속한다. 조기 치료, 약물 요법, 정신 치료 등으로 비교적 효과적으로 치료되며, 치료 후에는 기능 장애가 크지 않다. 자살의 위험이나 행동의 장애가 있을 때 입원 치료를 하게 되나, 대부분은 외래에서 치료가 가능한 것으로 알려져 있다.

그러나 정신 질환에서 이러한 단일 질환 자체보다 더 중요한 개념은 '중증 만성 정신 질환'(severe persistent mental illness)이다. 이것은 정신 질환으로 인하여 중한 그리고 지속적인 사회적 기능 장애가 있는 경우를 의미한다. 개별 질환으로 보면 정신분열병이 여기에 해당하는 대표적인 질환이긴 하지만, 각각의 질환과 일 대 일로 대응되는 것이 아니라 질병, 기능 장애, 병을 앓는 기간을 동시에 고려하는 개념이라고 할 것이다.

여기에 속하는 질환은 비교적 젊은 시기에 발병하여 만성적인 경과를 밟고 평생 지속하는 경우가 많다. 상당수에서 사회적 기능이 손상되어 독립적인 사회인으로 살지 못한다. 현실 검증 능력이 떨어지기 때문에 병에 대한 인식이 없고 치료에 협조적이지 않다. 일부 환자는 병적으로 난폭한 행동을 보이거나 망상, 환청 등의 증상 때문에 자신이나 남에게 해를 끼치기도 한다. 심한 정신 장애를 가지고 사는 사람들은 흔히 자신감이 없고 감정의 기복이 심하며 행동이나 사고의 장애가 있어 다른 사람과 제대로 관계를 맺기 어렵다. 또 스트레스에 취약하며 일상적인 생활 기능에 장애가 있는 경우도 많다. 대부분 가족에 의존하게 되나 가족 자원이 없는 경우 사회 복지 시설 등에 수용되는 결과를 빚기도 한다.

그러나 유념할 것은 정신분열병의 경우에도 중증 만성 정신 질환으로 되는 경우가 더 적다는 것이다. 정신분열병 환자의 30퍼센트는 완전히 정상적인 생활을 하며, 50퍼센트 가량은 치료를 계속하면서 약간의 사회적 지원으로 일상 생활을 영위할 수 있고, 단지 20퍼센트 가량만 개인적·사회적 기능이 심하게 떨어져 주위에 거의 전적으로 의존하게 된다.[25] 다시 말하면 가장 심한 정신 질환이라 할 수 있는 정신분열병조차 사회적으로 완전한 의존 상태가 될 가능성은 다섯에 하나 정도에 지나지 않는다는 것이다.

사회적 차별과 배제

정신 질환에 대한 서양 의학의 시각은 분명 신체 질환에 대한 시각에 근접하고 있다. 그러나 정신 질환에 대한 '사회적 반응'의 위력은 여전하다. 정신 질환을 일탈로 보고 낙인과 배제, 사회적 통제를 당연하게 여기

---

25) T. Turner, op. cit.

는 한 정신 질환자에 대한 사회적 편견은 사라질 수 없다. 이는 어느 나라나 마찬가지이고, 사회 여러 집단에서 공통적으로 나타나는 것이다. 비교적 정신 질환에 대한 지식이 풍부하다고 알려진 미국에서도 정신 질환자들 사이에서 불안감을 느끼지 않는 사람이 20퍼센트 미만이며, 지식과 경제 수준이 높을수록 집 주위에 정신 질환 관련 시설의 설치를 반대할 정도이다.[26] 심지어는 정신 보건 전문가조차 예외가 아니다.

편견의 조장이라는 점에서 언론의 역할은 특기할 만하다. 영국에서의 보고에 따르면, 정신 보건과 관련된 언론 보도의 3분의 2 이상이 (사실 정신 질환과 폭력과는 아무런 직접적인 연관성이 없음에도) 정신 질환과 폭력의 관련성을 다룬 것이었고, 살인의 증가가 정신 질환 때문인 것으로 호도하는 예가 비일비재하였다.[27]

우리 나라에서도 정신 질환에 대한 편견이 심하기는 마찬가지이다. 대표적으로 언론 보도에 나타나는 정신 질환 관련 내용은 부정적인 것 일색이다. 한 조사에 의하면 주요 일간지의 관련 기사 중 부정적 기사는 69.9퍼센트에 달한 반면, 객관적 또는 긍정적인 기사는 13.2퍼센트에 지나지 않았다.[28] 부정적인 편견의 내용은 다양하다. 가장 빈번한 것들을 들면, 정신병 환자는 위험하거나 난폭하여 범죄를 잘 저지른다, 정신 질환자는 엉뚱하거나 특이하다, 정신병은 사회적으로 창피한 병이다, 격리 수용해야 한다 등이다. 상대를 비하하거나 어떤 현상의 심각성을 표현하기 위해

---

26) Office of Technology Assessment, *op. cit.*, pp. 151~166.

27) L. Stigma, Sayce 'Discrimination and social exclusion: What's in a word?' *Journal of Mental Health* 7(4) (1998), pp. 331~343.

28) 김성환 · 윤진상 · 이무석 · 이형영, 「최근 일간지에 보도된 정신병원에 대한 기사 분석」, 『신경정신의학』 39(5) (2000), 838~848쪽.

정신병이란 용어가 사용되는 경우도 적지 않다.

언론에 반영된 정신 질환에 대한 편견은 사실 일반 주민의 인식을 대변하는 것이기도 하다. 우리 나라 사람들의 정신 질환에 대한 인식은 집단의 종류에 관계없이 비슷한 정도의 부정적 인식을 나타내는 것이 현실이다. 한 중소 도시에서 이루어진 연구에 의하면, 비교적 여론 주도층이라 할 수 있는 지역 사회 지도자의 76퍼센트가 정신 질환에 대하여 부정적 인식을 가지고 있었으며, 정신 질환자에 대해서는 62퍼센트가 조건부 수용 혹은 거부의 태도를 가지고 있었다.[29] 서울에서 거주하는 일반 주민들도 외국에 비하여 정신 질환자에 대해 더 권위적인 태도를 보이고 이들의 사회 생활을 제한하여야 한다고 생각하며, 정신 질환자에 대해 동정적이지 않고 지역 정신 보건의 개념도 매우 약하다.[30] 정신 질환에 대한 지식 또한 인식에는 크게 영향이 없어서, 의료인과 비의료인의 차이가 별로 없다.[31]

정신 질환(자)에 대한 편견은 환자 개인, 가족, 사회 구성원들에게 즉각적인 영향을 미친다. 환자와 가족은 사회적 낙인으로 인하여 고통을 받고 죄책감을 느끼는 것은 물론 스스로의 문제를 표현하는 데 어려움을 겪게 된다. 이로 인하여 치료를 제대로 받지 못하는 것도 충분히 예상할 수 있는 결과이다. 주위의 부정적인 반응으로 인하여 환자나 가족이 다른 사람

---

29) 노춘희, 「지역사회 지도자의 정신질환에 대한 태도」, 『대한간호학회지』 28 (4) (1998), 881~892쪽.

30) 이주훈·이충순·황태연 등, 「수서-일원 지역 주민의 정신질환자에 대한 태도」, 『용인정신의학보』 3(2) (1996), 188~199쪽.

31) 최선화, 「의료인과 비의료인의 정신질환에 대한 태도 비교연구」, 조선대학교 석사학위논문 (1987).

에 대하여 부정적인 반응을 보이게 되는 악순환도 생긴다.[32]

정신 질환자에 대한 편견과 낙인은 사회적 기능의 저하, 나아가 정신 질환자의 차별(discrimination)과 사회적 배제(social exclusion)를 초래한다. 배제의 범위는 의학적 치료 · 주거 · 취업 · 교육 · 언론 · 의료 보험 등 한 가지 영역에 머무르지 않는다. 예를 들어 영국에서의 한 조사에 의하면, 47퍼센트의 정신 질환자가 정신 질환 때문에 신체적 · 정신적 학대를 당한 경험이 있고, 69퍼센트는 차별에 대한 우려 때문에 구직에 대한 지원을 미룬 적이 있으며, 50퍼센트는 다른 치료를 받을 때 차별을 받은 적이 있었다.[33] 특히 직업상 차별은 매우 심각하다. 영국의 경우 심한 정신 질환을 가진 환자의 21퍼센트만 경제적 활동을 하고 있었고 실제 고용된 사람은 13퍼센트에 불과하였는데, 이는 장기적인 장애나 건강 문제를 가진 어떤 집단보다 낮은 수치이다.

의료적인 측면에서의 정신 질환에 대한 차별은, 의료를 담당하는 전문 의료인들이 정신 질환에 대해 상대적으로 정확한 지식을 가지고 있다는 점에서 매우 역설적이다. 영리를 추구하는 민간 보험에서 차별적 행동은 이해할 만하더라도, 정신 질환자에 대한 전문 의료인들의 차별적 행위도 이에 못지 않게 광범위하게 벌어지고 있으며,[34] 외래에서도 대다수의 정신 질환자들이 본인 부담금 등에서 차별을 받고 있다.[35]

또 한 가지 특기할 만한 것은, 정신 질환자에 대한 사회적 차별과 배제

---

32) Office of Technology Assessment, op. cit.
33) L. Sayce, op. cit.
34) D. Mechanic · L.H. Aiken, "Improving the care of patients with chronic mental illness," *New England Journal of Medicine* 317 (1987), pp. 1634~1638.
35) S.R. Noe, "Discrimination against individuals with mental illness," *Journal of Rehabilitation* 63 (1) (1997), pp. 20~26.

가 정신 질환의 사회 경제적 특성 때문에 한층 더 강화된다는 사실이다. 정신 질환이 실업이나 빈곤, 경제적 어려움과 밀접한 관련이 있는 것은 잘 알려져 있다. 예를 들어 영국에서의 한 조사에 의하면, 빈곤과 실업은 우울증이나 불안과 같은 흔한 정신 질환을 지속시킬 가능성이 그렇지 않은 경우에 비하여 1.86배 높았다.[36]

중증의 정신 질환도 마찬가지이다. 예컨대 사회 경제적으로 낮은 계급에서 정신분열병이 훨씬 많이 나타난다는 것은 오래 전부터 비교적 잘 알려져 있던 것이다. 1930년대 말 Faris와 Durham이 시카고 지역에서 수행한 연구에서는 빈민 지역에서 정신분열병 환자가 훨씬 많이 거주하는 것이 발견되었다. 이는 두 가지로 해석할 수 있었는데, 하나는 빈곤이 정신분열병의 원인일 수 있다는 것이고 또 다른 하나는 정신분열병 환자가 경제적으로 어려워져서 빈민 지역으로 이동하였을 것이라는 가정이었다. 후자를 소위 정신분열병 환자의 '사회적 표류'(social drift)라고 하는데, 그 이후 비슷한 연구에 의하여 그 타당성이 증명되었다.[37] 즉 빈곤이 정신 질환의 원인이라기보다는 정신 질환 때문에 빈곤에 빠진다는 것이다.

그러나 가족과 세대를 거듭하는 정신병-빈곤의 고리는 결국 빈곤층에서 훨씬 많은 정신 질환자가 나타나는 결과를 초래하게 된다. 이와 같은 사회 경제적 상태와 정신분열병의 관계는 또 다른 조사에서도 거듭 확인

---

36) D.G. Blazer · R.C. Kessler · K.A. McGonagle · M.S. Swartz, "The prevalence and distribution of major depression in a national community sample: the national comorbidity survey," *American Journal of Psychiatry* 151 (1994), pp. 979~986; S. Weich · G. Lewis, "Poverty, unemployment, and common mental disorders: population based cohort study," *British Medical Journal* 317 (1998), pp. 115~119.
37) F. Leff, "Schizophrenia: social influences on onet and relapse," D.H. Bennet · H.L. Freeman (eds.), *Community Psychiatry* (Churchill Livingstone, 1991), pp. 189~214.

된다. 예를 들어 미국에서 1980년대에 행해진 대규모 역학 조사인 ECA(Epidemiologic Catchment Area) 연구에 의하면, 경제적으로 최하층 계급에서 정신분열병이 나타날 확률은 최상층에 비하여 무려 7.85배에 달하였다.[38]

정신 질환의 발병에만 사회 경제적 요인이 영향을 미치는 것은 아니다. 사회 경제적 지위에 따라 정신 질환에 대한 치료의 양상도 확연히 다르다. 영국과 미국에서의 조사에 의하면 사회 경제적 지위가 낮을수록 정신 치료(psychotherapy)보다 기질적 치료(organic therapy)를 받을 가능성이 커지고, 입원 기간이 길어지며, 낮은 질의 서비스를 받는 것으로 나타났다. 또한 치료진은 사회 경제적 지위가 낮은 환자들의 증세가 더욱 심하고 예후가 나쁠 것으로 인식하였다.[39]

정신 질환이 열악한 사회 경제적 지위와 밀접한 관련을 맺고 있다는 것은, 어느 쪽이 인과 관계의 한쪽에 서든, 정신 질환자에 대한 사회적 차별과 배제가 자본주의적 삶의 양식과 불가분의 관계를 가진다는 것을 뜻한다. 치료는 물론이고 병에 걸리는 것조차 확연히 구분된, 그리고 점점 더 격차가 벌어지고 있는, 사회 경제적 계층의 차별적 위험을 피해 가기 어려운 것이 유감스러운 현실이다.

---

38) C.E. Holzer · B.M. Shea · J.W. Swanson et al., "The increased risk for specific psychiatric disorders among persons of low socioeconomic status," *American Journal of Social Psychiatry* 4 (1986), pp. 259~271.

39) R.F. Mollica · B.M. Astrachan, "Equity, effectiveness and equality in the mental health service," D.H. Bennet · H.L. Freeman (eds.), *Community Psychiatry* (Churchill Livingstone, 1991), pp. 589~590.

정신 질환자의 사회적 포섭: 환상 또는 실제

정신 질환자에 대한 사회적 차별은 보통 사람들이 문제를 전혀 느끼지 못할 정도로 보편적이고 익숙한 현상이다. 그것은 적어도 근대 이후 대부분의 지역과 문화에서 공통적으로 볼 수 있는 것이라 해도 지나친 말이 아니다. 그러나 인권과 사회적 연대의 역사가 일천한 한국에서 그 정도가 더욱 심하다는 것이 문제이다.

멀리 갈 것도 없이 눈에 익숙한 신문 기사 한 가지를 인용한다. 그리 특별할 것도 없지만, 우리 나라에서 정신 질환자가 겪는 차별과 배제의 수준이 어느 정도인지 그 현주소를 잘 드러내는 사례이다.[40]

"자동차 운전 면허를 취득하는 과정에서 정신 질환 여부가 거의 가려지지 않아 대형 사고의 위험이 있는 것으로 나타났다. 2일 경찰청이 제출한 국감 자료에 따르면 현재 당국이 파악하고 있는 정신 질환 면허 소지자는 1,962명으로 집계됐다. 이는 93년부터 병무청이 징집 대상자(만 19세 이상) 신체 검사에서 정신 질환자로 가려낸 1만 222명 중 경찰청이 면허 조회를 통해 밝혀 낸 면허 소지자들이다. 병무청이 경찰에 통보한 정신 질환자들은 환청·피해 망상·대인 관계 기피증 등 심각한 정신 분열 증세로 과거 6개월 이상 병원 치료를 받았거나 받고 있어 군 생활이 불가능한 5·6급 군 면제자들이다. 경찰은 이들 면허 소지자 중 "운전에 지장이 없다"는 정신과 전문의의 진단서를 제출한 1,562명을 뺀 정신 질환자 400명에 대해선 운전 면허를 취소했다."

---

40) 『경향신문』, 1997년 10월 3일자.

아무런 과학적 근거도 없이 정신 질환자가 교통 사고를 낼 확률이 더 높다고 전제하고, 최소한의 조치만으로 운전 면허를 취소하는 반인권적 행위가 저질러지는 것이 사회적으로 당연한 것으로, 나아가 마땅히 그러해야 하는 일로 표현되고 있다. 정신 질환자의 인권 상황으로 보면 그리 놀랄 일도 아니다. 일상에서 이런 일은 얼마든지 벌어지고 있기 때문이다.

사실 정신 질환자의 인권 문제는 사회적 차별 문제에 그치지 않고, 병을 앓는 시기부터 시작하여 강제 입원, 치료에 대한 동의, 전문가의 자의적 판단 여부에 대한 검토 등 여러 영역에 걸쳐 있다.[41] 물론 이러한 문제 하나하나에 대해 그 원칙을 상세하게 논의하고 정하는 것이 최근의 추세이다.

이런 점에서 정신 질환자의 인권 보호를 위해 실제 지침이 될 만한 기준은 국제연합이 정한 원칙이다. 이는 '정신 질환자의 보호 및 정신 보건 관리 향상을 위한 원칙'(Principles for the Protection of Persons with Mental Illnesses and the Improvement of Mental Health Care)이라 불리는 것으로 1991년 제정되었다.[42] 여기에서는 정신 질환자에 대한 어떠한 차별 대우도 금하고 있으며, 정신 질환자는 일반적인 모든 권리를 누릴 수 있다고 규정하고 있다. 아울러 모든 정신 질환자는 가능한 한 지역 사회에서 거주하고 근로할 수 있는 권리를 가진다고 하였으며, 정신 질환에 대한 공정한 판정을 어떻게 할 것인지 자세하게 규정하고 있다. 덜 구

---

41) L. Gostin, "Human rights in mental health," M, Roth · R. Bluglass, *Psychiatry, Human Rights and the Law* (Cambridge University Press, 1985), pp. 148~155.
42) 원문은 국제연합이나 인권과 관련된 인터넷 사이트를 참조할 것. 예컨대 http://www.umn. edu/humanrts/instree/t2pppmii.htm.

속적인 환경에서 치료받을 권리가 있고 특별한 경우가 아닌 한 치료에 환자의 동의가 필요하다는 것도 명시적으로 규정된 사항의 하나이다. 이 원칙은 다소 이상적인 내용을 담고 있고, 그래서 선언적인 의미로 받아들여지는 경향이 없지 않으나, 치료와 재활, 사회적 지원, 인권 등에 대해 국제 사회가 바람직하다고 합의한 최소한의 행동 지침이라고 해야 옳을 것이다.

그러나 이처럼 국제적으로 동의된 원칙이 우리 나라라는 구체적인 현실에서 충분히 수용되는가 하는 문제는 전혀 별개의 것이다. 사실 우리 현실에서 사회적 지원이나 차별의 철폐 등의 문제는 거론하는 것 자체가 공허하게 들린다. 정신 질환자의 인권을 보호하는 데에는 다른 어떤 권리를 보장하는 것보다 우선 적절한 치료를 받을 수 있게 하는 것이 가장 중요하다는 주장이 차라리 설득력이 있다.[43]

물론 이러한 주장 속에는 질병에 대한 치료를 최우선으로 하는 의료 전문직의 시각이 반영된 점도 부인할 수 없으나, 실제 우리 나라의 경우 사회 구성원으로서 제약 없이 사회 활동에 참여하는 것 이전에 치료 자체가 문제가 되는 상황임을 부인하기 어렵다. 예를 들어 가족이나 환자 본인의 무지나 사회적 압력 때문에 정신 질환이 있다는 것을 숨기고 적절한 치료를 받지 않는 일은 그리 드문 경우가 아니다. 또 전문가의 경제적 이해 관계나 독점적 전문성에 대한 주장이 환자에게 유리한 치료보다는 전문가 중심의 치료를 조장하기도 한다. 여러 차례 시설에 수용되어 있는 정신 질환자들의 열악한 상황이 알려졌음에도 개선은 뚜렷하지 않고, 많은 환자가 지역 사회에서 정상적으로 생활이 가능한 상태에서도 오랜 기간 수

---

43) 김이영, 「정신질환자의 인권」, 『정신건강연구』 16 (1997), 125~133쪽.

용되어 있는 것이 현실이다. 최근의 한 조사에 의하면 장기 입원 환자의 54퍼센트가 부적절 입원으로 추정될 정도로 정신 질환자에 대한 '수용화' 단계를 벗어나지 못하고 있다.[44] 나아가 사회 구성원으로서의 새로운 역할을 할 수 있게 하는 직업 재활 등의 치료 영역에 이르면 차마 언급하기 민망할 정도이다.

이처럼 치료 측면만을 보더라도, 우리 나라의 정신 질환자들이 마땅한 권리에 기초하여 제대로 된 치료를 받는 데까지는 가야 할 길이 꽤 멀어 보인다. 특히 최근 만성 정신 질환자에 대한 치료와 재활의 주된 개념이라고 볼 수 있는 '지역 사회 정신 보건'의 측면에서 보면 더욱 그러하다. 사실 지역 사회 정신 보건은 의학적·보건학적 이유에서 중요하기도 하지만, 정신 질환을 사회적 배제로부터 사회적 '포섭'으로 전환시키는 데 매우 중요한 의미를 가진다.

이쯤에서 지역 사회 정신 보건에 대하여 약간의 설명을 보태는 것이 필요할 것이다. 그리 널리 알려진 것은 아니지만, 정신 질환자의 삶의 질과 인권에 획기적인 영향을 미친 사건 중 가장 중요한 것이 만성 정신 질환의 치료 방법이 정신 병원 수용 위주에서 지역 사회에서의 치료와 재활로 바뀌었다는 것이다. 19세기 말부터 현재까지 정신 질환자에 대한 치료는 요양원에 단순 감금하는 것부터 수용 치료(custodial care)로, 그리고 지역 사회에서의 치료(community-based treatment)로 발전되어 왔다. 지역 사회에서의 치료와 재활이 강조되기 시작한 것은 몇 가지 중요한 흐름들이 합쳐진 결과이다. 18세기 이래 정신 질환자들이 인간적인 대우와 치료를 받아야 한다는 소위 '도덕적 치료'와 '정신 위생' 운동의 흐름, 제1,

---

44) 아주대 의대, 『정신질환자 재분류 및 정신보건의료시설 기준개발연구』 (1994).

2차 세계대전을 거치면서 정신 질환을 더 잘 이해하게 된 것,[45] 앞에서 이미 언급한 항 정신병 약물인 클로르프로마진의 발견 등이 그것이다. 결과적으로 이러한 변화들이 정신 질환자를 시설에 수용하거나 입원시키지 않고 지역 사회에서 효과적으로 치료할 수 있다는 믿음과 수단을 제공하였다.

이러한 흐름을 국가적 수준에서 정책화한 대표적인 국가가 미국과 이탈리아이다. 1963년 미국은 '정신 지체 시설과 지역 사회 정신 보건 센터 건립법'을 공포하였다. 이 법은 정신 질환 환자의 관리 책임을 대형 주립 정신 병원에서 지역 사회 정신 보건 센터로 이행되도록 함으로써, 정신 병원에 강제 입원되었던 환자들이 퇴원하여 지역 사회에서 관리를 받도록 하는 데에 결정적인 계기가 되었다. 또 이탈리아는 1978년 정신보건법을 개정하여 새로운 정신 질환자가 정신 병원에 입원하는 것과 정신 병원을 새로 세우는 것을 아예 금지하였다. 다소 무리하게 보이는 이 조치로 기존의 입원 서비스는 정신 보건 센터를 통한 지역 정신 보건 서비스로 급격하게 대체되었다.

이런 나라들과 비교하여 우리 나라에서의 지역 사회 정신 보건은 여전히 주장과 탐색의 시기를 벗어나지 못하고 있다. 규범적으로는 어느 누구도 반대하고 있지 않지만, 지역 사회 정신 보건의 진도는 매우 느리고 사회적 영향은 미미하다.

물론 지역 사회로 환자들 돌려보내는 것이 좀처럼 활성화되지 않고 끈

---

45) 전쟁 과정에서 징집 연령층의 젊은이들이 일반인의 예상보다 정신 질환의 이환율이 높다는 사실을 알게 되었고, 이들이 정신 질환에 이환되었을 때 가까운 곳에서, 가능하면 신속하게 치료할수록 예후가 좋다는 경험을 하게 되었다.

질기게 장기간의 수용이 일어나고 있는 이유는 적지 않다. 그 중에서도 중요한 것을 들자면, 상업적인 의료 체계에서 정신 질환자를 중심으로 형성되어 있는 시장이 만만치 않다는 것이 첫째 이유요, 정신 질환자를 지역 사회에 돌려 보낼 수 있을 만큼 지역 사회의 여건이 충분치 못하다는 것이 또 다른 이유이다. 이 중에서 지역에서의 상황이 성숙되지 않았다는 것은 왜곡된 의료 체계가 정신 질환자 수용의 핑계거리로 활용하고 있는 점도 없지 않으나 실제로도 지역에서의 상황은 전혀 준비되지 않은 상태이다. 한 조사에 의하면 지역 사회에 있는 환자에 비하여 개방 병동에 있는 환자들의 삶의 질과 생활 만족도가 오히려 더 높았다.[46] 이 결과는 정신 질환자를 지역 사회로 내보내자는 주장을 뒷받침하지 못하는 비관적인 것이지만, 이유를 생각하면 전혀 이상할 것이 없다. 현재로서는 우리나라 지역 사회가 정신 질환자들의 삶의 질을 보장할 치료 환경을 전혀 제공해 주지 못하고 있기 때문이다.

정신 질환자를 사회가 받아들이기 위해서는 그에 대한 사회적 준비가 적지 않다. 치료라는 면에 한정하고 보더라도, 외래 진료, 응급 상황에 대한 대비, 낮 치료 시설 등이 지리적 · 경제적 장애물 없이 제공되어야 한다. 만성 정신 질환자에 절대적으로 필요한 재활이나 지원에 이르면 요구되는 시설 · 인력 · 제공 체계는 더욱 복잡해진다. 예를 들어 아주 심하지 않은 환자들의 경우에는 각자의 상태에 맞는 직업 훈련이 이루어져야 하고, 가족과 같이 살기 힘든 환자들에 대해서는 거주 시설까지 지원해야 한다. 여기에서 한 걸음 더 나아가 정신 질환자에 대한 사회적 수용의 범

---

46) 배안 · 김진학 · 박수희 등, 「치료환경에 따른 만성정신질환자의 삶의 질」, 『신경정신의학』 38 (6) (1999), 1273~1281쪽.

위가 지역 주민들의 문화나 신념 체계, 질병에 대한 이해에까지 이르게 되면, 우리 사회가 정신 질환자를 지역에서 얼마나 받아들일 수 있을까 하는 것은 그리 단순하지 않은 사회적 문제가 된다.

이처럼 정신 질환자가 병원에서 지역으로 나오고자 할 때 사회가 갖추어야 할 준비는 포괄적이고 통합적이다. 지역에서 정신 질환자와 같이 생활하고 있는 가족들의 요구를 들어보면 이것은 더욱 명확해진다. 1990년대 초에 지역에서 행해진 조사 결과에 의하면,[47] 정신 질환자의 가족들이 원하는 서비스는 대체적인 우선 순위로 볼 때 경제적 지원, 정신과 응급 서비스, 직업 재활, 투약 관리, 대인 관계 기술 교육, 낮 시간에 환자를 돌봐 줄 곳, 가족과의 생활 교육 등이었다. 두말 할 것도 없이 경제적 지원은 의학적 문제가 아니다. 또 직업 재활, 대인 관계 기술, 가족들과의 생활 등도 포괄적인 의미에서 정신 질환자의 생활을 지원하는 체계가 없고서는 해결이 불가능한 생활상의 요구이다. 한 마디로 정신 질환자들이 지역에서 생활하는 데 필요한 여건이란, 생활상의 모든 면에서 사회 전체가 정신 질환자들을 보호하고 지원할 수 있는 체계와 환경이라 해도 지나친 말이 아니다.

전체적인 여건은 그렇다고 치고, 아주 잘게 쪼개서 보더라도 현재 이런 서비스들을 지역 사회에서 제대로 이용하기 어렵다는 것은 명확하다. 개인 부담으로 가능한 것도 있으나 그나마 양적으로 많지 않다. 게다가 대부분의 만성 정신 질환자가 결국 경제적으로 궁핍하게 되는 경과를 밟는다는 것을 고려하면, 사회적인 방식이 아니고서는 정신 질환자가 필요로 하는 서비스가 제공되기는 어렵다고 할 것이다. 물론 우리는 여기에 이르

---

47) 서울대학교 의과대학 의료관리학교실, 앞의 책, 76쪽.

지 못하고 있다. 결국 지역 사회에서 정신 질환자가 적절한 치료와 재활을 받고 사회 구성원으로 생활한다는 것은, 우리에게는 여전히 비현실적인 이상과 규범, 도달해야 할 목표의 수준을 벗어나지 못하고 있는 셈이다.

사회적 배제를 넘어

질병 치료의 관점, 혹은 좀더 나아가 사회 복지의 관점에서 볼 때 정신 질환 혹은 정신 질환자에 대한 우리 사회의 후진성은 누구도 부인하기 어려운 정도이다. 그리고 그 후진성을 말하는 것도 이제는 진부하게 여긴다. 사실 알 만한 사람은 다 알면서, 사회적인 해결은 구하지 못하고 가족에게 혹은 거리로 환자를 떠넘기는 상황이 반복되고 있다.

그러나 정신 질환자에 대한 치료나 사회적 지원이 궁핍과 열악을 면치 못하고 있는 것은 좀더 근본적인 문제의 결과물이기 때문이다. 여기에서도 근본은 다시 사회 구조의 문제로 환원된다. 즉 우리 사회가 사회적 무능력자, 특히 자본주의적 생산의 관점에서 무능력한 모든 약자와 소수자를 철저하게 배제하고 있는 것이다. 사실 이러한 시각은 정신 질환자에 한정되지 않아서, 소위 '잔여주의적' 복지는 오늘날 사회적 주류를 차지했을 뿐더러 점점 더 강화되고 있다. 복지란 어떤 사회적 문제, 그것이 노인, 어린이, 장애인, 빈곤층, 그 누구를 대상으로 하더라도 현존하는 질서를 위협하지 않는 최소한의 범위에서 가능한 것으로 인식되고 있는 것이다.

그런 점에서 정신 질환자를 사회 속으로 온전히 포섭하려는 것은 단순히 의료나 복지의 문제를 넘는다. 사회적 배제를 극복하고 사회 구성원의 연대를 회복하려는 광범위한 사회적 시도 한가운데에 위치하는 것이 당연하고도 옳다. 새로운(아니 오래된) 사회 연대의 원리는 자본주의적 생산 능력에 따라 사회 구성원의 값을 매기고, 또 그 결과에 따라 사람을 배제하거나 차별하지 않는 것이다. 이러한 원리가 아니면 정신 질환을 앓고 있거나 경험한 사람이 사람 노릇을 하고 제대로 대접받기는 애당초 불가능하다.

과거의 경험 한 가지. 나 자신 개인적으로 거의 이름뿐이었지만 지역 사회 정신 보건에 관여한 적이 있었다. 열 명이 채 안 되는 만성 정신 질환자들이 밤에는 각자 집에서 생활하고 낮에는 낮 치료 시설에 나와 여러 프로그램을 하는 곳이었는데, 여기에서 가장 중요한 과제는 환자들에게 조금이나마 경제적 능력을 키워주는 일이었다. 환자들이 가족들에 대한 의존도가 심한 상태에서 조금이라도 경제적인 능력을 갖는 것을 소망하고 가족의 입장에서도 경제적 부담을 줄이는 것이 크게 도움이 되는 것은 당연하다. 그러나 결과적으로 이 일은 실패로 돌아갔다. 어떻게 보면 당연한 결과였지만, 정신 질환자가 할 수 있는 일이 거의 없었기 때문이다. 간혹 일이 있다 하더라도 정신 질환자들의 작업 능력으로는 거의 의미가 없는 수준의 수입을 올릴 정도였으니, 일을 하는 환자들이 여기에 의미를 부여하고 성의를 보이는 것은 기대하기 어려웠다. 이들에게는 같은 일이라도 보통 사람보다 훨씬 높은 단위 임금을 주어야 낮은 작업 능력을 보완할 수 있는데, 현실에서 그것은 불가능한 일이었다. 결국 이들은 사회에서 '배제'되었다!

생산의 양에 관계없이 이들에게도 보통 사람과 비슷한 일당을 주어야 한다고 주장하는 것은 분명 자본주의의 원리에 배치되는 일이다. 자, 그럼 이제 어떻게 할 것인가? 자본주의 시장의 원리를 충실히 따라서 이들을 자본주의 사회 밖으로 솎아 낼 것인가, 아니면 같은 원리에 반하여 사회적으로 안아 들일 것인가? 이것은 고통스러운, 그러나 불가피한 우리 사회의 선택이 될 것이다.

브롬덴 추장은 무사히 그 골짜기로 돌아갈 수 있었을까?

정신 질환자의 배제와 차별의 정치경제학

신영전

세계 인구의 4분의 1은 정신 질환자

지난 2001년 10월 4일 세계보건기구(WHO)는 「정신 건강: 새로운 이해, 새로운 희망」이란 제목의 연례 보고서를 발간하였다. 그와 관련한 다음과 같은 기사가 같은 달 6일 한 일간지에 실렸다.

세계 인구 4분의 1 정신 질환 앓아

전세계 인구 네 명 가운데 한 명이 일생 동안 한 번 이상 정신, 신경 질환을 앓지만 제대로 치료를 받지 못하고 있는 것으로 나타났다.…… 이 보고서는 현재 전세계적으로 4억 5천만여 명이 우울증이나 정신분열증, 간질, 치매, 알코올 중독 등의 정신 신경 질환에 시달리고 있다고 밝혔다. 하지만 대부분의 환자들이 창피하다고 생각하거나 구체적인 방법을 몰라 전문의 상담을 받지 못한 채 매년 1천만~2천만 명의 환자들이 자살을 시도하고 있으며, 이 가운데 100만 명 정도가 목숨을 잃고 있다고 분석했다. 또한 보고서는 3대 정신 질환인 정신분열증, 우울증, 간질을 치료하는

203

처방약을 제대로 갖추지 못한 나라가 전세계적으로 25퍼센트에 이르며, 정신 건강에 대한 보건 정책이 아예 마련돼 있지 않은 나라도 40퍼센트나 된다고 지적했다. 또 전세계 나라들의 3분의 2가 보건 예산을 전체 예산의 1퍼센트 정도로만 책정해 놓고 있으며, 절반은 정신과 의사가 10만 명에 1명 수준에 불과하다고 말했다. 보고서는 정신분열증 환자의 80퍼센트 이상이 가족들의 도움 아래 1년 정도 치료를 받으면 정상이 될 수 있고, 우울증이나 간질 환자도 60~70퍼센트 정도는 회복이 가능한 만큼 정부 차원의 정책적 지원과 적절한 치료가 필요하다고 강조했다.[1]

유감스럽게도 우리 나라 역시 세계보건기구 보고서의 지적에서 자유롭지 못하다. 우리 나라 성인의 정신 질환 평생 유병률은 32~33퍼센트에 달한다. 적어도 세 명 중 한 명은 일생중 한 번은 정신과 치료를 받아야 한다는 이야기다. 2000년 한 해 병원과 의원에서 정신과 치료를 받았던 사람 수는 최소 120만 명에 달한다. 요양 시설에 있는 정신 질환자나 아파도 의료 기관을 이용하지 못하는 이들을 포함하면 실제 정신 질환자의 수는 이 숫자의 세 배 이상이 될 것으로 추정한다. 이 중 만성적인 장애로 정상적인 생활이 거의 불가능하다는 중증 만성 정신 질환자도 정의에 따라 다소 차이는 있으나 약 20만 명에 달한다. 이렇게 많은 정신 질환자가 존재함에도 불구하고 우리 나라의 정신 보건 체계는 매우 취약하다. 이러한 취약성은 정신 질환자들의 장기 입원과 수용 그리고 인권 침해 사례들로 자주 사회 문제화된다. 우리 나라의 정신 질환자는 입원이나 수용되는 경우 집이나 지역 사회로 되돌아오게 될 가능성은

---

1) 연합통신, 제네바/AP 연합, 2001년 10월 6일자.

매우 낮다. 미국과 유럽의 경우 정신 질환자가 병원에 머무르는 평균 일수는 약 10일에서 30일인 데 반해, 우리 나라는 일반 병의원이 약 2개월, 국공립 정신 병원이 약 9개월, 사립 정신 병원이 2년 반, 정신 요양원은 무려 약 7년에 달한다. 지금 이 시간에도 약 5천 명에서 만 명의 정신 질환자들이 불법 시설에 방치되어 있거나 행려자로 거리를 헤매고 있다.

이러한 문제의 크기와 그 심각성에도 불구하고 정신 질환을 둘러싼 우리 사회 내부의 논의는 극히 제한되어 있다. 이는 우리 사회가 정신 질환 문제를 여전히 감추고 싶어하고, 정치 경제적으로 별 이득이 없는 소수자에 관한 논의라고 생각하기 때문이다. 그러나 이것은 사회적 소수자에 대한 배제와 차별의 전형적인 한 형태이다. 한 집단에 관한 사회적 관심이 사라지거나 논의에서 의도적으로 배제된다는 것은 그 집단에게는 '사회적 죽음'을 의미하기 때문이다. 이것이 우리가 정신 질환자들의 문제를 공론의 장으로 끌어내어 그것에 대해 구체적으로 검토해야 하는 이유이다.

정신 질환의 배제와 차별의 정치경제학

정신 질환을 둘러싼 배제와 차별의 역사: 어떻게 배제되고 차별받아 왔는가?

정신 질환을 어떻게 정의하고 그 원인을 무엇이라고 규정하는가 하는 문제는 (적어도 표면적으로는) 시대와 공간에 따라 차이를 보여왔다. 그리고 이러한 정신 질환의 정의와 원인을 규정하는 방식은 배제와 차별의 방식, 즉 정신 질환에 대한 일반인들의 태도와 전문가들의 치료 방식 그리고 국가의 관리 방식에도 영향을 미쳤다. 이 중에서도 정신 질환자에 대한 배제와 차별의 모습이 가장 극적으로 나타나는 곳이 바로 치료와 수용의 영역이다.

서양에 있어 중세와 르네상스 시대의 정신 질환 개념이나 그 치료의 역사의 근간을 이루었던 것은 바로 악령론(demonology)이다. 이른바 정신 질환자는 '악령이 깃든 자'라는 인식이다. 그 예로 성서에서 정신병은 나병, 간질과 함께 악령에 쐬인 대표적 질병으로 그려지고 있으며, 이들 질병은 신의 권위에 도전하는 악령의 저주를 받은 결과로 간주되었다.[2] 이렇게 악령론에 근거한 정신병에 대한 인식은 자연스럽게 정신 질환의 치료 방식에서도 각종 엑소시즘이 주를 이루도록 만들었다. 정신 질환자에 대한 공격이 극에 달하던 이른바 '마녀 사냥' 시기에는 악령을 쫓아내기 위해 각종 고문이 가해졌다.[3]

15세기와 17세기 초까지 약 200년 동안 전 유럽을 휩쓸었던 마녀 사냥은 약 50만 명을 화형장으로 보냈는데, 그렇게 보내진 사람 중 상당수

---

2) 정신병에 대한 성경적 시각을 가장 극적으로 보여주는 예 중 하나가 예수가 귀신 들린 자를 만난 이야기이다. 성경은 그 귀신 들린 자를 "무덤 사이에 거처하고, 여러 번 고랑과 쇠사슬에 매였어도 쇠사슬을 끊고 고랑을 깨뜨렸으며…… 아무도 저를 제어할 힘이 없으며…… 밤낮 무덤 사이에서나 산에서나 소리를 지르며 돌로 제 몸을 상하고 있었던 것"으로 그리고 있다. 이 귀신 들린 자에게 예수가 "더러운 귀신아, 그 사람에게서 나오라"고 명령하였고…… "더러운 귀신들이 나와서 돼지에게로 들어가니 거의 이천 마리나 되는 떼가 바다를 향하여 비탈로 내리달아 바다에서 몰살하였으며", 그후 "그 귀신 들렸던 자가 옷을 입고 정신이 온전하여 앉았다"고 기술하고 있다.(「마가복음」5 : 1~17)
3) 악령을 쫓기 위해 스트라페이도(손을 뒤로 묶어 공중에 매달았다가 갑자기 바닥에 내동댕이치기), 블랙버진(사람의 몸통 크기의 철제 도구로, 안쪽에 쇠꼬챙이가 돌출되어 있음), 손가락 비틀기, 다리 부스러뜨리기, 못 박힌 철제 의자에 앉힌 뒤 밑에서 불을 때기, 가시 박힌 신발 신기기, 바늘에 꽂힌 혁대 채우기, 불에 달군 쇠로 지지기 등과 같은 각종 고문 방식이 시행되었다.(G. Zilboorg, *A history of medical psychology*, New York: W.W. Norton & Comp., 1941, pp. 43~50, 144 ~174; 김영진, 『광기의 사회사』, 민음사, 1997, 28~29쪽, 57~58쪽에서 재인용)

는 정신 질환과 관련을 가지고 있었다. 그러나 우리는 이러한 사건을 '중세기적 만행'이라 부를 수 없다. 왜냐하면 나치 독일하에서도 최소한 4만 명이 넘는 정신 질환자들이 이른바 '자비 살인'(mercy killing)에 의해 죽어갔기 때문이다.[4]

그후 정신 질환자들이 시설 안에 수용되면서도 상황은 크게 달라지지 않았다. 푸코(Foucault)가 '대감금 시대'라고 부른 시기에 행해졌던 치료 방법 역시 경련 진정제나 철(iron)을 먹이거나, 환자들의 피를 뽑거나, 하제를 먹여 설사를 시키거나, 토사제로 구토를 일으키는 치료 방법이 행해졌으며, 환자들을 강제로 물에 집어넣는 침수법도 많이 사용되었다.[5]

물론 정신 질환자에 대해 인류가 언제나 이렇게 혹독했던 것만은 아니다. 때로는 정신 질환자를 '신에게 가까운 자'로서 보호하기도 했으며, 그리스 의학 등 고대 시기의 곳곳에서 정신 질환자에 대한 보호적인 치료가 행해지던 모습들이 발견되기도 한다.[6] 그리고 프랑스 혁명 당시 파리 코뮌에 참여하고 비세트르(정신 병원)로 달려가 정신 질환자의 쇠사슬을 풀었던 피넬(Pinel)의 정신은 그후 퓌생(Pussin)과 피사니(Pisani)의 인도적 치료법, 튜크(Tuke)의 도덕 요법, 독일 라일(Reil)의

---

4) 대상 선정에는 당시 독일 정신 의학계의 권위자이자 베를린 대학 교수였던 크리미스(Max de Crimis)를 위시하여 여러 정신과 의사들이 협력하였다.······ 1939년 독일 정신 병원의 환자가 30만 내지 32만 명인 데 비해 전쟁이 끝난 1946년에는 4만 명으로 감소하였다.(김영진, 같은 책, 242~243쪽)

5) Zilboorg, Ibid, pp. 43~50, pp. 144~174.

6) 그리스 의학의 전통하에 있었던 소라누스(Soranus, 1~2세기)는 정신 질환이 있는 사람은 조용한 방에서 쉬게 하여 자극으로부터 보호해야 하고, 동정심을 가지고 돌보아 주어야 하며, 연극 관람 등으로 기분을 전환시켜 주어야 한다고 하였다.(김영진, 같은 책, 10~11쪽)

정신 치료법 등으로 이어졌다. 또한 농경 사회 중심의 대가족 제도를 기반으로 하였던 동양은 서양에 비해 정신 질환자들에게 훨씬 관용적이었다.[7)8)]

그러나 이상과 같은 개선의 노력들과 시대적·지역적 차이에도 불구하고 정신 질환자에 대한 사회적 배제와 차별은 그 정도와 내용의 차이가 있었을 뿐 여전히 우리 인류가 정신 질환자를 대하는 기본 원칙 중의 하나였음을 부인할 수 없다.

그러나 불행히도 정신 질환자에 대한 배제와 차별의 역사는 아직 끝나지 않고 있다. 현재 우리 사회의 곳곳에서도 정신 질환자에 대한 배제와 차별은 여전히 견고하게 자리잡고 있다. 한국 사회에서 정신 질환자로 살아간다는 것은 정치적·경제적·사회적으로 철저한 배제와 차별 속에서 살아간다는 것을 의미한다. 다음은 한 정신 질환자 가족의 수기이다.

"'언니가 미쳤어. 언니가.' …… 아버지는 그때부터 술에 절어 살았다. 그렇게 되니 아버지의 사업이 잘될 리가 없었다. 급기야 공장이 다른 사람한테 넘어가고, 그 동안 언니에게 들어간 돈과 병원에 입원시킬 돈 때문에 넓은 집을 팔았다.…… 입원한 언니는 3개월간 치료받고 상태가 호전되어 퇴원했다. 아버지와 어머니는 언니를 반겼으나 우린 언니가 퇴원

---

7) 김영진은 동양의 정신 질환에 대한 인식은 서양의 그것, 곧 신의 힘을 빌려 사악한 악령을 쫓아내려는 엑소시즘과는 달리, 정신 질환의 원인을 악령보다는 억울한 영혼으로 보고 이를 달래려 했던 샤머니즘적 성격이 강했다고 하였다.(김영진, 같은 책, 17쪽, 181∼183쪽)
8) 그러나 동양 세계가 본격적인 산업화 시대로 들어서면서 상황은 달라졌다.

한 것을 반기지 않았다. 다 나았다는 확신이 없었기 때문이었고, 주변의 사람들과 친구들의 이상스러운 눈초리가 두려웠기 때문이었다.…… 그 후로 언니는 몇 번의 입원과 퇴원을 반복했지만 완치할 수는 없었다. 그렇게 되니 가세는 급격히 기울어 끼니가 어려울 지경까지 되어버렸다.…… 이렇게 되자 고등학교를 졸업한 오빠는 가출해 버렸고, 어머니는 파출부, 둘째언니는 고등학교 3학년을 채우지 못하고 직업 전선으로 뛰어들었다. 또한 그렇게 술을 마셔 대던 아버지는 갑작스럽게 뇌출혈로 쓰러져 세상을 떠나버렸다."[9]

  회사를 잘 다니던 딸이 정신분열증 증상을 보이는 순간부터 한 가정은 위기를 맞이하게 된다. 그에 대한 책임은 전적으로 그 환자의 가족에게 주어지기 때문이다. 당황한 가족들은 치료자를 찾아나설 것이다. 그러나 종합 병원에 입원을 시킬 경우 한 달 동안 가족들이 부담해야 하는 경비는 적게는 100만 원, 많게는 300만 원에 달한다. 이렇게 많은 경비를 몇 년씩 부담할 수 있는 사람은 거의 없다. 보장성이 낮은 현행 의료 보험 제도는 이 경우 별 도움이 되지 못한다. 가족들은 더 값싼 진료를 찾아 헤매게 된다. 결국 환자를 적절한 치료 과정에 들어가게 하지 못한 가족들은 악화된 환자의 증상으로 인한 고통을 고스란히 감수해야만 한다. 농촌 지역에서 정신분열증 아들을 데리고 살고 있던 65세 어머니는 아들을 집에 혼자 둘 수 없어 돈벌이도 하러 나갈 수 없고, 아들의 증상이 악화되어 자기를 때릴 때 아무도 말려주는 사람이 없을 때, 더구나 경찰조차 와주지 않을 때가 가장 고통스럽다고 내게 이야기했다. 그러면

9) 최승란, 「유리상자 속의 사람들」, 『중앙일보』 정신 건강 길라잡이 http://mentalhome.joins.com

서도 자기가 죽으면 이 아이가 어떻게 될지 걱정이라고 울먹였다. 물론 가족들의 고통은 단순히 경제적이고 육체적인 고통에 그치지 않는다. 가족들은 다른 이들의 따가운 눈초리와 손가락질을 피해야 한다. 가족들도 함께 정신적인 고통 속에 살아야 하는 것이다. 알코올 중독 등 정신 질환을 흔히 '가족의 병'이라고 부르는 이유도 여기에 있다.

어느 날 더 이상 참을 수 없다고 판단한 가족들은 딸을 맡길 곳을 찾아 나선다. 그나마 그러한 결정을 실행에 옮길 수 있을 만큼의 여력이 되는 집안의 경우 이야기이다. 은밀한 귓속말 정보에 따라 찾아가게 된 곳은 대부분 비인가 불법 시설일 가능성이 많다. 시설장은 몇백만 원의 목돈이나 월 30만 원의 입소료를 요구한다. 딸을 두고 내려온 가족들은 슬픔과 함께 정말 오랜만에 느껴보는 평안을 맛본다.

그러나 불행히도 이야기는 여기서 끝나지 않는다. 1983년 「추적 60분」이라는 TV 보도에서 불법 기도원에 동물처럼 쇠사슬에 묶인 채 어두운 골방에 갇혀 지내는 정신 질환자들의 모습이 보도되어 사회적으로 큰 충격을 던진 적이 있었다. 그후 정부는 불법 기도원들을 폐쇄하고 민간 정신 병원을 대폭 확대하는 등의 조치를 취했으나, 그로부터 20년이 다되어 가는 이 시점에도 전국 불법 시설에 수용되어 있는 정신 질환자의 수는 약 5천 명에 달할 것으로 추정된다. 몇 년 전에는 정부의 지원을 받는 정식 요양 시설에서조차 아래와 같은 야만적인 상황들이 벌어지고 있음이 보도되기도 하였다.

검찰이 정신 요양원 부랑인 수용 시설 등 전국 사회 복지 시설의 인권 침해 범죄에 대한 전면 수사에 나섰다. 대검찰청은 22일 사회복지법인과 종교 단체에서 운영중인 정신 요양원 등에서 가혹 행위나 공무원과 결탁한 각종 비리가 잦다는 첩보를 입수하고 전면 수사키로 했다고 밝혔다.…… 한편 '민주사회를 위한 변호사모임'(민변)은 이날 충남 연기군 '양지마을'에 수용중인 부랑인들이 가혹 행위를 당했다며 운영 법인과 시설 책임자들을 특수 감금 및 횡령 등 혐의로 고소키로 했다.…… 민변은 진상 조사 결과 양지마을 수용자 중 대부분이 수익 사업이란 미명 아래 시설 내 공장에서 강제 노동을 하고 노동 착취 과정에서 상습 폭행과 상해, 협박 등 인권 침해가 자행됐으며 운영 법인측이 거액의 정부 지원금을 착복했다고 폭로했다.…… 민변은 특히 양지마을의 원생 6명이 93년부터 자살이나 사망하는 사건이 발생했고, 몇몇 여자원생은 성폭행당해 출산까지 하고 아이를 강제로 고아원에 보낸 사실이 확인됐다고 주장했다.…… 복지부에 따르면 양지마을 원생 298명을 대상으로 설문 조사한 결과 98명이 폭행을 당한 적이 있다고 응답했으며, 특히 6명은 성폭행을 당했다고 주장했다. 양지마을은 또 원생에 대해 매월 1회 이상 상담을 벌여 퇴소를 원하거나 사회 복귀가 가능한 사람을 파악해야 하는데도 상담을 하지 않아 최장 15년 4개월이나 수용 생활을 하고 있는 사례도 드러났다.[10]

충남 서천군 장항읍 앞바다의 유부도 소재 정신 질환자 수용 시설인 '수심원'에 수용돼 가혹 행위에 시달리다 지난달 12일 탈출한 신모(51, 경남 진주시 거주) 씨가 17일 국회 보건복지위원회에 증인으로 출석, "수용자 중 3명이 사망해 암매장됐다"고 주장했다. 신씨는 "이들 중 2명은

---

10) 『세계일보』, 1998년 7월 23일 및 8월 6일자.

식수 대신 짠물을 주어 죽었고, 1명은 말을 듣지 않아 구타당해 사망했다"며, "나도 5cm 짜리 쇠파이프로 갈비뼈를 맞고 철창에 갇혔었다"고 폭로했다. 국감에서 이성재(국민회의) 의원은 "수심원은 해마다 1억 7천여만 원의 국고 보조금을 지급받으면서도 원생들에게 1년 내내 소금국과 꽁보리밥을 제공했으며 지하수가 아닌 바닷물을 목욕물로 제공했다"고 말했다.[11]

특히 장항수심원 사건을 기획 보도한 텔레비전 프로그램이 방영된 직후, 한 일간지는 그 시청 소감을 이렇게 쓰고 있다.

"7년간 한 번도 빨지 않은 이불, 소금기가 가득한 물, 문도 없는 화장실, 새우젓과 단무지가 전부인 식사를 놓고 다투는 수용자들⋯⋯ 그리고 사소한 잘못으로 46일간 독방에 갇혔던 수용자와 라면 한 그릇을 위해 성추행을 감수했다는 여자 수용자의 고백은 인간의 조건이 무엇인지를 되묻게 한다."[12]

정신 질환과 관련하여 정상과 비정상을 나누는 그 기준의 모호성 문제를 제쳐놓더라도, 일단 정신 질환이 발병하는 순간 이른바 그는 우리 사회에서 노동 무능력자 또는 금지자로 간주되어 생산 과정에 참여하는 것을 철저히 차단당한다. 이는 곧 경제적 빈곤으로 이어지게 된다. 구매력이 없이는 이용할 수 없는 우리 나라의 사적 의료 서비스와 취약한 복

---

11) 『중앙일보』, 1997년 10월 18일자.
12) 『동아일보』, 1997년 10월 28일자.

지 체계는 적기에 적절한 치료와 재활 체계로의 진입을 불가능하게 하고, 이는 위의 예에서와 마찬가지로 불법 수용이나 행려화로 이어지게 만든다. 불법 수용이나 행려화는 곧 사회 복귀의 실패이며, 이는 생산 과정으로의 재진입을 통한 재기가 불가능해졌음을 의미한다. 이러한 정신 질환자의 사회 복귀 실패는 정신병에 대한 기존의 배제와 차별적 인식을 강화하고 사회적 지지 체계의 취약으로 이어지는 이른바 '악순환'(vicious cycle)의 고리를 만들어 내게 되는 것이다.

정신병의 배제와 차별의 정치경제학: 왜 배제시킬까?

우리 사회는 왜 정신 질환자를 차별하고 배제시킬까? 정신 질환자에 대한 차별과 배제의 악순환이라는 이 거대한 수레바퀴를 돌리고 있는 구동력은 무엇일까? 일반인들이 가지는 생각은 이들이 위험하며, 치료가 불가능하고, 치료 과정에 지나치게 많은 돈이 들어가기 때문이라는 것이다. 그러나 정신 질환자에 대한 배제와 차별의 기전은 역사적으로 사회 · 정치 · 경제학적으로 견고하게 구조화되어 있다. 우리는 이 구조화의 예들을 곳곳에서 찾아볼 수 있다.

인류학자 해리스(Harris)는 중세에 이루어졌던 마녀 사냥과 관련하여 당시 집권 세력이 마녀 사냥과 처형에 몰두한 이유를 첫째, 사회 혼란의 책임을 가상의 적에게 돌려서 지배 세력에 대한 불만을 억누르고, 가혹 행위를 통해 대중의 공격성을 발산시키기 위해서였으며, 둘째, 사회 불만 계층이 저항할 수 있는 잠재 에너지를 분산시키기 위하여 서로 의심하고 감시하며 싸우게 만들었다고 하였다.[13]

17세기 들어 나병 환자가 줄어들어 비어 있는 수용 시설은 부랑인, 반

사회적 범죄자, 가난한 사람들과 함께 정신병자들을 수용하게 된다. 이른바 빈 병상을 채웠던 것이다. 한때 마구잡이로 잡아들였기 때문에 파리 시민의 1퍼센트 정도가 빈민 구호 병원에 수용당한 경험을 가지고 있었다고 한다. 이렇게 함으로써 국가는 공공의 안녕 질서를 유지하고 일을 시켜 돈도 벌 수 있게 되었다. 푸코는 이러한 현상을 '대감금'이라고 명명했는데, 이러한 대감금은 전 유럽적인 현상이었다.[14]

앞서 언급한 바와 같이 동양에서는 서양의 대규모 수용 시설과 같은 기관들이 매우 늦게 설립되기 시작하였다. 이는 정신 질환자에 대한 수용 정책이 산업화 · 공업화 · 도시화와 이에 따른 핵가족화와 관련이 깊음을 의미한다. 산업 사회로의 전환이 이루어짐에 따라 가족들은 모두 일을 하러 나가야 하므로 정신 질환자를 돌볼 수 없었고, 정신 질환자들은 본인뿐만 아니라 가족들, 지역 사회의 생산적 활동에도 방해가 되는 존재로 전락하였다. 생산이라는 관점에서 볼 때 정신 질환자는 나태하고 근로 능력을 상실한 존재일 뿐만 아니라, 그들 가족의 생산 참여마저도 가로막는 존재이며, 따라서 마땅히 이 사회에서 배제되어야 할 존재였던 것이다. 그들은 투자적 가치가 없으므로 집단 수용과 관리에 드는 경비조차 가능한 최소화해야 했다.

그러나 자본과 밀월 관계에 있는 지배 권력은 정신 질환자에 대한 배제와 차별의 공간마저도 그냥 놓아두지 않았다. 정신 질환의 진단을 통한 일련의 수용과 치료의 과정은 거대한 시장을 창출한 것이다. 우리 나

---

13) M. Harris, Cows, pigs, *wars and witches: The riddle of culture* (1975), 박종열 옮김, 『문화의 수수께끼』 (한길사, 1982), 185~197쪽.
14) 김영진, 같은 책, 51쪽.

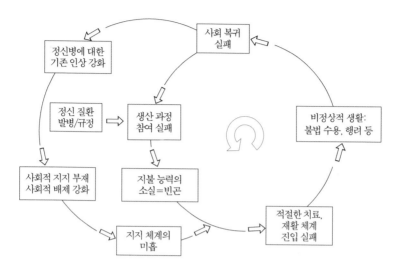

정신 질환자의 차별과 배제의 악순환

라의 경우만 보더라도 정신 병원, 종합 병원 정신과, 정신과 의원, 요양 시설, 사회 복귀 시설 등을 모두 합하면 800개가 넘으며, 병상 수는 5만 5천 병상에 이른다. 일반 보건 복지 시설까지 포함하면 그 수는 훨씬 늘어난다. 이들 기관에 종사하는 인력의 규모도 약 만 명에 달한다. 정신 질환의 치료와 관련한 의료 보장 비용이 연간 1조 원을 넘어선 지 오래되었다. 개인이 직접 부담하는 돈을 합하면 그 돈의 규모는 이것의 몇 배가 될 것이다.

이러한 정신 질환을 둘러싼 거대한 시장의 출현은 정신 보건 영역에 또 다른 형태의 정치·경제적 작동 기전이 출현했음을 의미한다. 정신 질환자의 치료와 수용의 장치들이 하나의 '상품'으로 전환된 것이다.

"○○ 지역의 정신 병원들이 정부로부터 치료비를 타내기 위해 민간 환자 이송업체와 행려 환자를 불법 '거래' 하고 있는 사실이 밝혀져 충격을 주고 있다. 행려병자의 경우 식사 외에는 별다른 치료비가 들지 않는데다 1인당 월 80만 원의 의료비를 정부로부터 보조받기 때문에 정신 병원들이 앞다퉈 환자 유치에 나서면서 이 같은 일이 벌어지고 있는 것으로 드러났다. 특히 민간 환자 이송업체가 최근 잇따라 문을 연 뒤 경쟁이 심해지면서 인권 침해 행위도 잦은 것으로 알려졌다. 19일 ○○시에 따르면 현재 ○○ 지역의 19개 정신 병원에는 평균 4,800여 명의 환자가 입원해 있으나 병상 수는 모두 5,500여 개로 병상이 남아돌고 있는 상태다. 이 때문에 ○○, △△ 지역의 정신 병원 중 상당수가 행려 환자를 확보하기 위해 경쟁을 벌이면서 환자 이송업체가 병자를 이송해 주는 대가로 환자 1인당 5만 원의 수고비를 건네 주고 있다. 그러나 최근 수고비는 10만 원으로 올라가는가 하면 일부 병원의 경우 수고비 외에 월 200만 원의 전담 계약을 맺고 있다. ○○과 인근 지역에 3~4개 정신 병원이 잇따라 문을 열면서 환자 유치 경쟁이 과열된 탓이다. 이에 앞서 지난해 9월 이모 씨 (38, 여)는 신분증을 소지하고 있었으나 부산 수영구 남천동 삼익아파트 옆 도로에서 한 환자 이송업체에 강제로 차에 태워진 뒤 정신 병원에 보내져 38시간이나 감금됐다."[15]

1994년 한 연구 결과에 따르면 우리 나라 정식 입원 시설에 입원해 있는 환자의 56퍼센트 내지 77퍼센트는 적어도 의학적으로는 퇴원이 가능한데도 여러 가지 이유로 퇴원을 시키지 않고 있는 이른바 '사회적 입

---

15) 『경향신문』, 2001년 1월 20일자.

원 환자'이다.[16] 이는 기본적으로 환자를 돌려보낼 지역 사회의 정신 보건 여건이 성숙되어 있지 못한 것에도 이유가 있지만, 환자를 계속 입원·수용시킴으로써 발생하는 이윤이 경제적 유인으로 작용하고 있을 개연성을 부인할 수 없다. 1997년 12월 정신보건법의 제정에 따라 정기적으로 계속 입원의 적절성 여부를 점검하는 제도적 장치가 마련되었지만, 극히 제한된 정보만을 가지고 몇백 명의 환자에 대한 계속 입원 여부를 수명의 전문가가 몇 시간 만에, 그것도 그 적절성이 충분히 확인되지 않은 기준을 가지고 판정해 내야 하는 현상황에서 그 장치가 적절히 작동하고 있다고 보기 어렵다.

더욱이 입원되거나 수용되어 있는 정신 질환자를 지역 사회로 돌려보낸다는 것은 병원이나 수용 시설 입장에서는 환자가 줄어든다는 것을 의미하고, 이것은 곧바로 경제적인 손실과 시설의 존폐를 의미하는 대단히 민감한 정치·경제적 문제가 된다. 정신 병원의 수용과 지역 사회에서의 치료라는 정신 질환자의 관리 방식이 대단히 경제적인 배경하에서 결정되고 있다는 것은 이제 그리 놀라운 사실이 아니다. 과거 1960년대 미국 정신 보건 부문에 불었던 '탈원화의 열풍' 역시, 그것이 비록 지역 사회 치료라는 치료 철학과 약물의 등장에 힘입은 바 크다 할지라도 기본적으로는 정신 질환자의 인권을 보장하려는 사회적 분위기와 한편으로는 급증하는 의료비를 줄이기 위한 정부의 정치적 의도와의 결합을 통해 이러한 정신 병원과 수용 시설의 저항을 극복하면서 진행되었다는 사실에서도 우리는 그것을 확인할 수 있다.

---

16) 이호영·정영기·김병후·이영문·김용익·조맹제, 「정신질환자 재분류 및 정신보건의료시설 기준개발연구」, 보건복지부 용역사업 연구보고서 (1994).

배제와 차별의 과정에서 정신의학과 전문가의 역할

정신 질환자에 대한 배제와 차별의 정치경제학을 이야기함에 있어 주목해야 할 부문 중의 하나는 이러한 과정에서 정신의학과 전문가들의 역할이다.

18세기 말 이래 학문으로서의 정신의학의 성립과 발전에 영향을 미친 것은 인간 본성에 대한 사회적 믿음, 사회 구성의 지배적인 형태들, 그리고 기술의 수준이었다.[17] 푸코는 19세기에 하나의 학문으로서 그리고 체계적인 치료로서의 정신의학의 탄생은 정신 병원이나 수용 시설에서 이루어졌다고 하였다.[18] 여기서 19세기 정신 병원은 사회 구조하에서 특별한 역할을 부여받은 하나의 특별한 작은 세계였으며, 이것은 의학의 한 분야로서 정신의학의 관점, 내용 그리고 접근 방법에 큰 영향을 미쳤다.[19] 푸코는 피넬이 감옥과도 같았던 정신 병동에서 정신 질환자의 쇠사슬을 풀어준 행위조차 "수용되기 위해 해방된 것"이며, "육체적 감금에서 도덕적 감금"으로 전환되었을 뿐이라고 평가한다. 이로써 정신병 치료의 전권이 정신과 의사의 손에 맡겨지는 새로운 권위주의적 제도가 탄생하게 되었다는 것이다.[20] 이는 정신 질환자의 배제와 차별의 영역에서 정신의학과 전문가들이 중요한 역할을 수행해 왔음을 의미한다.

이러한 상황은 현재에도 크게 달라지지 않았다. 우선 정신 병원이나 시설의 구조와 서비스의 형태는 두 가지 원칙, 즉 철저히 관리 비용을 최

---

17) A. Jablensky, "Politics and Mental health 1," *The International Journal of Social Psychiatry* 38 (1992), pp. 24~39.
18) M. Foucault, *Histoire De La Folie* (Paris: Librairie Plon).
19) A. Jablensky, *Ibid*, p. 25.
20) 김영진, 같은 책, 261~262쪽.

소화하면서 최대의 효과를 볼 수 있는 방식과 전문가의 치료와 관리가 용이한 방식으로 만들어지고 시행된다. 폐쇄 병동을 방문해 본 사람이라면 이 구조가 여전히 벤담의 '판옵티콘'을 많이 닮아 있음을 쉽게 확인할 수 있을 것이다.

이러한 관리와 치료 방식들은 오늘도 여전히 정신 병원이라는 공간을 통해 재생산되고 있다. 현재 모든 정신의학 전문가들의 교육과 훈련은 대학 병원과 같은 대형 병원을 중심으로 이루어진다. 이 교육과 훈련의 내용과 과정은 당연히 대형 병원과 거기에 속한 전문가들의 정치적·경제적 이해 관계에서 자유로울 수 없다. 교육과 훈련을 마치고 난 후에도 그들은 그 대형 병원과 그곳의 스승이자 학계 원로인 이들의 영향력 아래서 살아가게 된다.

또한 이러한 전문가 집단은 대단히 강력하고 배타적인 조직과 조직 문화를 만들어 낸다. 이러한 경향은 다른 부문, 즉 정신 전문 간호사, 사회 복지사, 임상 병리사 집단에서도 마찬가지이다. 이들 전문가 집단은 정신 보건 체계 내의 가장 강력한 정치적 이해 집단으로서 정신 질환과 관련한 치료의 방식, 국가 정신 보건 체계의 구성과 운영 방식 등에서 막강한 영향력을 발휘한다. 때로는 공권력을 무력화시킬 만큼 성장한다. 그러나 앞서 언급한 바와 같이 지배 권력과 전문가 집단의 이해 관계는 결국 정치적 타협과 암묵적 연대의 형태로 정리된다. 이 경우 문제는 정신 질환자의 이해는 그들에게 있어 늘 부차적인 문제일 수밖에 없다는 점이다.

요약하면 이른바 가치 중립성과 엄밀한 과학성을 표방하는 정신의학과 전문가들은 지배 권력과의 관계 속에서 정상과 비정상의 구분을 나누는 배타적인 권한을 획득하였고, 이러한 심판의 권한을 통해 부여받게 되는 사회적 권력과 함께 시장에서의 독점을 통한 경제적 권력도 동시에 획득하게 되었다는 것이다. 여기에 이른바 지배 질서에 도전하여 혼란을 야기시키고, 비생산적이며 생활 활동에 방해가 되는 정신 질환자들을 이 사회에서 배제시키고자 하는 지배 권력이 의기 투합을 이루면서 하나의 완벽한 그림을 완성하는 것이다.

물론 지배 권력은 이밖에도 수많은 지배 이데올로기와 장치들을 만들어 낸다. 프로테스탄트적 성실성의 강조는 상대적으로 활동 능력이 저하된 정신 질환자를 더욱 초라하게 만들며, 너무나 많은 영화와 소설 속에서 정신 질환자는 쉽게 범죄자로 변신하고, 그에 의해 저질러지는 범죄는 극적으로 공포스럽게 각색된다. 자쯔(Szasz)의 말을 빌리자면 수많은 신화(myth)를 만들어 내고 있는 것이다.[21] 인류가 만들어낸 가장 훌륭한 창조물이라고 추앙받는 대의제 민주주의조차도, 소수자이며 투표권조차 주지 않는 금치산자로 낙인 찍힌 정신 질환자들에게는 그들의 정치적 참여를 원천적이고 제도적으로 봉쇄하는 너무나 강고한 배제의 장치일 뿐이다.[22]

브레이크 없는 자동차: 우리 사회에 제동력은 존재하는가?

물론 사회적 약자들의 배제와 차별은 정신 보건의 영역에서만 일어나는 것은 아니다. 그러나 정신 질환자에 대한 배제와 차별의 문제가 더욱

---

21) 그러나 정신 질환자의 범죄율은 일반인의 범죄율보다 훨씬 낮다.
22) 이남석은 다수결의 원리에 기초한 대의제 민주주의는 사회적 약자와 차이 집단을 정치 과정에서 배제하고 있어 태어나면서부터 '다수에 의한 소수의 배제'라는 속성을 가진다고 하였다.(이남석, 『차이의 정치: 이제 소수를 위하여』, 책세상문고, 2001, 41~42쪽)

중요한 이유는 첫째, 정신 질환자들은 우리 사회에서 사회적 약자에게 행해지는 배제와 차별의 기전을 가장 극명하게 보여주고 있으며, 둘째, 이들이 다른 어떤 집단보다 배제와 차별을 극복할 수 있는 수단을 철저히 상실하고 있기 때문이며, 마지막으로 주체적 활동 그 자체가 불가능하다고 규정된 이들의 정치적 참여 방식과 이 문제의 사회적 대응 방식에 대해 그간 우리 사회의 논의가 거의 전무하기 때문이다.[23]

정신 질환자들에 대한 배제와 차별의 악순환을 끊고 그 구동을 멈추게 할 방법은 있는가? 그리고 우리 사회에서 그러한 제동력을 찾아내고 가동시킬 수 있을 것인가?

정신 질환 분야를 연구하는 낙인론자들은 낙인의 해로운 효과를 감소시키기 위한 두 가지 일반적인 전략을 제시하였다. 즉 행동을 재정의하는 것과 그리고 그 행동에 사람들이 일반적으로 반응하는 방식을 바꾸는 것이다. 전자의 전략은 정신과 의사인 토마스 자쯔에 의해 제안되었다. 그는 정신 질환에 대한 의학적 모델을 맹렬하게 공격하였으며, '정신 질환'은 '신화'라고 선언하였다. 낙인론적 시각을 지지하는 대부분의 온건한 사람들은 후자, 즉 정신 병원에 수용하는 것보다 외래 치료, 지역 사회에서의 정신 치료, 약물 치료 및 가정 치료와 같은 대안들을 주장하였다.[24] 그러나 이들의 주장은 오늘날 우리 사회 정신 질환자들의 절박한 현실에 비추어 볼 때 지나치게 근원적이거나 반대로 지나치게 온건하다.

---

23) 마르크스에게조차 정신 질환자는 상대적 과잉 인구인 빈곤층의 가장 밑바닥에 존재하는 피구휼 빈민이었다.(K. Mark, *Capital*, Penguin Books, 1976, pp. 807~810)
24) Allen E. Liska · Steven F. Messner, *Perspectives on crime and deviance*, 3/E (1999), 장상희 옮김, 『일탈과 범죄사회학』(경문사, 2001), 194쪽.

221

많은 이들이 이러한 지배 권력과 전문가들의 독점적 권력에 맞설 수 있는 제3세력[25]의 필요성을 역설한다. 그러나 엄청난 물리력과 이념으로 중무장한 지배 권력과 현대 첨단 과학 기술로 독점적인 전문성을 획득한 전문가들이 만들어 낸 이 거대한 거인에 맞설 수 있는 그런 세력과 수단을 우리 사회는 가질 수 있을 것인가?

어떤 이들은 그 가능성을 정신의학의 내부에서 찾으려 한다. 자블렌스키(Jablensky)는 지난 200년간 두 가지의 흐름이 정신의학의 정치적 역사를 이끌어 왔다고 이야기한다. 첫 번째가 이상 행동(deviance)에 대한 사회적 조정자로서의 정신의학이고, 두 번째가 '다를 권리'(right to be different)에 대한 옹호자로서의 정신의학이다. 이제 후자에서 영감을 얻은 많은 영역들에서 이른바 '제3의 정신의학 혁명'이 진행중이라고 이야기한다. 그는 그 증거로 종래에 반정신의학(anti-psychiatry)이나 급진적 정신의학(radical psychiatry)의 주장이라고 간주되어 오던 "'다를 수 있는 권리'의 지지자로서의 정신의학(Psychiatry as advocacy of the 'right to be different')"이 이제는 여러 형태 조직들의 기본적인 활동 입장이 되었으며, 탈원화 · 사례 관리 · 지속적 돌봄 · 위기 관리 · 지역 사회의 참여 · 팀적 접근 등과 같은 내용을 담고 있는 정신 보건 부문의 개혁들이 이탈리아 · 서부 유럽 국가 · 캐나다 · 미국 · 호주 등에서 속속 진행중임을 그 예로 들고 있다.

또 어떤 이들은 한때 자살을 기도하고 치료 과정중에 경험했던 열악한 치료 환경과 가혹함에 맞서 싸워 미국의 정신 건강 운동을 촉발시켰

---

25) 환자들, 환자 가족 그리고 환자 지지 그룹을 말한다. 그러나 환자가 문제의 당사자라는 점에서 '제3세력'이란 표현은 다소 부적절해 보인다.

던 클리포드 비어스(Clifford Beers)에게서 그 희망의 일단을 찾으려고 한다. 그는 환자로서의 무기력과 피동적인 삶을 넘어, 전문가나 다른 이들이 아닌 환자 스스로 시작하고 주도하였던 '희망의 증거'였기 때문이다. 이러한 가능성의 예로 제시되고 있는 것이 이른바 미국의 정신과환자가족협회(NAMI, National Alliance for the Mentally Ill)와, 미국 뉴욕의 '샘솟는 집'(Fountain House) 등과 같은 환자 자조 모임, 가족 모임, 자원 봉사 모임 그리고 소비자를 중심으로 한 일련의 활동들이다.

우리 나라에서도 최근 지역 사회 정신 보건 사업이 활성화되고 있으며, 정신 질환자를 위한 사회 복귀 시설도 늘어가고 있다. 곧 가동될 국가인권위원회에서도 정신 질환자의 인권 문제를 중요한 과제로 다루겠다고 한다. 정신 질환자들의 가족들로 구성된 가족협회와 관련 전문가들의 학회들도 속속 모양을 갖추어 가고 있다. 적어도 외형적으로 보면 그 속도는 매우 빠르게 진행되고 있다.

이러한 일련의 작업들은 정신 질환자와 가족들의 삶의 질을 개선시키는 데 일정 정도 기여할 것임에는 틀림이 없다. 그런 점에서 이러한 작업들은 매우 중요하고 소중하다.

그러나 앞서 언급한 일련의 움직임들만으로 과연 정신 질환자에 대한 배제와 차별의 악순환(vicious cycle)이라는 거대한 수레바퀴를 멈추게 할 수 있을까? 나의 이러한 회의의 근거는 지극히 단순하다. 정신 질환자의 가족도 지지자도 결국 정신 질환자 그 자신일 수는 없으며, 악순환의 구동력으로 작용하였던 요인들은 앞으로도 크게 변하지 않을 것 같기 때문이다. 또한 생산력도 구매력도 없는 정신 질환자의 정치적 활동은 정신 보건의 선진국들에서도 여전히 원천적으로 봉쇄되고 있기 때문이다. 나는 정신 질환자의 목소리를 대변한다고 자처하는 가족, 친척, 전문가, 사회 활동가 들을 종종 만난다. 어쩌면 나도 그 중의 한 사람인지도 모른다. 그러나 그럴 때마다 나는 과연 이들이 정신 질환자의 이해를 제대로 반영하고 있는 것일까라는 회의를 지울 수 없다. 자기의 정치·경제적 이해 관계를 넘어서면서까지 절박한 이들의 삶만큼이나 치열하게 정신 질환자들을 위해 싸우는 이들을 발견하기란 그리 쉬운 일이 아니기 때문이다.

로텔리(Rotelli)는 가히 혁명적인 조치를 통해 전국의 정신 병원 문을 닫고 정신 질환자들을 자신의 지역 사회로 돌려보내 그곳에서 치료받으며 살아가도록 하였던 이탈리아의 정치 과정[26]을 평가하며 "탈원화(de-institutionalization)란 단지 정신 병동의 문을 닫아 거는 것(dehospitalization)이 아니라 수용소(asylum)의 모든 기능들(숙박, 음식 제공, 세탁, 이야기할 사람 등)이 정상적인 삶 속에서 해체되고 재구성되어야 함을 의미한다"라고 일침을 놓았다.[27] 정신 질환자의 삶의 조건들을 정상적인 삶 속에서 완전히 해체하고 재구성하는 이런 지난한 과정이 과연 정신 질환자 당사자들의 우렁찬 구호 없이도 가능할 것인가?[28] 아시아의 빈곤 문제를 연구하였던 미르달(Myrdal)의 말처럼 "아래로부터의 압력이

---

26) 1978년 개혁적 정치가였던 정신과 의사 Franco Basaglia와 그의 정치적 동료들은 법령 180(Law 180)을 통과시킴으로써 이탈리아 전역의 정신 병원에 정신 질환자의 추가적인 입원을 금지시켰으며, 정신 질환자들이 지역 사회에서 돌아가 거기에서 치료받도록 하는 조치를 취하였다. 이러한 조치는 당시 정신 병원들과 학계로부터 엄청난 저항을 받았다.

27) F. Rotelli, *The invented institution*, Per la salute mentale/ For Mental Health 1/88 (1988), pp. 196~198.

28) 어쩌면 이러한 내 생각 자체가 정신 질환자에 대한 나의 편견에서 비롯된 것인지 모른다. 나는 이런 나의 생각이 잘못되었기를 진심으로 바란다.

거의 완전하게 결여되어 있는 경우에, 식민지 시대로부터의 사회적·경제적 계층화라는 불평등화가 존속하게 되고, 그러한 사태의 진전 방향은 더욱 심화되는 불평등을 향하여 움직이게 되며, 가난한 대중을 돕기 위하여 꾸며진 정책조차도 실시되지 않거나, 혹은 그 반대로 그렇게 가난하지 않은 자에게 유리하게 실시되고 만다"[29]는 것을 우리는 너무 자주 보아 왔기 때문이다.

여전히 혼란스럽고 해결되지 않은 부분이 남아 있음에도 불구하고, 분명한 것은 우리 사회에서 정신 질환자들에 대한 배제와 차별의 문화를 청산하고 자기 몫의 공간들을 당당히 확보해 나아가는 방법은 앞서 언급한 이 사회의 정치 경제학적 맥락하에서 검토되고 모색되지 않으면 안 된다는 사실이다.

이탈리아의 정신 보건 개혁 과정을 분석한 그라델리(Ghirardelli)와 루세티(Lussetti)는 법령 180(Law 180)의 실시로 이탈리아 정신 보건 체계가 일대 혼란에 빠지고 취약한 중앙 정부는 국가 차원의 구체적인 원칙들조차 제시하지 못하고 있을 때를 회고하며 다음과 같이 말했다.

"오직 정치적 투쟁만이 낡은 정신 보건 체계의 무기력과 분명한 지침의 부재를 극복하는 유일한 수단이었다."[30]

---

29) K.G. Myrdal, *The Challenge of World Poverty: A World Anti-Poverty Program in Outline* (London, 1976), 최광렬 옮김, 『빈곤의 도전』 (최고경연, 1990), 119쪽.

30) Roberto Ghirardelli · Marco Lussetti, Italy, Donna R., Kemp, *International Handbook on Mental Health Policy* (Greenwood Press, 1993), pp. 139~157.

후기

1975년 다섯 개 부문의 아카데미상을 휩쓴 캔 캐이시 원작, 밀로스 포먼 감독의 「뻐꾸기 둥지 위로 날아간 새」에서 정신병을 가장하여 정신병원으로 들어온 맥머피(잭 니콜슨 분)는 근대 계급 사회의 억압 구조의 상징인 정신 병원의 규칙들과 그 지배 체계 하수인의 상징인 수간호사에게 맞선다. 그러나 그에게 돌아온 것은 교화와 치료라는 미명 아래 시행된 전기 충격 요법이었다. 끝내 정신 병원은 현대 의학 기술을 동원하여 그의 뇌 일부를 잘라낸다. 그 정신 병원에서 십 년 동안 갇혀 지내 온 아메리카 원주민 브롬덴 추장은 이젠 더 이상 과거의 그가 아닌 친구 맥머피의 얼굴에 베개를 덮어 숨을 끊는다. 그리고 그는 덧문을 부수고 정신 병원을 탈출한다. 그의 부족이 살고 있을 골짜기를 찾아가기 위해서다. 그 영화를 다시 떠올릴 때마다 나는 늘 궁금하다. '브롬덴 추장은 무사히 그 골짜기로 돌아갈 수 있었을까?'

그것은 절망과의 싸움이었다

정도상

고백

코흘리개 유년 시절, 동네마다 미친 사람들이 하나씩은 있었다.

내가 살던 지리산 골짜기의 작은 마을에도 '미친년'이 살고 있었다. 머리에 지푸라기가 붙어 있었고, 여름인데도 옷을 겹겹으로 껴입고 무어라고 끝없이 중얼거리던 그 여자. 또래의 꼬마들은 밤톨만한 돌을 그 여자를 향해 던지며 놀리곤 했었다. 그 여자는 화를 내지 않고 희죽희죽 웃으며 꼬마들의 놀림을 피해 어디론가 사라지곤 했었다.

가끔, 일 년에 겨우 한두 번에 불과하지만 읍내에 나가 보면 거기에도 어김없이 '미친년'이 돌아다녔다. 밀양아리랑 가락이 구성지게 흘러나오던 무슨 국악원 앞에 '미친년'이 나타나면 코밑에 수염이 듬성듬성 나기 시작하는 중학생이나 고등학생들은 물론이고 어린 꼬마들이 구경이라도 난 듯 몰려갔었다. 스무 살도 안 되었을 읍내의 그 여자는 "날 좀 보소, 날 좀 보소~"로 이어지는 아리랑의 가락을 따라 치마를 올렸다 내렸다 하며 춤을 추었다. 그가 치마를 올리면 처녀의 은밀한 부분이 백주

대낮에 활짝 드러나곤 했었다. 짓궂은 고등학생은 아예 나무 막대기로 치마를 걷어올리며 킬킬거리기도 했었다. 그러나 그는 어떤 해코지에도 아랑곳하지 않고 덩실덩실 춤을 추었다. 그 여자는 모르는 사람이 없을 정도로 읍내의 명물이었다.

그러던 어느 겨울, 그는 산처럼 부른 배를 내밀고 뒤뚱거리며 읍내에 나타났다. 사내들은 "누가 따먹었을까?"라고 궁금해 하며 속된 호기심을 드러냈고, 아낙들은 "그저 사내들이란 절구통에 치마만 둘러도 껄떡거리니, 쯧쯧" 하면서 그에게 먹을 것을 내주며 거두었다. 봄이 오고 날씨가 더워질 무렵이면 그 여자는 갓난아기를 안고 나타나 허연 젖가슴을 내놓고 젖을 먹였다. 그 아기는 어떻게 되었을까?

돌이켜보면 참으로 문둥이도 많았고 미친 사람도 많았던 시절이었다. 요즈음은 거리에 떠도는 미친 사람이 별로 보이지 않는다. 세상이 좋아져서 더는 미치지 않는 것일까? 우리는 가끔 사는 게 힘들고 지긋지긋해지면 "차라리 미쳐 버렸으면 좋겠다"라고 말하곤 한다. 아마도 참을 수 없는 고통을 놓아 버렸으면 좋겠다는 심리에서 그런 말을 한 것이었으리라. 견디기 힘든 삶의 상처가 정신에 작용하여 일상을 어떤 방식으로든 꾸릴 수 없을 때, 그때 바로 인간은 미치는 것이 아닐까?

고백하자면 내 바로 밑의 동생도 '미친놈'이었다.

어느 날 문득 스스로를 단군왕검이라 칭하며 방 안 가득 수십 개의 촛불을 켜놓고 그 가운데에 엄숙하게 앉아 있는 동생을 보았을 때, 정말이지 나도 '미치고' 싶었다. 무당이 와서 굿을 했지만 아무런 소용이 없었다. 가족 중의 한 사람은 동생의 근거리에서 감시와 보호를 해야만 했었다. 저러다 혹시 집에 불이라도 지르는 건 아닐까 하는 공포에 질려 전전

긍긍하면서 견디던 그 날들을 생각하면 저절로 가슴이 저며온다.

그때 나는 동생을 입원시키지 않겠다고 결심했었다. 처음에는 가족들을 몰라보더니 이틀쯤 지나자 가족을 알아보기 시작했다. 나는 희망을 가졌다. 가족을 알아본다는 사실, 그것은 정신을 완전히 놓지 않았다는 의미라고 나는 해석했다. 단군왕검이 된 동생은 잠을 자지 않았다. 나도 잠을 잘 수 없었다. 약국에서 수면제를 사다가 아무리 많이 먹어도 동생은 말짱하기만 했다. 일 주일쯤 잠을 자지 않아도 말짱할 수 있다는 사실 앞에서 나는 절망했다. 차라리 교통 사고를 당하든지 암에라도 걸리든지, 하필이면 정신의 어디에 병이 걸렸다니……

일 주일쯤 지나 단군왕검의 자리에서 스스로 내려온 동생은 이번에는 집을 나가 떠돌기 시작했다. 아무리 노력한다고 해도 스물네 시간을 감시하고 보호할 순 없는 노릇이었는데 그 틈을 노려 동생은 집을 나가버린 것이다. 어떤 날에는 명동성당 앞의 경비한테서 전화가 와서 데리러 갔고, 어떤 날에는 고속도로 순찰대한테서 전화가 와서 데리러 가기도 했다. 집에 돌아온 동생은 나와 어머니를 국가안전기획부의 프락치라고 주장하기 시작했다. 정신과에 가자고 해도 자신은 미치지 않았다며 단호하게 거부했다.

자신의 친구도 갓 태어난 조카도 프락치라고 의심하면서 피해 망상에 빠져 버린 동생을 강제로 이끌고 정신과에 갔더니 조울증이라는 것이었다. 조울증은 조증과 울증이 번갈아 가며 나타나는 정신병의 일종이었다. 조증일 때는 단군왕검이었고 울증일 때는 프락치의 공작에 희생된 피해자로 변신을 거듭하는 내 동생이 나는 미웠다.

조증일 때는 정신 활동이 왕성해져서 세계의 주인이 되고, 울증일 때는 정신 활동이 현저하게 떨어져내리면서 세계에서 버림받은 비극의 주인공이 되어 피해 망상에 빠져드는 조울증의 동생을 아내는 공포에 질려 바라보곤 했다. 집에 불이라도 지르지 않을까, 갓 태어난 아기한테 해코지를 하지는 않을까 등등의 공포 앞에서 아내는 비극의 운명을 원망했다. 다행히 동생은 약물 치료에 적극적이었다. 약을 먹으면 눈동자가 흐릿해지며 멍해지는 현상을 보였다. 두어 달쯤 지나자 동생의 증세는 많이 호전되었다. 증세가 호전되자 읽고 쓰는 생활로 들어섰다.

밤일

내일모레면 설날
지하 공장 밖에 밤눈은 펑펑
먼지처럼 수북하게 쌓여가고
버스도 끊어진 지 오래
밤 열두 시
건데기는 일에 지치고 굶주린
어린 동생들에게 나눠주고
짜고 신김치 몇 조각
뜨겁기만 해도 고마운 라면 국물에 말아
후후 마시고
희미한 형광등 불빛 아래 눕는다.

(중략)

230

이 겨울의 밤을 내내 이제나저제나
불 밝히시고 기다리시는 어머니
데모쟁이 큰아들 감옥에 보내 놓고
부쩍 늙어버린 어머니
한 줄기 눈물이 볼을 적시고
세상에의 미움이 가슴을 적시고,

완성반 포장일 다 끝내지 않으면
잠조차 잘 수 없는 저 아이들
라면 몇 가닥을 놓고
티격태격 젓가락 쌈을 하다가도
언제 그랬냐는 듯
유행가를 부르며 즐거이 노는 저 아이들

일어나야지 발버둥치며 일어나야지
나는 아이롱사
라면 국물만으로는 씻어낼 수 없는
서러움이지만 미움이지만
어머니의 기다림과 저 아이들 밝은 웃음을 위해
일어나, 일어나서 옷을 다려야지.

「밤일」은 구로동에서 열심히 일을 했던 시절에 동생이 썼던 시의 일부
다. 막 노동 운동에 눈을 떠 가던 무렵인데다가 시작(詩作)을 공부한 적

231

도 없던 솜씨로 마음속에 있던 말들을 있는 그대로 건져 냈는데 그것은 바로 '날것'의 언어들이었다. 동생은 나와 달리 정규 교육을 제대로 소화해 내질 못했다. 중학교 1학년 때 숙제를 안 해 갔는데 교사한테 많이 맞고 학교에 정이 뚝 떨어진 모양이었다. 결국 1학년을 넘기지 못하고 자퇴를 하고 말았다. 그후론 공장과 막노동판을 전전하다가 내가 학생 운동을 하면서 구속되는 것을 계기로 내가 읽었던 책을 찾아 읽으면서 스스로 학습했고 나중에는 검정 고시를 통과해 고졸의 학력을 가지게 되었다.

노동 운동에 투신하여 의욕적으로 활동하던 중에 함께 꾸려가던 소모임이 깨지게 되었고 주변의 동지들 중에 프락치가 있다는 의심을 품게 되었다. 그 의심이 피해 망상으로 나타나 가족들을 안기부 프락치로 규정짓는 정신 분열의 상태로 발전되었던 것이다.

약을 계속해서 먹으면서 동생은 스스로 재활의 의지를 보였는데 그것이 바로 엄청난 원고 집필이었다. 조울증을 앓으면서 두 권짜리 동화 『꼬마 단군』을 출간했고 발표되지는 않았지만 미완성 장편 소설과 유고로 남은 시들이 거의 그 무렵에 쓴 것들이다.

노동

(노동이 신성한 것이라니
배부른 개새끼들.)

노동이란

232

슬픈 것이다

직접 몸으로 부대껴 보면

쉬지도 못하고

열 시간

열네 시간

열여덟 시간

부대껴 보면 그렇게 부대낀

그 대가란 것이

기껏 겨우 그것뿐이라면

그것뿐인 나라

이 엉망진창인 나라에서

노동이란

벗어나야 할 올가미인 것이다.

약을 먹으면서 쓴 「노동」은 「밤일」에서 보여준 '날것'의 구체적 형상
에서 벗어나 관념을 형상화하고 있다. 아무려면 어떠랴? 그 당시 나는
동생이 낙서만 하고 있다고 해도 엄청 고마워했을 터였다. 그때 동생은
거미가 거미줄을 뽑아내듯이 시를 썼다. 시마다 형상화에 편차가 많았
는데 특히 몇 줄에 불과한 짧은 시들이 좋았다.

진달래

파아란 잎새도 없이

끝도 없는 겨울을
이기고 돌아온
연분홍 네가 곱다.

당신들의 공화국

거머리
거머리
징그러운 거머리.

동생의 유고 시를 꺼내어 칭찬하는 것만 같아 조금은 쑥스럽다. 불행하게도 동생은 결국 온전해지지 못했다. 조증과 울증이 번갈아가며 발병했지만 정상 생활을 할 수 있을 정도로 낫는 듯했다. 동생은 다시 공장으로 나가 일을 했다. 그런데 한 공장에서 3개월 이상을 견디질 못하더니 결국은 집으로 돌아왔다. 집으로 돌아온 동생은 많이 지쳐 있었다. 그리곤 오래지 않아 다시 발작했다. 자주 가출했고 오랫동안 돌아오지 않았다. 그러다 시립정신병원의 행려 병자 수용 시설에서 전화가 왔다. 동생은 행려 병자로 떠돌았던 것이다. 저런 시를 쓴 사람이 행려 병자가 되어 거리를 떠돌고 있는 걸 상상하면 너무 괴롭다.

남가좌동에 있는 시립정신병원에서 행려 병자로 떠돌던 동생을 만났다. 담당 의사와 상담을 하고 행려 병동에서 정신 병동으로 옮겼다. 동생에게는 첫 입원이었다. 면회를 갈 때마다 너무 힘들었던 기억이 새롭다. 동생은 울면서 애원했다. "성아야, 제발 집으로 가자. 성아야." 나는 동생을 퇴원시켰다. 그러나 동생의 증세는 좀체 호전되질 않았다. 특별히 나빠지지도 않았고 좋아지지도 않았지만 동생은 폐인이 되어가고 있었다. 나는 차라리 동생이 죽어버리기를 소망하기도 했다. 동생을 포기하지 않은 유일한 사람은 오직 어머니뿐이었다. 나는 무관심해지려고 애를 썼다. 그리고 동생은 어느 날 집을 나가 다시는 돌아오지 않았고 한강의 물 속에서 싸늘한 시체로 발견되었다.

인터뷰

"투병은 고귀하다."

1966년 열아홉 무렵, 여고 3학년을 졸업하면서 시작된 정신분열증으로 35년 동안 병과 싸우고 있는 윤석희 선생(이후론 호칭 생략)이 입을 열면서 했던 말이다. 그렇다. 육체의 병을 이겨내기 위해 고통과 싸우는 것도 위대하지만 정신의 병을 이겨내기 위해 고통과 싸우는 것은 더욱 위대하다. 몸이 아프지 않고 마음이 아픈 것은 고통의 실체가 눈에 확연히 보이지 않기 때문이다.

명문 여고 출신으로 목표했던 대학에 당연히 갈 줄 알았는데 실패했을 때의 상처가 너무 커서 하느님을 원망했고 나중에는 하느님이 그 모든 것을 주재했다고 믿어 버린 소녀는 서서히 정신분열증의 세계로 빨려 들어갔다. 분열증에는 양성 증상과 음성 증상이 있는데, 양성은 환청·환시·환각·환상·망상에 시달리면서 끝없이 떠도는 것이고 음성은 좁은 공간에 틀어박혀 무기력감에 빠져 아무것도 하지 않는 상태를 이른다.

1년 동안의 재수 생활을 거쳐 간신히 서강대 사학과에 입학했지만 피해 망상에 빠져 끝없는 휴학과 복학과 자퇴를 거듭하다가 1970년에야 비로소 국립 정신병원에 입원하게 되었다. 가톨릭 신부이면서 교수인 은사가 세상의 모든 곳—강의실, 연구실, 식당, 버스, 욕실 등등—에 몰래 무언가를 장치해 놓고 훔쳐보고 있다는 피해 망상에 시달렸던 것이다. 나중에는 북한에서 간첩을 보내 자신을 죽이려 한다는 피해 망상도 가지게 되었다. 극도의 피해 망상은 수차례의 자살 기도를 하게도 만들었다.

　그러나 윤석희의 경우에는 가정 환경이 다른 환자에 비해 비교적 좋은 편이었다. 가족들의 인내와 따뜻한 시선이 없었더라면 분명히 방치되었을 것이고 끝내는 거리를 떠도는 '미친년'이 되었을 터였다. 뿐만 아니라 환자 자신의 재활 의지가 없었더라면 지금처럼 정상적인 생활을 하기가 어려웠을 것이다.

　"정신병에는 의사가 중요하다."

　27세에 입원했다가 퇴원한 뒤에 명지대 영문학과로 편입한 윤석희는 30세에 간신히 졸업장을 받았다. 그야말로 '간신히' 받은 졸업장이었다. 정신분열증을 앓는 사람이 대학 생활을 유지하는 것은 각고의 노력 없이는 불가능했다. 대학을 졸업했지만 여전히 온갖 종류의 피해 망상, 심지어는 어머니나 동생도 북한에서 보낸 간첩이 아닌가 하는 망상을 하며 보내는 시간이 길어졌다. 양성 증상과 음성 증상이 번갈아 나타났고, 망상형 정신분열증은 더욱 깊어졌다. 결국 32세에 다시 입원을 하게 되었다.

　재입원을 하면서 어떤 경우에도 반드시 약을 먹겠다고 결심하는데 그

것이 재활의 출발이었다. 그 전에는 병원에서 퇴원하면 약을 먹지 않았다. 어머니가 약을 가져오면 먹는 척 입 안에 숨겼다가 뱉어버리곤 했었다. 상담을 하고 처방을 내리는 의사의 역할은 간단했다. 약을 먹고 양성 증상만 사라지면 그저 좋다고만 했다. 양성 증상이 사라졌다고 병이 낫거나 호전된 것은 결코 아닌데도 의사는 환자가 집에 무기력하게 처박혀 있기를 원했다.

음성 증상도 양성 증상 못지않게 고통스러운데도 의사는 그 고통을 이해하지 못했다. 뇌에 작용하는 치료약은 환자를 멍한 상태로 만들어버렸다. 입은 헤 벌리고, 눈동자는 게게 풀어져 완벽한 바보로 무기력한 상태에 빠져 있는 것은 음성 증상이 강화되었다는 것일 뿐 치료는 아니었다. 정신병 환자는 어떠한 일도 해서는 안 된다는 생각을 지닌 정신과 의사를 만나게 되는 것은 환자에게는 치명적인 불행이다. 성당에도 나가지 못하게 막는 의사를 보면서 윤석희는 스스로 다른 의사를 찾았다.

본인 스스로가 의사를 인터뷰하면서(의사는 환자를 인터뷰했겠지만) 예전의 의사와는 분명히 다른 의사를 찾고자 노력했다. 그리고 결국 단순한 치료보다는 재활에 중점을 둔 의사를 만나게 되었다. 새 의사는 환자에게 희망을 주었다. 성당에서 봉사 활동을 하는 것도 재활의 한 방편이었다. 환자가 공부를 계속하고 싶다며 대학원 진학의 뜻을 내비치자 흔쾌하게 밀어준 의사를 윤석희는 믿었다. 예전의 의사였다면 무슨 대학원이냐며 펄쩍 뛰었을 터였다.

꾸준히 치료를 하면서 대학원 입학을 위해 서강대 영문과를 청강했고, 분열증에 시달리면서도 각고의 노력으로 공부를 한 결과 39세에 명지대 영문과 대학원에 입학했다. 42세에 졸업한 후 의사는 직장에 다니라고 권했다. 윤석희는 작은 무역 회사에 취직하여 주로 영문서를 번역하는 일을 했다.

퇴사한 뒤에는 명지전문대에서 실용 영어 회화를 가르치는 강사로 나서게 되었다. 윤석희는 대학에서 학생들을 가르치는 일이 즐거워서 아주 열심히 강의했다. 이젠 더 이상 입원하는 일은 없게 되었다. 하지만 약은 꾸준하게 먹었다. 45세에 주변의 소개로 상처한 대학 교수와 만났다. 서로 사랑한 것은 아니었지만 서로를 필요로 했다. 남자는 아내가 아닌 집안 일을 해내는 그럴듯한 여자를 원했고, 여자는 결혼을 통해 아웃사이더에서 인사이더로 변하길 원했다. 물론 결혼 전에 자신의 병력에 대해 충분히 얘기했고, 주치의한테도 남자를 소개시켰다.

정신병 환자의 가족협회에서 출간한 재활 수기 공모인 『우리들의 이야기』에 나오는 사례를 보면, 결혼했다가도 이혼한 경우가 다반사인데 윤석희의 경우에는 거꾸로 결혼을 선택한 것이다. 그러나 문제는 애정이었다. 애정 없는 결혼은 서로에게 상처를 남겼다. 결혼 전까지 살림을 살아본 적이 없었던 윤석희에게 살림은 벅찬 일이었다.

일 주일에 열 시간을 대학에 나가 강의하면서 전처 소생의 딸을 결혼시켜야 했고, 청소와 요리와 집안의 대소사를 처리해야만 했다. 청소와 요리는 완전히 젬병이어서 일 주일에 두 번만이라도 파출부를 두자고 했지만 보수적인 남편은 극구 반대했다. 심지어는 시집간 딸이 임신을 하자 친정으로 돌아와 극진한 대우를 요구했다. 그렇게 5년을 살다가 딸과 말다툼을 한 것을 계기로 이혼했다.

"재활은 결코 쉽지 않았다."

지금도 윤석희는 약을 먹고 있다. 약을 먹지 않으면 언제 피해 망상이 재발할지 모르기 때문이다. 환자 본인의 치열한 노력이 없었더라면 재활에 성공하긴 어렵다. 생활이 불가능할 정도여서 요양원으로 갈 정도의 환자들의 대다수는 정신병에 대한 편견과 무지 때문에 병이 깊어진 경우가 많다고 할 수 있다. 정신병은 온 가족이 함께 겪어내야만 하는 병이다.

물론 윤석희의 경우에는 다른 환자에 비해 가정 환경이 훨씬 나았다고 볼 수 있다. 가족들의 따뜻한 시선과 보호, 그리고 경제적인 능력이 없었더라면 병을 앓으면서 대학과 대학원을 졸업할 순 없었을 것이다. 게다가 어머니는 언제나 용돈을 충분히 줘서 윤석희가 마음껏 소비할 수 있게 도왔다. 본인 스스로 재활에의 의지도 강렬했지만 돈에 대한 스트레스가 거의 없었기에 이만큼이라도 재활이 가능한 것이 아니었나 하는 생각이 든다.

윤석희는 희망을 주는 의사, 재활에 대한 본인의 의지와 노력, 경제의 뒷받침을 비롯한 가족의 보호가 어우러져 재활에 성공했지만 여기서 간과해선 안 되는 게 하나 있다. 그것은 환자 본인만이 겪어 내야만 하는 고통이 언제나 뒤를 따랐다는 것이다. 그 고통을 견뎌 내고 재활에 성공했고, 나아가 다른 환자들의 재활에 도움을 주는 봉사 활동을 꾸준히 하고 있다는 것은 참으로 놀라운 일이 아닐 수 없다.

최근에 들어서야 정신병에 대한 치료 시스템이 바뀌었다. 전국에 국립 정신보건센터가 60여 개 이상 설치되어 주로 재활 프로그램을 운용하고 있다. 윤석희는 강남정신보건센터에서 환자들의 재활 프로그램에 참여하면서 왕성한 활동을 펼치고 있다. 실용 영어를 매개로 환자들의 재활을 돕는 자원 봉사 활동은 본인 스스로의 정체성을 확립하는 데에도 큰 도움이 되고 있다.

윤석희는 재활에 성공한 대표적인 사람이다. 투병의 과정에서 겪어내야 했을 모든 고통의 순간순간에 대해 당사자가 아니면 누구라도 쉽게 말할 수 없다. 재활에 성공하여 자기 삶의 주인이 되기까지의 과정에서 겪었을 고통의 크기와 무게를 조금이라도 짐작하고 앞으로도 아무런 자기 앞의 생을 온전하게 감당할 수 있도록 편견과 장애를 제거하는 것이 중요하다.

장애와 편견

고등학교 시절에 루이제 린저의 『생의 한가운데』를 읽다가 깜짝 놀란 적이 있었다.

제목에도 이끌렸지만 독서하는 도중에 주인공 니나의 톡톡 튀는 매력에 푹 빠졌던 추억이 새롭다. 히틀러 치하에서 산다는 것은 온전한 정신으로 산다는 것의 불가능함에 대한 기록이다. 하지만 니나는 불가능을 가능으로 전환시키며 자기 앞에 닥친 생의 부조리와 치열하게 맞서고 있었다. 그 중의 한 구절이 이 글을 쓰는 동안 문득 떠올랐다.

니나는 동급생과 정치적인 충돌을 가졌다고 말했다. B교수는 정신병학 강의에서 안락사 문제를 취급했고 이어서 학생들간에는 맹렬한 논쟁이 일어났다고 한다. 니나는 기진맥진해서 그 일에 관해서 이야기를 하고 싶어하지를 않았다. B교수는 조심스럽게 말하기를 인간의 생명에서 허락된 파괴가 있을 수 있다는 것이었다. 그러면서 형법은 사형을 허가하고 국제

법은 전쟁을 허락하고 있으므로 불치의 병자를 살해하는 것도 허가될 수 있는 법칙이 나와야 하는데 아직은 그것이 없다고 말했다.

그러나 이 말은 강의중에는 조용히 받아들여졌으나 나중에는 그만큼 더 맹렬하게 토론되었다. 어떤 학생이 독일 민족이 휴머니스트들의 나약한 견해에 반대하고 강자의 지배를 택한 날부터 이미 그 법칙은 존재한 것이라고 말하는 것을 들었을 때 니나는 분격해서 소리를 질렀다. 나도 이 국민에 속해 있지만 절대 반대합니다. 뿐만 아니라 수많은 사람들이 나와 같이 반대를 하고 있어요. 일부 국민에 의해서 찬성된 법칙이 어떻게 실시된다는 말입니까? 그랬더니 학생들은 국민의 일부가 아니라, 대다수가 결정한 것이라고 했다. 그래서 니나는 나쁜 부분이라고 말했는데, 다른 여학생이 발언을 한 까닭에 다행히도 그 말은 묵살되었다. 그 여학생은 한 떼의 짐승을 전염병에서 구하려면 한 마리의 병든 짐승은 죽여도 좋다고 말했다.

이어서 의견이 여러 방면으로 갈라져서 인간도 짐승같이 동물 이상으로 볼 수 있는가, 불치의 정신병자가 아직도 인간인가 또 병자의 격리가 살해와 마찬가지로 사회를 구제할 수 있을 때에도 살해를 요구할 수 있는 것인가 등등을 논쟁하였다. 니나의 편이 되어 싸워준 두어 사람의 학생들은 완치될 수 없는 정신병자가 인간인가 비인간인가를 확인할 수가 없고, 불치라는 개념이 막연하며 거기다가 진단의 과오도 있을 수 있고 치료의 진도도 있어서 이제까지 불치로만 생각했던 병을 고친 예도 많았다고 말했다.

니나는 정신병과 비정상 사이에는 거의 경계선을 책정할 수가 없으며 불치의 병자라도 그들이 하고 있는 일을 통해서 사회에 봉사하는 경우도 있으며, 그와 반대로 건강은 하지만 사회에 해로운 인간도 있다고 말했다. 이어서 누군가가 말을 했다. 그렇다면 건강한 사회에 해로운 인간도 살해해야만 한다. 그들과 정신병자를 국민은 희생시켜야 한다. 그래서 니나는 소리를 쳤다. "그러면 당신은 휠덜린도 죽였겠군요?" 그러고는 모든 이성을 잃고 복도에 울릴 만큼이나 소리를 질렀다.

"누가 그러면 생과 사를 결정하는 권위자가 된다는 말입니까? 어떠한 경우에도, 언제나 살인은 살인이라는 것을 이해할 수 없는 당신 같은 비양심적인 사람들이 될 테지요! 그리고 당신 같은 사람은 법을 가장하고 한 번 죽이기를 시작하면 그 다음에는 법이건 불법이건 아랑곳없이 죽이고 또 죽일 겁니다. 그러면 결국 살인자들만 남게 될 테죠. 그렇지만 나는 끝까지 반대를 하겠어요. 그리고 살인을 허가할 뿐 아니라 그 필요성과 선의의 가장까지 붙여주는 국가를 절대로 시인하지 않겠어요."

그랬더니 모든 학생들은 소리를 질러서 말을 못하게 하고 그 중의 한 명은 당신과 같은 인간들은 대학에 맞지 않을 뿐더러 생각을 바꾸지 않는다면 어떻게 처치할 것인가를 다 알고 있다고 말했다.……(중략)

"내가 이 정신병학과 의학의 악질적인 새 형식을 배우고 그것에 따라서 행동할 것을 강요당한다면 차라리 공부를 중단하겠어요.……"

—루이제 린저, 『생의 한가운데』 중에서

당연하게 우리는 니나의 견해에 동의할 것이다. 그러나 조금만 더 솔직해지자. 어쩌면 지금 이 글을 읽고 있는 당신의 내면에도 정신병 환자들에 대한 실용적 편견이 은폐되어 있을지 모른다. 니나의 견해에 동의했다고 착각하지 말기를…… 니나가 살았던 시대의 독일인들은 유태인을 비누로 만드는 데 동의했던 사람들이다. 모든 책임을 나치 정권과 히틀러한테로 돌리는 것은 비겁하다. 국가주의에 기꺼이 동의했고 히틀러한테 무한 권력을 위임했으며 끝내는 학살에 참여했던 사람들…… 그들 속에 이 글을 읽고 있는 당신이 서 있을지도 모르는 일이다.

건조하게 말하자면 지금 우리 사회는 정상과 비정상의 경계가 모호한 형편이다. 지역 감정은 얼마나 큰 집단적 정신병인가? 월드컵 때문에 거리에서 떡볶이와 오뎅을 먹지 못하게 될 수도 있다는 보도를 접하고 아연실색했다. 떡볶이를 포기하느니 차라리 월드컵을 포기하겠다. 월드컵을 위해 떡볶이라는 음식 문화를 거리에서 몰아낼 수도 있다고 생각하고 그런 결정을 내린 관료들의 비정상도 꽤 수준급이라 할 수 있다. 하기야 지구 전체가 거대한 정신 병동일 수도 있다.

그런데도 사람들은 굳이 정상과 비정상의 경계를 확연히 구분하려고 든다. 그 경계의 중심에 편견이 놓여 있다. 장애를 지니고 세상을 산다는 것은 상상 이상의 고통을 매순간마다 겪어야 한다는 것을 의미한다. 하지만 정작 장애보다도 정신병 환자들을 더욱 괴롭히는 것은 편견이다. 자신이 앓고 있는 병 때문에 생의 대부분을 잃고 있는 환자들은 병을 견디는 것만으로도 충분히 고통스럽다.

나의 누나 역시도 버스 안내양으로 일하다가 교통 사고로 현장에서 다리가 잘려나갔다. 지금은 가짜 다리를 끼고 절룩거리며 세상을 살고 있다. 누나가 열아홉 살 한창 감수성이 예민한 나이에 다리 한 쪽이 사라졌으니, 옆에서 겪어보지 않은 사람은 그 고통의 무게를 구체적으로 느낄 수 없을 것이다. 잘려나간 다리의 발바닥이 간지럽다며 긁어 달라고 애원할 때마다 어머니는 굵은 눈물을 흘릴 수밖에 없었다.(자꾸 가족 이

243

야기를 해서 독자 여러분께 무척 죄송하다. 그러나 고통의 실체에 대해 이야기 하려니 내 경험 밖에서 가져올 수가 없었다. 다시 한 번 양해를 구한다.)

그러나 장애보다 더 무서운 것은 편견이다. 신체적 장애에 대한 편견도 만만치 않은데 정신병에 대한 편견은 훨씬 더 지독하고 사회적이다. 가볍게 언어의 측면에서만 살펴봐도 사회에서 암묵으로 합의한 용어가 바로 '또라이' 다. '또라이' 라는 이 한 마디로 사회에서 소외시켜 버리면 그만인 것이다. 나아가 '또라이' 의 고통과 상처와 꿈에 대해서는 누구도 귀기울이지 않는다.

정신병 환자에 대한 편견은 세 가지로 나눌 수 있는데(순전히 필자의 주관임을 미리 밝혀둔다.) 착각, 멸시, 공포이다. 첫째로, 착각은 정신병 환자가 행복할 것이라는 편견이다. 현실의 고통에서 벗어나 환상에서 살고 있기 때문에 행복할 것이라고 착각하는 것인데 사실 대개의 정신병 환자들은 환청, 환시, 환상, 망상에 시달리면서 큰 고통을 겪고 있다. 그것을 알지 못하는 사람들은 허공을 향해 중얼거리고 있는 정신병 환자만 상상하고서 행복할 것이라고 짐작하고 있는 것이다. 둘째로, 멸시는 정신병 환자는 인간이 아닌 '또라이' 이며 짐승보다 못한 존재라는 편견이다. 인간으로서의 가치를 상실한 동물적 존재라는 멸시는 정신병 환자의 재활에 대한 중대한 장애로 작용한다. 일반적인 신체 장애자에 대한 멸시도 문제지만 정신병 환자에 대한 멸시는 동정의 여지도 없다는 점에서 심각하다. 셋째로, 공포는 정신병 환자가 언제든지 심리가 돌변하여 주변 사람들을 공격할 수도 있다는 편견이다. 극히 일부의 경우에 정신병 환자가 돌발적인 공격을 했다는 보고가 있기는 하다. 하지만 대개는 자기 자신과 싸우느라 타인에게 관심을 가질 여유가 거의 없다.

정신병 환자에 대한 착각, 멸시, 공포를 극복하고 그들도 실존하는 인간이라는 인식을 보다 명확히 할 필요가 있다. 내 동생이 재활에 실패하고 자살한 이유는 그의 형인 나의 편견 때문이었다. 반면에 윤석희가 재활에 성공한 것은 그 가족들이 편견을 극복하고 투병에 동참했기 때문일 것이다. 정신병에서 벗어나 본래의 실존을 회복하기 위해서는 환자 본인의 노력과 가장 가까운 곳에 있는 가족들이 편견을 없애는 것이 제일 중요하다.

요즈음에도 동작대교를 건너가려면 꽤 힘이 든다. 동작대교에서 동생이 한강으로 투신했기 때문이다. 살아 있는 동안에 동생의 이야기를 하지 않으려 했었다. 결국 해버린 셈이 되고 말았지만 이 글을 쓰는 내내 무척 괴로웠다. 정신병 환자에 대한 편견이 없었더라면 동생을 그런 식으로 보내진 않았을 것이라는 죄책감 때문이었다. 세상에는 무수한 정신병 환자들이 오늘도 자신의 병과 싸우고 있다. 그들도 사람이다.

처음 발병을 하면 대개의 정신병 환자들은 망상의 실체를 인정하지 않고 버틴다. 마음이 아프면 몸도 따라 아프게 마련이어서 잠도 제대로 못 자고 밥도 거의 먹지 않는다. 그때 가족들의 노력이 가장 중요하다. 가족들이 환자를 포기하는 순간, 상태가 분열증이든 조울증이든 정신병 환자는 치료 불가능한 상태로 급속하게 빠져들고 만다. 환자를 환자로 인정하지 않고 '미친놈' 취급을 해버리면 실존하는 인간으로서의 가치를 지니고 일상으로 돌아오는 재활은 영원히 불가능해진다. 불가능을 가능으로 전환시키는 것은 편견 없는 사랑의 힘이다.

우리는 그들을 모른다

허태자

격리와 방치, 그녀가 갈 곳은……

전화를 건다.

"전 성동정신건강센터 허태자 간호사인데요, 안녕하셨어요?"

"네……"

"늘 아버님이 전화를 받으셨는데……아버님이 어디 가셨나요?"

"예? 한 달 전에 돌아가셨는데요?"

"아, 예……"

할 말을 잊고, 환자의 상태에 대해 간단히 여쭙고 서둘러 전화를 끊었다.

땡볕이 한창인 여름엔, 응급 상황이 아니고는 가정 방문을 자주 하지 않는데 그 공백기 동안 이○○ 씨의 아버님이 돌아가신 것이다. 마른 모습에 백발이 성성했던 그 보호자의 모습이 눈에 선해진다.

3년 전 처음 지역 정신 보건 사업을 시작하면서 지역 내의 정신 질환자를 발견하기 위해 동사무소에서 알려준 전화 번호만을 손에 든 채 가정

246

방문을 시작했을 때, 그녀의 아버지를 만나게 되었다. 사람들이 많이 오가는 시장 골목 건물의 꼭대기 층에 주변 이웃들과는 철저하게 담을 쌓고 그들은 살아가고 있었다. 집안이 경제적으로 어려워지자 동사무소에 가서 형편을 호소한 것이 내가 일하는 성동정신건강센터에 의뢰가 되어 찾아가게 된 것인데, 아니나 다를까 외부인에 대해 심한 적대감을 가지고 있던 보호자는 반갑지 않은 태도로 낯선 이의 방문을 잔뜩 경계하고 있었다.

사정을 설명하고 뭔가 도움이 되고자 찾아왔다고 겨우 설득하여 들어선 좁은 방의 구석에서 자고 있는 이○○ 씨를 발견하고 난 무척 놀랐다. 그녀의 모습은…… '인간 사육'이라고 표현하는 것이 맞을 것이다. 대학병원 정신과에 4년간 근무했던 나는 많은 정신 장애인들을 보아왔다. 폐쇄 병동에 입원하여 약에 절어(?) 하루종일 잠만 자는 환자를 비롯하여 이해하지 못할 똑같은 행동을 반복하는 많은 환자들…… 그래도 그들은 치료를 받기 위해 그곳에 있었고 타인이 이해할 수는 없어도 나름대로의 의식을 가지고 행동을 하였는데, 그녀의 모습은 본능만 남아 자고 먹을 뿐, 가족과 이야기를 나눌 수 없을 정도로 아무 의식 없이 그렇게 황폐해지고 있었던 것이다.

외부인을 경계했던 아버지는 일단 방에 들어가 감추고 싶었던 딸의 모습을 보여준 후에는 언제 그랬냐는 듯 그 동안 가슴에 쌓였던 한 맺힌 이야기를 풀어놓기 시작했다. 까랑까랑한 성격의 아버지는 이북 출신으로 혼자 어렵게 대학까지 진학하였지만 학비와 생활비를 감당 못하고 중도에 포기하게 되었다 한다. 그 어려운 시절 이북 출신으로 남한에 의지할 곳조차 없이 혼자서 모든 것을 해결해야만 했다. 그나마 결혼하여 어렵지만 열심히 살고자 했는데, 3남매 중 맏이이던 딸이 이상 증세를 보이기 시작한 후로 그 가정에 어려움이 닥치게 되었다. 아버지가 보여준 그녀의 주민등록증 사진엔 지금의 모습과는 비교할 수 없는 어여쁜 아가씨가 방긋이 웃고 있었다. 미모를 갖춘 그녀는 고등학교를 졸업하고 모델이 되겠다며 종로에 있는 모델 학원을 다녔는데, 일이 잘 풀리지 않는다며 속상해하더니, 어느 날부터인가 외부 출입을 하지 않으면서 밤에 자지도 않고 가족들이 알아들을 수도 없는 말을 중얼거리기 시작했다.

그 시절 정신 분열병이 무엇인지 알지도 못하고 막연히 허깨비가 들렸다는 생각에, 병원 치료보다는 주변 사람들이 일러주는 대로 민간 요법에 의지해서 굿을 비롯하여 개 내장을 삶아 먹여 보기도 하고, 사람이 목 매달아 자살한 나무를 달여 먹으면 좋다 하여 한밤중에 산에 올라가 나뭇가지를 잘라 와 달여 먹여보기도 하고, 일반인이 상상할 수 없는 온갖 민간 요법을 다 해보았다고 한다. 그러는 사이에 환자는 더욱 악화되고 지친 가족들은 결국 환자를 입원시켜 치료를 받게 했지만 약물 부작용에 의한 증상(침 흘리고 멍해지고 손발이 떨리는 증세)을 보고는, 오히려 사람만 망쳐놨다는 생각에 그후로 병원을 믿지 못하고 "내 자식 내가 고친다"라는 생각으로 지금껏 방치(?)해 왔던 것이다.

환자가 밤새 잠을 못 자고 돌아다니고 소리를 지르니 옥탑 방에 전세를 얻어 창문을 닫고 방문 밖을 못 나가게 했고, '먹을 것만 주면 아이가 얌전해진다'며 없는 살림에 요구르트며 비상용 간식을 준비해 놨다. 결국 그런 무절제한 식사로 인해 환자는 당뇨병까지 갖게 되었다. 게다가 가족들도 그녀의 질환에 대책 없이 노출되어 밤새 그녀가 집 안을 돌아다니면 함께 잠을 못 자고 시달리고 있었고, 그런 상황을 너무나 당연하게 생각

248

하고 있었다. 막내 남동생이 직장에 잘 적응하지 못해 자주 실직 상태가 되는지라 집안의 경제 활동은 환자의 엄마가 파출부를 하는 것으로 꾸려 가고, 환자의 아버지는 하루종일 집에서 환자를 돌보며 지내고 있는 상태였다.

그런 보호자의 이야기를 듣고 정신 장애인들에게 도움을 주기 위한 지역 정신 보건 사업에 대해 설명을 해도, 정신 장애자를 둔 보호자 입장에서 그동안 이웃들에게 받아왔던 편견과 소외 그리고 정부 혜택의 사각 지대라는 것을 경험한 데 따른 실망으로 인해 아무것도 바랄 것이 없다며 강한 적대감을 나타내었다.

그렇게 시작되었던 보호자와의 만남은 매번 방문 때마다 분노하는 보호자의 말을 30분여 동안 들어 준 후에야 방문 목적을 말할 수 있었다. 치료에 강한 거부감을 나타내던 보호자는 조금씩 약물 치료의 필요성을 인식하기 시작하여 딸과 함께 병원을 찾게 되었다. 완고한 아버지의 고집이 꺾이면서 약물 치료를 시작했고, 환자가 잠을 자지 못해 온 가족을 힘들게 하였던 일이 얼마나 어리석었는지를 가족들은 깨닫기 시작했다. 잠 못 자고 집안을 배회하는 행동과 갑작스런 과격한 행동은 현저히 좋아졌기 때문이다.

그러나 이미 환자가 너무나 황폐해져 버린 탓에 만성화된 환청과 망상으로 혼자 중얼거리며 가족과 의사 소통이 되지 않는 일은 지속될 수밖에 없었다. 대소변조차도 혼자서 처리할 수 없는 그녀는 처녀 적의 아름다운 모습에서 점점 멀어져 가고 있었고, 낯선 이가 내미는 손을 멍한 눈으로 쳐다보며 잡곤 했다. 그런 그녀를 두고 늘 입버릇처럼 "내가 죽으면 누가 내 딸을 돌봐 주겠냐. 내가 죽을 때 같이 죽어야 하는데……"라며 걱정하던 아버지가 먼저 세상을 떠났으니, 이제 아버지의 빈 자리를 파출부를 그만둔 엄마가 채우고 있었던 것이다.

앞으로 그녀는 어떻게 될까? 그래도 내 가족의 일이니 내가 책임지겠다며 끝까지 딸을 품고 있었던 부모가 있었기에 그녀는 그래도 행복하다고 할 수 있는 것일까? 많은 정신 장애인들의 가족들이 환자를 부담스럽게 여겨 장기 요양 시설에 입원시키고 연락을 끊어 버려 평생을 요양소에서 보내며 가족들에게서조차 잊혀지고 있는 많은 정신 장애인에 비하면. 그러나 이 사회가 정신 장애인은 가족이 책임져야 할 존재이며 그들은 범죄를 일으키는 무서운 자들이라고 여기는 편견이 지속되고 있는 한은, 결국 그녀가 갈 자리는 그곳밖에 없는 것은 아닐까?

장애자에게도 남아 있는 능력은 있다

어찌 보면 위에 말한 사례는 정신 질환을 치료하지 않고 방치했을 때 황폐화되어 가는 극단적인 사례일 수 있다. 그러나 처음 가족 중에 정신 질환이 생기면 드러내놓고 치료를 받는 경우가 드물고, 또 처음 병원을 찾아 치료를 받을 때 환자의 상태나 치료 과정과 약물 정보에 대해서 자세히 설명해 주고 가족들의 궁금증을 충족시켜 주는 치료 환경이 아직은 미비하다.

정신건강센터에서 정신 질환의 발병 원인과 환자 간호에 대한 전반적인 교육을 실시하면, 가족들은 그 동안 10년을 치료한다고 쫓아다녀도 들어보지 못했던 이야기라며 진즉 병에 대한 이해를 했었더라면 환자를 이해하며 치료하는 데 훨씬 도움이 되었을 것이라고 아쉬워한다.

신체 장애자와 정신 장애자의 차이가 있다면, 아마 그것은 장애에 대한 인식일 것이다. 신체 장애자는 자신의 장애를 극복하기 위해서는 휠체어나 목발이 필요하다고 인식하고 재활을 하기 위해서 보조 기구가 필요하다는 것을 알지만, 정신 장애인은 자신의 장애를 극복하기 위해 약물이 필요하다는 것을 인식하기까지 수 년 혹은 십수 년이 걸린다는 것이다. 그러하기에 정신 장애의 치료의 시작은 병식(insight)을 갖는 것이라고 할 수 있다. 정신 질환을 앓고 있는 본인이나 가족이 이렇게 자신의 병에 대해 인정하지 못하는 탓에 조기 치료에 실패하게 되고, 그 때문에 정신 질환은 치료 시기에 따라 치유 경과가 결정됨에도 불구하고 상당수가 병의 재발을 겪게 되어 결국 만성이 되고 마는 것이다.

또 다른 차이점은 신체 장애자는 중증을 제외하고는 어느 정도 자신의 일상적인 관리가 이뤄질 수 있으나 정신 장애인은 가족 중 누군가는 항상 옆에서 지켜줘야 한다는 것이다. 그렇기 때문에 장애를 가지고 있는 사람만 경제 활동을 못하는 것이 아니라 가족 역시 경제 활동을 제한받을 수밖에 없는 어려움이 있다. 게다가 이들이 치료를 받기 위해서는 지속적인 약물 치료가 이뤄져야 하기에 정신 장애인과 가족은 이중 삼중의 경제적인 어려움을 겪게 된다.

얼마 전 센터 회원들 교육 시간에 "그래도 여러분은 신체가 건강하니 감사하죠. 신체 장애인들처럼 만약 걷지 못한다거나 볼 수 없다면 얼마나 힘들겠어요?"라고 묻자, 회원들 대부분이 차라리 신체 장애가 낫겠다고 하여 무척이나 놀랐었다. 그들의 호소는 신문도 제대로 보지 못하고, 생각을 할 수 없을 만큼 혼란스러운 것이 더 괴롭다는 것이다. 그들이 겪고 있는 정신적인 고통은 내가 생각했던 것보다 훨씬 큰 것이었다. 발병 당시의 정서적인 혼란, 자신도 제어할 수 없는 이상 행동, 끊임없이 자신을 욕하는 환청 소리 등에 대한 기억에다가 자신의 의지와는 상관없이 일어날 수 있는 재발에 대한 두려움이 그들로 하여금 자신감을 잃어버리게 하며 사회와 단절된 채 위축되어 살아가게 한다. 이러한 불안은 가족들도 마찬가지다. 환자가 조금만 달라지면 다시 재발되는 것은 아닐까 걱정하며 혹여 자극이 되지 않을까 조심하고, 환자의 과격한 모습에 번번이 당혹감을 느끼면서 언제 끝날지 모르는 약물 치료에 경제적 부담마저 짊어지고 있는 것이다. 이렇듯 정신 장애인에 대한 책임을 단순히 가족사라고 치부해 버리기엔 한 가족이 겪는 고통의 양이 너무 크고 그로 인해 마침내는 가정을 파괴할 수 있기에, 적극적인 사회적 지지가 필요하게 되는 것이다.

치료와 입원, 치료 중단, 다시 재발······보통 십여 년간 정신 장애인과 가족들은 이런 과정을 겪으며 정신 장애를 받아들이게 되고, 어느 정도 정신 증상이 조절이 되면 재활에 대한 필요성을 인식하고 재활 기관의 문을 두드리게 되기도 한다. 그러나 오랜 기간 병을 앓게 되면서 그들은 그 사이에 다녔던 학교나 직장을 그만둔 채 사회에 복귀하지 못하고 집에서 지내게 되고, 그러다 보니 절망 상태에 빠져 남아 있는 능력조차 발휘하지 못하고 포기하는 경우가 많다. 하지만 비록 사고의 장애나 정서의 장애가 있을지라도 아직은 건강한 부분이 있기에 자신의 현실을 받아들이고 남아 있는 능력을 최대한 발휘할 수 있도록 도와줄 필요가 있다.

환자와 가족이 스스로 존중할 수 있도록 사회가 배려해야

이제 곧 센터에는 처음 있는 경사가 생긴다. 정신 질환을 앓아 온 자매와 건장한 청년이 결혼을 하는 것이다. 약 일 년간 교제하며 어려움도 많았지만 결국 모든 일을 극복하고 올 겨울에 결혼하기로 하였다. 어려서부터 아버지의 심한 구박을 받으면서 자랐던 그녀는 고등학교를 졸업하고 작은 회사에 취업하여 열심히 직장 생활을 하며 저축도 하였고 한때는 모아 놓은 돈으로 주식 투자까지 할 정도로 사리에 밝았지만, 정신 질환이 발병하자 그저 사람이 무서워서 5년간을 꼼짝 안 하고 방 안에만 갇혀 지냈다. 환청과 망상에 시달리며 지내다 치료비가 아깝다며 집에서 쫓겨난 뒤 모아 놓았던 돈을 고스란히 치료비로 써버린 후 노숙자의 집으로 들어오게 된 것이다. 그녀는 잔뜩 위축된 모습으로 재활 프로그램에 참여하기 위해 센터에 오게 되었고, 어떤 프로그램에 들어가도 "못해요, 전 못해요" 하며 자신 없어 하고 주눅들어 있었다. 그런 그녀를 보며 도저히 그녀가 주식으로 돈을 벌었었다는 사실이 믿겨지지 않았다.

그녀는 센터에서 지내는 동안 약물 교육을 통해 자신의 병을 받아들이게 되었고, 약물 치료가 꼭 필요함을 인식하여 외래 치료를 빼먹지 않았다. 센터 회원들과의 교제를 통해 세상과 접촉하게 된 그녀는 삶의 흐름 속에 들어오게 되었고, 어느새 자신의 외모 관리도 하고 그러다 보니 센터에서 가장 인기 있는 여자 회원이 되어 남자 회원들의 가슴을 설레게 만들기도 했다. 공공 근로로 취업이 되어 센터에서 잡일을 도와주면서 서서히 그녀는 자신의 기능을 회복해 나갔다. 컴퓨터도 배우게 되어 몇 달 후 동사무소에서 공공 근로를 하게 되었다. 깔끔한 정장 차림으로 동사무소에서 일하게 된 그녀는 그곳에서 아는 분의 소개로 구청에 근무하는 건장한 청년을 만나게 되어 교제를 시작하였다. 처음엔 병을 숨기고 결혼이 자신 없다며 교제를 끊고자 했다가 자신이 정신 장애자임을 알게 된 청년이 상관없다며 계속적으로 약을 잘 먹으면 되지 않느냐고 오히려 그녀를 설득해 결혼에 이르게 되었다. 일 년간 그녀를 보아오면서 계절이 바뀌거나 스트레스가 쌓일 때 재발 경고 증상이 나타나 긴장하기도 했지만, 청년의 지속적인 지지와 배려, 꾸준한 약물 치료가 위기를 잘 넘어가게 하였다. 정신 장애가 접촉 단절로 인해 생기는 것과 마찬가지로, 건강한 접촉에 의해 정신 장애는 다시 회복이 가능한 것이다.

정신 장애는 장애를 숨기고 접촉을 끊으려 하면 할수록 장애가 더욱 심해진다. 이러한 접촉을 회복하기 위해서는 사회가 할 일이 있고 장애인 자신과 가족이 할 일이 있다. 사회는 정신 질환에 대한 편견을 버리고 환자들에게 다가가야 하며, 장애인 자신과 가족 역시 정신 장애에 대한 편견을 버리고 자신을 소중하게 여기며 자신감을 가지고 사람들과의 접촉을 시도해야 하는 것이다. 사실 사회적 편견을 극복하는 것도 중요하지만, 장애인 자신과 가족들이 가지고 있는 편견을 극복하는 것이 우선이라 할 수 있다. 가정 내에 환자가 발생하면 가족의 위신이 떨어진다고 생각하여 외부에 노출되는 것을 매우 꺼리고 조심한다. 온갖 민간 요법을 다 해보고 병원 치료를 하다가 완쾌가 되지 않으면 가족들은 결국 지치고 포기하게 된다. 그러다가 상태가 악화되면 외부에 내다 버리게 되는 경우도 생기는 것이다.

정신 장애는 쉽게 치료되지 않지만 치료 유지는 가능하다. 재활 프로그램을 받으면서 함께하는 장애인들 속에서 그들은 자신의 모습을 발견하고 치료 과정의 험한 길이 결코 혼자 가는 길이 아니라는 것을 알고 위로 받고 힘을 얻곤 한다. 가족들도 마찬가지다. 가족들의 괴로움 중의 하나가 발병되기 전 환자의 기능에 대한 미련이 계속 남아 예전의 기능만큼 회복되어야 완쾌된 것이라는 생각을 버리지 못하는 것이다.

얼마 전 케이블 방송에서 성공 사례를 찍겠다며 대상자를 추천해 달라고 하여 우리 재활 기관에서 성공 사례로 꼽히는 분을 추천하고 가족의 허락을 받으려 했더니 그 누님이 반대했다. 아직 완쾌되지도 않았고 가족들 말을 잘 들으려 하지도 않는다는 것이다. 보호 작업장에서 벌어오는 20여만 원의 수입이 만족스럽지 않기도 했다. 대학을 중퇴하고 아직도 남아 있는 증상으로 생활 관리가 잘 되지 않는 그를 보며 가족들은 아직도 갈 길이 멀다고 생각한 것이다. 그러나 그가 5년 동안 재발되지 않았고 약물 치료를 꾸준히 받았으며 정신 장애인 보호 작업장을 다니면서 규칙적인 생활과 일을 하여 스스로 용돈을 벌어 쓰고 있는 것은 자신의 질병을 극복하고 재활에 성공한 것으로 볼 수 있다. 질병으로 그의 기능이 제한되어 있다는 사실을 인정한다면.

어쩌면 가족들은 언제 끝나게 될지 모르는 장시간의 여정을 환자와 함께 시작하여야 한다. 그 과정에서 짐의 무게는 달라지지 않을지라도 짐을 지고 혼자 숨어서 걸어가는 것이 아니라 함께 걸어가면서 고통을 나누고 쉬기도 하면서 격려하고 지지해 주는 사람들이 있다면 그 자체로 달라진 것이다. 또한 가족들 역시 자신의 삶의 소중함을 알고 자신들의 인생을 즐겨야 한다. 환자 간호에만 매달리는 것은 자신이나 환자에게도 바람직하지 않다. 언니를 정신 장애자로 둔 동생은 결혼 적령기를 넘겨 가며 나이 들어가는 부모를 대신하여 자신의 삶을 희생하려 하기도 한다. 점점 삶에 대한 기쁨에서 멀어져 가면서 자신이 감당해야 할 무게를 바라보며 어쩌지 못하고 혼란스러워하는 동생을 보며 안타까웠다. 이제 그러한 무게가 그 동생만의 것이 아니라는 것을, 함께 짐 지고 나아갈 자가 있음을 이 사회가 보여주어야 한다.

치료를 하면서 세상 밖으로 나오는 정신 장애인들은 결코 '이상한 사람'이나 '무서운 사람'이 아니다. 이 세상 어느 누구와 마찬가지로 사랑받고 싶어하고 사랑하고 싶어하는 소중한 존재인 것이다. 그들만의 작은 공동체인 성동정신건강센터, 그곳에서도 그들은 크고 작은 문제를 만들어 내지만, 서로 사랑하고 이해하며 편견 없이 그들만의 공동체를 만들어 가고 있다.

정신 장애인, '그들'은 '우리'와 다른 것이 아니다. '우리'가 단지 '그들'을 모를 뿐인 것이다.

제4부 | 여성과 장애

다양한 몸의 평등한 삶을 꿈꾸며

김은정

정상과 비정상

갑자기 병들어 몸을 전혀 움직이지 못하고 다른 사람의 도움을 받아야한다면, 교통 사고로 척수 장애를 갖게 되거나 사지 중 일부를 절단해야한다면, 나의 아이가 다운증후군이라면, 점차 시력이나 청력을 잃게 된다면, 화상을 입어 흉터를 갖게 된다면, 나의 기억이 점차 사라지거나 인식능력이 현저히 떨어지게 된다면, 현재 내가 누리고 있는 것들을 계속 누릴 수 있는 가능성은 얼마나 될까? 어쩔 수 없이 어떤 변화가 일어날 것이라고 생각한다면, 그것은 어떤 형태이고 왜 그러한 변화가 일어날 수밖에 없는가를 생각해 보지 않을 수 없다.

몸의 변화는 개인의 사회적 참여를 제한할 뿐만 아니라 인간적인 삶을영위하는 데 필수적이라고 여겨지는 많은 것들을 박탈한다. 그것은 비극적이지만 어쩔 수 없는 당연한 변화로서 받아들여진다. 인간이라는 사실은 변함이 없는데, 왜 인간의 삶에서 필수적인 것들을 빼앗겨야 하고 또이것이 당연한 수순으로 생각되는 것일까? 해답은 간단하다. 사회가 다양한 몸의 조건을 수용할 준비가 전혀 되어 있지 않기 때문이다. 인간에서 비인간으로, 정상에서 비정상으로 넘어가는 분기선에는 바로 사회의 협소하고 획일적인 몸에 대한 기준이 존재한다.

정상적인 것과 비정상인 것의 구분은 때론 모호하게 느껴지기도 하지만, 실은 분명한 경계를 이루고 있다. '저 사람 좀 이상해' 라는 느낌은 말로 표현할 수 없는 여러 가지 단서들을 통해 총체적으로 다가온다. 만약 지하철에서 누군가 뭇 사람의 시선을 붙잡아 두고 있다면 대개는 이러한 느낌 때문인 경우가 많다. 눈앞의 풍경을 무심결에 바라보다 몸으로 이렇게 이상하다는 느낌을 감지했다면, 생각은 어느새 이상한 낌새의 원인을 찾고자 다시 그 지점에 시선을 고정시키게 된다. 어떤 경우에 이런 상황이 벌어지는지를 잘 살펴보면 한 사회가 가지고 있는 스테레오 타입과 비정상의 기준이 무엇인지 알 수 있다.

이상하다고 해서 모두 비정상인 것은 아니다. 이상한 느낌을 갖게 만드는 원인이 사회 생활과 기능에 지장을 주고 지속적인 불이익을 만들어낼 때, 이상함은 비정상, 장애의 차원으로 발전한다. 그러나 이상하다는 느낌을 주는 것 자체가 장애를 만들어내는 경우도 물론 있다. 기능에는 어떤 영향도 미치지 않지만 사회적인 혐오 반응이 크다면 정상적인 사회 생활이 불가능하기 때문이다.

이러한 정상과 비정상의 구분은 근대성이 형성되어 오면서 생물학과 의료학 등의 영역과 맞물려 발전해 왔다. 40만 명의 장애인의 생식 능력을 제거하고 20만 명 이상의 장애인을 죽인 나치의 안락사 프로그램[1]에

---

1) Jenny Morris, *Pride against Prejudice: Transforming Attitudes to Disability* (New Society Publishers, 1991).

서 알 수 있듯이, 사회에 더 적합한 우월한 생물학적 능력을 발전시킨다는 환상을 토대로 한 사회 다윈주의(Social Darwinism)와 우생학은 인간의 신체적 · 지적 능력을 통해서 더 나은 인간의 삶을 만들어 나아가고자 했다.

신체적인 장애, 발달상의 지체, 청각과 시각의 감각 장애, 만성병, 정신 질환, 흉터 등을 가진 사람에 대한 사회적인 억압을 장애 차별주의(handicappism)[2] 혹은 정상 신체 중심주의(able-bodyism)라고 개념화할 수 있다. 이 사회가 성별 · 계급 · 인종 · 나이와 성적 선호에 따른 체계적이고 배타적인 차별의 체계를 구축해 놓고 있다는 것을 모르는 사람은 거의 없을 것이다. 이와 비슷한 방식으로 모더니즘의 정상성 개념은 능력과 신체 구조, 미를 획일화하는 기준과 위계를 확립해 왔다. 이러한 기준은 정상인과 비정상인의 광범위한 구분을 낳고, 이른바 비정상인의 인간성을 박탈해 왔다.

장애와 장애인

그렇다면 과연 무엇이 장애이고 또 누가 장애인일까? 장애와 장애인에 대한 규정은 한 사회가 가지고 있는 정상적인 인간 개념과 밀접한 연관 속에 있으며, 그 사회의 사회적 정체성이 구성되는 방식, 그에 따라 요구되는 인간상, 사회 참여의 조건 등에 따라 다른 의미를 띠게 된다. 사회마다 정상으로 간주하는 인간의 해부학적 신체 구조가 다르고, 인간이 얼마나 오래 걸을 수 있고 얼마나 잘 들을 수 있으며 또 얼마나 먼 곳까지 볼

2) Barbara Hillyer, *Feminism and Disability* (Univ. of Oklahoma Press, 1993).

수 있고 얼마나 높은 수준의 인지 기술을 가져야 하는가에 대한 각기 다른 기준을 갖고 있다는 사실은, 장애가 생물학적 특성을 지칭하는 것이 아니라 환경과 몸의 관계 속에서 정의된다는 사실을 말해 준다. 여러 가지 연구를 통해서 장애가 생물학적이고 본질적인 문제가 아니라 사회적으로 구성된 산물이라는 점은 이미 널리 인식되고 있다. 실제로 1998년 WHO의 '국제 장애 정의 개정안'[3]에 따르면, '손상', '활동', '참여', '환경'이라는 네 가지 차원이 장애를 규정하는 데 작용한다고 명시하고 있다. 장애에 대한 새로운 정의는 장애를 불러일으키는 활동과 참여의 제한, 환경의 제약 등에 부딪치면서 개인의 신체적 특성이 '장애화'(disablement)된다고 보는 시각을 바탕으로 하고 있다. 이렇게 장애를 사회적 구성물로 보는 것은 병리학에서 정치학으로 장애인 담론을 이동시키는 첫 번째 발걸음이라고 할 수 있다.[4] 1990년대에 들어서서 장애를 생물학적으로 열등한 개인의 신체적 특성이 아닌, 개인이 살고 있는 환경과의 관계 속에서 파악하는 것이 장애에 접근하는 유용한 방법론으로 인식되기에 이른다.

　장애가 환경에 따라 다르게 인식되고 다른 영향을 미치는 만큼, 문화권이 다르면 그 의미 또한 달라질 수밖에 없다. 인류학자들은 다른 문화권에서 장애가 어떻게 다르게 작동하는지를 탐구함으로써 장애의 문화적 상대성을 주장해 왔다. 이러한 문화적 상대주의의 논의에 따르면 '인간으로 간주되는 것'에 대한 조건들, 정체성과 가치, 개인의 능력, 성취 같은

3) 이익섭, 「국제장애정의 개정안의 구조·현장조사」, 『장애인복지신문』, 1998년 5월 1일자.
4) Rosemarie Garland Thomson, "Redrawing the Boundaries of Feminist Disability Studies," Feminist Studies 20 (1994), no. 3.

것들이 한 사회에서 어떻게 정의되는가에 따라 장애가 다르게 작동한다고 한다.[5] 현대 사회에서 장애라는 개념이 생물학적 · 사회적 열등성과 낙인을 의미하는 데 반해, 오드 탈레(Aud Talle)가 연구한 케냐의 마사이(Maasai)족의 경우에는 장애가 사람을 분류하는 기준이 되지 않는다. 서구적 의미에서의 '장애'라는 개념도 존재하지 않는다. 어떤 개인이 손상을 갖고 있다는 것은 하나의 특성일 뿐이며, 사회적 · 문화적 차원에서의 어떤 차이도 발생시키지 않는다. 또 이 사회에서는 장애아 출산이 어떤 위기도 불러일으키지 않으며, 삶의 경험의 일부로서 자연스럽게 받아들여진다고 한다. 마찬가지로 이다 니콜라이슨(Ida Nicolaisen)이 연구한 말레이시아 사라왁(Sarawac)의 푸난 바(Punan Bah) 사회는 민족과 가족의 존속을 가장 중요한 가치로 삼으며, 정신적 · 신체적 손상이 있는 사람들도 이러한 사회적 집합체에 당연히 있어야 할 구성원으로 받아들인다. 때때로 이러한 사람들은 조상의 환생이라 하여 후손이 당연히 돌보아야 할 도덕적 의무로 여겨진다.

1985년 마사스 비니어드(Martha's Vineyard) 섬에 대한 민족지 연구를 발표한 그로스(Groce)는 소규모의 전통적 사회와 현대화된 복잡한 사회에서 장애인이 다른 위치에 놓여 있음을 잘 보여준다. 모든 사람이 수화를 할 수 있는 이 섬에서 청각 장애인은 어떤 사회적 활동에서도 배제되거나 불편을 경험하지 않는다. 이들은 농사를 짓고, 어업에 종사하며, 장애 여부와 관계없이 결혼하고 아이를 낳으면서 보통의 사회적 생활을 해 나아간다. 이들은 독특한 개인으로 여겨질 뿐이지 농아(deaf)로 여겨

---

5) Benedicte Ingstad · Susan Reynolds Whyte, *Disability and Culture* (Univ. of California Press, 1995).

지지 않는다.[6] 이러한 인류학적 연구들은 장애의 개념과 장애인에 대한 규정이 사회 문화적으로 다르다는 것을 보여주는 데 기여하였다.

이렇게 장애가 사회 문화적으로 구성된다[7]는 것은 두 가지 의미를 가진다. 첫째, 현대 산업 사회의 구조상 질병과 손상을 예방하지 못하거나 적절히 대처하지 못함으로써 장애가 발생할 수밖에 없는 조건을 배태하고 있다는 것과, 둘째 특정한 사회 문화적 구조와 가치 체계, 정상의 몸에 대한 획일적 기준에 의해 장애가 '만들어' 진다는 것이다.

질병과 손상이 발생하는 사회적 맥락에는 여러 가지 조건들이 개입된다. 현대 사회에서 가치 절하된 사람들(devalued people)의 경험을 이론화한 울펜스버거(Wolfensberger)[8]는 가치 절하된 사람들이 뇌나 감각 기관을 포함한 몸의 손상을 많이 입게 된다고 주장하였다. 가치 절하된 결과 손상을 입게 되는 경우도 있고, 손상을 갖고 있기 때문에 가치 절하되는 경우도 있다. 무가치하다고 간주되는 가난한 사람, 유색인, 동성애자, 여성, 노인, 장애인, 노동자 들은 경제적 자원에 대한 접근을 차단당함으로써, 곧 영양상의 문제, 비위생적인 생활 환경, 적절한 건강 관리의 부재 그리고 학대와 폭력의 결과로 손상을 입게 된다. 무력과 전쟁, 폭력과 학

---

6) Nora E. Groce, *Everyone Here Spoke Sign Language: Hereditary Deafness on Martha's Vineyard* (Cambridge, Mass.: Harvard Univ. Press, 1985).
7) 웬델(Wendell)은 신체적 차이에 대한 사회의 반응과 대우가 생물학적 실재를 통해 장애의 본질과 정도를 결정하면서 장애를 구성한다고 주장한다. 장애가 사회 문화적으로 구성된다는 것은 신체적 차이라는 생물학적 실재가 존재하지 않고 오직 사회적 요소만이 장애의 원인이라는 말이 아니다. Susan Wendell, *The Rejected Body: Feminist Philosophical Reflections on Disability* (Routledge, 1996).
8) Wolf Wolfensberger, *A Brief Introduction to Social Role Valorization: A High-order Concept for Addressing the Plight of Societally Devalued People, and for Structuring Human Services*, 3rd ed. (Syracuse Univ. 1998).

대, 테러와 강제 이주, 가난과 기아, 안전하지 않은 노동 환경과 환경 오염, 교통, 위생 문제와 전염병, 의료 사고, 약물 등으로 인해 장애가 점차 더 늘고 있는데, 질병과 장애를 예방하고 치료하는 적절한 의료 기술과 지원이 없는 상황은 손상을 야기한다. 이와 함께 발달된 의학으로 치명적인 위험에서 벗어나 생명을 구한 사람들이 늘어나고 평균 수명이 증가하는 가운데 다른 몸의 상태로 장애를 갖고 살아가는 사람들은 더욱 늘어나고 있다.

그뿐 아니라 한 사회의 삶의 속도, 사회 구조, 문화적 이미지와 정상성의 요소들 또한 장애를 규정하는 데 작용한다. 모든 것을 상품화하는 산업 사회에서 어떤 신체적 조건이 이상화될 때 사람들은 이러한 이상형을 달성하도록 요구받는다. 이상형을 달성한 사람들이 늘고 이상형의 이미지가 보편화되면 이상형은 곧 정상으로 간주되고 정상으로 간주되던 것들은 비정상의 범주로 밀려난다. 한 집단의 이미지가 지배적인 것으로 이상화되면, 그 집단의 기준에 따라 다른 집단이 가진 특성들은 이들을 배제하는 원인으로 기능하게 되는 것이다. 인간의 몸의 기본적인 능력에 대한 가정을 기반으로 하는 노동 시간, 건축물, 이동 거리는 장애와 직접적인 관련이 있다. 페미니스트들은 이 사회가 남성의 몸과 활동을 위해 고안되어 있다고 주장한다. 건축물의 설계를 비롯해 조직 구조, 공공 교통, 의사 소통 구조 등이 남성 중심으로 되어 있음으로 해서 여성들은 배제와 차별을 겪게 되는 것이다. 이와 마찬가지로 편의 시설이 갖추어지지 않은 건물들, 장애를 고려하지 않은 공공 시설과 작업 구성, 의사 소통 수단의 부재는 특정한 감각적 · 생물학적 손상을 장애로 만들어냄으로써 장애인을 사회적인 영역에서 퇴장시키고 만다. 사회가 사람들에게 교육이나 고용 등의 차원에 참여하는 데 필요한 만큼의 다양한 도움을 제공하지 못하는 것이다.

웬델은 사회가 비장애인에게 교육, 훈련, 지원, 공공 교통 시설, 여가 생활 등에 계급과 성별에 따라 각기 다른 종류와 정도로 여러 가지 도움을 제공하는 데 주목한다. 그러나 이러한 도움은 도움으로 간주되지 않고, 당연한 권리요 사회의 의무라고 여겨진다. 비장애 시민이 필요로 하는 것하고는 다른 종류와 양의 도움을 필요로 하는 장애인은 사회적으로 '의존적'인 사람으로 간주된다고 한다. 그러나 장애인이 도움을 필요로 하는 이유는 사회 구조가 그들을 불리한 위치에 놓기 때문이다.[9]

이렇게 생물학적·본질적인 의미가 아니라 사회적으로 구성된 개념으로서의 '장애' 개념을 바탕으로, 장애를 의학적 입장에서 보기보다는 차별의 역사를 가진 사회 정치적인 차원으로 바라보는 관점이 등장하게 되었다. 서구의 장애 차별 철폐 운동(disability right movement)은 흑인 운동과 여성 운동의 각성 속에서 '소수 집단 모델'에 따라 자신들을 정체화하는 정치화된 담론들의 영향을 받았다. 장애로 인한 불이익이 열등하다고 간주되는 '몸'에서 비롯된 것이 아니라 '다른 몸'에 대한 사회적 편견과 획일적인 몸을 기준으로 설비된 모든 사회 시스템에서 기인한다고 이들은 주장하였다. 이와 같이 장애를 다른 몸으로, 장애인을 차별과 편견의 대상이 되는 소수 집단으로 규정할 때, 장애인은 장애에 대한 장애인 스스로의 정의 방식을 통해 자신들의 비정상성과 차이에 자부심을 가질 수 있다고[10] 장애 권리 운동가들은 역설한다.

---

9) Wendell, *ibid.*, pp. 36~42.
10) Morris, *ibid.*.

장애인 차별과 차이 그리고 여성

어떤 개인이나 집단이 부당한 방식으로 다르게 대접받거나 다수로부터 제외되는 것을 차별이라고 할 때, 차별적인 태도에 대한 무관심 또한 차별이라고 할 수 있다. 그러한 차별을 받는 개인이나 집단은 정치적 · 문화적 · 종교적 · 인종적 · 신체적 · 심리적 · 상업적 · 사회적 · 성적인 이유 등에 의해서 다르게 혹은 불평등한 대우를 받고 있다. 우리 사회에서 편견은 차이에 대한 인식과 관련되어 있으며, 이의 핵심을 이루는 것은 바로 정상성의 개념이다. 정상은 옳은 것, 바람직한 것, 지향할 만한 것, 경쟁력이 있는 것이다. 다르다는 것이 동일한 수위에서 인식되지 않고 위계를 형성하는 상황에서, 차이는 단지 다르다는 것이 아니라 열등함과 편견의 대상이 된다. 단일한 정상성을 중심으로 구성된 사회 안에서 차이는 실질적인 불편과 불이익을 불러오게 마련이다.

장애인에 대한 편견과 분리가 지배적인 사회에서 장애인에 대한 인식을 개선하고자 벌이는 캠페인의 내용은 "장애인도 똑같은 사람입니다"라는 것이다. 얼마 전까지 방영된, 장애인 고용을 장려하는 홍보 영상은 장애인도 (비장애인과) 똑같은 능력을 가진 사람이라고 말하고 있었다. 그것은 장애인의 인간성과 인권이 부정되어 온 데 대한 비판으로서, 장애인의 인격과 그에 따른 권리를 주장하는 것이었다. 서구에서 벌어진 계몽적인 캠페인은 장애를 직접적으로 언급하거나, 장애를 그 사람의 지배적인 정체성으로 간주해서는 안 된다고 주장하기도 하였다. 이는 장애인에 대한 차이의 주장과 같은 맥락에서 이해될 수 있는 것이다. 장애인은 단지 다른 특성을 가진, 동등한 사람이라는 주장이다. 이렇게 장애를 차이로서 간주하는 관점은 장애에 대한 부정적 이미지를 하나의 특성과 개성으로 파악하도록 하는 데 기여하였다. 따라서 장애에 대한 사회적 낙인을 개선하는 효과를 낳게 된다. 더피는 장애인을 'Differently Abled People' (같은 일을 다른 방식으로 할 수 있는 사람들)[11]이라는 말로 표현, 장애를 차이로 이해하고자 하였다. 이러한 표현은 장애인을 무능력한 사람 혹은 열등한 다른 종류의 인간으로 이해하는 일반 비장애인들을 교육시키고 계몽하는 역할을 하였다.

그러나 장애에 대한 부정적인 의미를 없애고 거기에 가치를 부여하려는 이러한 시도는 장애에 부여되는 바로 그 부정적 편견에는 직접적으로 문제를 제기하지 않는다는 점에서 비판을 받는다. '다르다'는 말은 무엇과 다르다는 것이다. 그 무엇이 기준이 되어 다르다는 것이 결정되는 것이다. '다름'을 결정하는 기준, 곧 사회적 정상성에 대한 문제 제기를 피한다는 것은, 부정적인 편견과 몸의 다름으로 인하여 장애인이 경험하는 고통을 무화시킨다.

"그러한 용어는 너무 포용적이어서 실제로 존재하는 문제를 극소화하고, 진실을 드러내는 것이 부끄럽게 만든다. 그것은 장애를 가진 여성들을 모든 사람과 같도록 만들기 위해 고안되었을 뿐이다. 낸시 메어스 (Nancy Mairs)는 이것이 '의미론적 희망 사항'일 뿐이라고 지적한다. 즉 '다르다'는 말은 정상성의 기준을 강화시킬 따름이다.…… 신체적으로

---

11) Yvonne Duffy, *All Things are Possible* (Ann Arbor, Mich.: A.J. Garbin Associates, 1981).

다르다는 것은 그러한 다름이 장애 여성의 삶의 어떤 부분을 어렵게 하고 어떤 것들을 불가능하게 만든다는 사실을 최소화하거나 부인하는 것이다. 또한 신체적 차이로 인해 장애 여성 당사자가 느끼는 감정, 상실감, 좌절과 분노는 인정하지 않는 것이다. 장애를 돌려서 표현하는 완곡어법의 사용은 무엇인가 덮어 두어야 할 것이 있다는 것을 의미한다. 단점과 제한점이 있다는 것은 부끄러운 일이며, 개인을 장애인이라고 호명하는 것은 무례한 일이라는 것을 의미한다."[12]

　이러한 맥락에서 본다면 장애를 단순히 차이로 이해할 경우 현재 사회에서 장애인들이 경험하는 실제적인 장벽과 일상을 살아가는 것의 어려움, 고통을 이해할 수 있을까? 장애인을 불편한 사람 혹은 아픈 사람이라고 표현하는 것도 마찬가지의 불편함을 낳는다. 장애를 직접적으로 언급하지 않고 피해 가려고 하기 때문이다. 그것은 이미 장애인이라는 말이 너무나 규정적이고 낙인을 동반한다는 것을 의미한다. 그러므로 "장애인은 그저 '우리'와 다를 뿐이고 똑같은 능력을 가졌다"라는 계몽적인 담론은 다음과 같은 모순에 부딪힐 수밖에 없다.

　"패널로 참석했던 한 심리학자는, 극심한 사회적 거부를 경험할 때 장애 여성들이 가져야 할 긍정적인 자아 존중감에 대해 이야기하면서, '다르다'는 것이 '열등하다'는 것을 의미하는 것은 아니라고 강조하였다. 그녀는 '파이의 비유'를 들어서 설명한다. '사람들 몇이 레스토랑에 모여서 식사를 한 뒤 디저트를 뭘로 할지 고르게 된다. 어떤 사람은 레몬파이를,

---

12) Hillyer, *ibid.*

또 어떤 사람은 바나나크림파이를 선택할 것이다. 어떤 파이는 선택되고 다른 것은 선택되지 못한다고 해서 어떤 파이가 다른 파이보다 열등하다는 것을 의미하는 것은 아니다. 파이들은 서로 다르다. 여성들도 마찬가지로 서로 다른 것이다.' 이때 어떤 사람이 손을 번쩍 든다. 장애를 가진 중년의 흑인 여성이 논의를 순식간에 원점으로 돌려놓는다. 그녀는 이렇게 묻는다. '그런데 만약 당신이 찌그러진 파이라면 어떨까요?' 너무나 용감하게 제기된 이 질문은 장애를 가진 여성들이 겪는 경험의 심장부를 관통하는 것이다."[13]

차이가 위계화되는 것을 간과한 채 차이만을 강조하는 것은, 차이가 발생시키는 차별과 몸의 경험, 고통을 쉽게 지워버린다. '단지 다른 것일 뿐이다'라는 말은 사실상 장애를 제외하고 '지배 집단과 같음'을 주장하기 위한 말이 된다.

소수 집단으로서 자신들을 정체화하는 정치화된 담론은 '장애인이 비장애인과 같음'을 강조하는 주장에 대한 반론으로 등장하였다. "똑같지만 단지 다를 뿐"이라는 같음의 논의에서 나온 차이가 아니라, 적극적으로 자신들의 다름을 주장하는 것이다. 장애를 동등한 조건으로 인정하지 않는 사회적 체계와 편견에서 발생하는 어려움, 고통, 제한성의 경험을 무화시키고 주류에 동화시키고자 하는 의도에 대한 도전이다. "장애인들은 다르다"라는 주장은 "장애인도 비장애인과 똑같다"라는 주장에 반대한

---

13) Carol J. Gill, "Becoming Visible: Personal Health Experiences of Women with Disabilities," *Women with Physical Disability: Achieving and Maintaining Health and Well-Being* (Paul H. Brookes Publishing Co., 1996).

다. 장애인이 비장애인과 같다는 주장은 비정상적이라는 것이 부정적이라는 의미를 갖는다. 따라서 비장애인들은 장애인들이 정상이 되고 싶어 하며, 정상인인 것처럼 대해 주기를 원한다고 믿게 만든다. 이러한 관점에서는 장애인이 가진 차이를 무시하고 장애를 마치 없는 것처럼 대하는 것이 그 사람을 존중하는 태도라는 생각에 반대한다. 제니 모리스(Jenny Morris)는 장애인이 비장애인과 분명히 다르며 비장애인의 세계가 우리에게 부여한 의미들을 거부해야 한다고 주장한다. 차이들은 장애인이 가진 정체성의 매우 중요한 부분을 차지한다. 이러한 주장은 흑인들이 "검은 것이 아름답다"(Black is beautiful)와 같은 구호들을 통해 주장하는 긍정적인 자기 정체성의 정치학(positive identity politics)과 같은 맥락에 놓여 있다.[14]

그렇다면 어떻게 정체성의 중요한 부분을 차지하는 장애를 무화시키지 않으면서, 동시에 장애인이 열등하거나 무가치하거나 남의 도움으로 살아가는 사람들이 아니라고 생각할 수 있을까? 모리스는 장애인이 단지 다르다는 주장이 장애를 가진 몸의 '부정적인' 경험을 무시할 수 있는 가능성에 우려를 표현한다.

"우리는 장애 때문에 아프고 고통스럽고 끔찍한 시간을 경험하는 것을 부인하면서 사람의 가치를 증명해야 하는 함정에 빠질 수 있다. 부정적이고 고통스러운 요소, 병, 나이 듦, 약함, 죽음을 우리는 부정하지 말아야 한다.…… 우리는 우리의 살아갈 가치를 주장하기 위해 이러한 부정적인 것들을 부인해야 한다고 생각하지 말아야 한다. 우리의 삶이 균형적임을

---

14) Thomson, *ibid.*, p. 584.

보이기 위해 우리가 장애인으로 사는 것이 좋은 것들이 있다고 이야기
할 때, 그 이야기는 받아들여져야만 한다. 그러나 또한 우리는 장애 경
험의 부정적인 것들을 정의하는 사람이 의료 전문가, 건강 전문가, 사회
사업가, 부모, 다른 비장애인이 아니라 우리 자신이어야 함을 주장해야
한다."[15]

　장애를 무화시키지 않으면서 장애로 인한 경험을 통해 자신을 설명하
고자 했던 장애인들은 긍정적인 자기 정체성을 구성해 가면서 장애인 집
단 내의 차이에도 주목하게 된다.
　1980년대부터 여러 장애 연구자[16]들은 장애인의 경험이 인종 · 계급 ·
성적 선호 · 성별 등과 같이 불합리하게 차별받아 온 차이의 경험이라고
인식함으로써 장애인으로서의 경험을 이해하고자 하였으며, 그 과정에서
인종과 성별 등의 조건이 장애인 집단 내에서 어떻게 작용하게 되는가에
관심을 갖게 되었다. 장애를 가진 여성들은 장애인 집단 내부의 차이를
인식하지 못한 장애인 권리 운동이 자신들의 욕구를 반영하지 못하는 것
을 비판하면서 여성이라는 인식을 바탕으로 정체성을 형성해 가게 된다.

---

15) Thomson, *ibid.*.
16) 그러한 연구자들로는 Harlan Hah, Robert Bodan, Mashaa Saxton, Deborah A. Stone,
Harlan Lane, Clair H. Liachowitz, Paul K. Longmore, Irving Kenneth Zola, Fine & Asch를
들 수 있다. 특히 Marilynn J. Philips, Susan Wendell, Anita Silvers, Adrienne Asch, Michelle
Fine은 Sex-gender System과 장애의 문화적 범주 사이의 연결을 깊이 있게 탐구했다. Thomson,
ibid..

페미니즘과 장애 여성

장애에 대해 페미니스트들의 접근이 시도되면서, 그 동안 페미니즘 논의가 여성들의 차이 문제를 논함에 장애 문제를 포함시키지 않았다는 비판이 제기되기 시작했다.[17] 애쉬(Asch)와 파인(Fine)에 따르면, 페미니스트 이론가인 아이젠슈타인(Eisenstein)이 "노동 계급/중산층 여성, 기혼/미혼 여성, 어머니/어머니가 아닌 여성, 레즈비언/이성애 여성, 유색인/백인 여성, 모든 나이의 여성을 통합하고 이들에 대해 배워야 한다"고 주장하는 과정에서 기존의 여성 관련 저술들에서 장애 여성이 완전히 빠져 있음을 인식하지 못했다고 주장했다. 동시에 장애를 가진 페미니스트들은 페미니스트 연구들이 장애를 분석 과정에서 제외함으로써 장애 여성의 경험을 배제해 왔다고 비판하였다.[18]

여성들의 모임이 대부분 장애 여성이 접근할 수 없는 장소에서 열리기 때문에 장애 여성들은 여성 운동과 여성학에 접근하기 어려웠고, 장애 여성 모임에 여성주의자들이 관심을 갖고 참여하는 일도 드물었다. 10년 전만 하더라도 세계적으로 장애 여성 문제를 다루는 글은 찾기 어려웠다. 란베이그(Rannveig)에 따르면 지난 10년간은 비로소 장애 여성들이 자신의 존재와 경험을 드러내는 글을 활발하게 쓰기 시작한 시기였다. 숨겨져 있던 장애 여성들의 삶의 이야기가 출판되고 알려지면서 장애와 성별의 이중적인 억압에 고통받는 장애 여성들의 경험이 중요한 의미를 던지

---

17) Thomson, *ibid.*, p. 585.
18) Rannveig Traustadottir, *Obstacles to Equality: The Double Discrimination of Women with Disabilities* (Center on Human Policy, 1990).

게 되었다. 파인과 애쉬는 장애 여성의 문제를 '역할 없음'(rolelessness)이라는 개념으로 정리하였다.[19] 장애 여성은 장애인으로도 여성으로도 간주되지 않기 때문에 사회적 역할을 부여받지 못하고 있다는 것이었다.

1980년대 중반 이후 장애 여성에 대한 다양한 글이 씌어지면서 장애 여성들에 의한 조직 또한 생겨나기 시작했다. 캐나다의 던(DAWN)이라는 장애 여성 조직은 여성주의를 표방한 최초의 장애 여성 단체로, 1985년 캐나다 전역에서 장애를 가진 여성들이 모여 결성한 것이었다. 던은 많은 비장애 여성주의자들에게 자신들이 우선적으로 여성이라는 점, 그리고 모든 여성 억압에 맞선 투쟁에서 그들과 나란히 나아가야 마땅하다는 점을 인식시키고자 애를 썼다. 그들에게는 수많은 여성주의자들이 장애를 가진 여성을 전혀 여성으로 여기지 않는 것처럼 보였고, 장애 권익 운동 또한 장애 여성 문제가 장애를 가진 남성들의 문제와는 다르다는 점을 인정하지 않고 있다고 생각되었다. 이러한 문제 의식을 가진 세계 장애 여성 운동 조직들이 가장 먼저 착수한 일은 폭력의 피해자이자 생존자인 장애 여성 문제를 탐구하고 이를 여성주의적으로 알리는 것이었다. 장애를 가진 여성들에 의한 사회 운동은 여성 운동과 장애 권익 운동 둘 모두가 평등 개념 속에 존재하는 차이들을 인정하도록 이끌고 있다. 전통적으로 주변화되어 온 여성들은 여성 운동에 의해 앞으로 더욱 환영받을 뿐 아니라 이 운동 속에 좀더 깊숙이 포함될 필요가 있다. 다양성이야말로 이 운동이 살아남는 데는 물론이고 이 운동이 모든 여성에게 진실된 운동으로 받아들여지는 데 꼭 필요한 일이다.

---

19) Adrienne Asch · Michelle Fine, *Women with Disabilities: Essays in Psychology, Culture, and Politics* (Temple Univ. Press, 1981).

장애를 가진 여성들의 경험은 여성 운동에 아주 귀중한 의미를 가진다. 이들은 여성 운동 안에서도 신체적 차이에 따른 차별을 숱하게 경험한다고 이야기하고 있다. 프랜 오데트는 여성주의자들의 일상적인 능력주의가 장애 여성들에게 적대적으로 작용한다는 점을 지적하고 있다. 휠체어 램프만으로 모든 편의 시설을 갖추었다고 생각한다거나, 장애 여성이 접근할 수 없도록 되어 있는 여성 관련 서비스가 그러한 예이다. 뿐만 아니라 많은 여성 관련 행사들은 장애 여성들이 참석할 수 없도록 되어 있다. 비장애 여성주의자들이 장애를 가진 여성주의자에게 말할 때, "참 용감하시군요. 여기까지 나와서 회의에 참석할 수 있어서 참 잘 됐어요"라고 말하는 것 또한 장애 여성을 동등하게 보지 못하는 능력주의적인 발언이라고 할 수 있다.[20]

여성주의적인 시각으로 자신들을 설명하고 자신들의 권리를 옹호하는 운동을 펼치는 장애 여성들은 장애인 권리 운동의 남성 중심성 또한 비판하면서, 장애인의 권리를 주장하는 것이 자연적으로 장애 여성들의 권리 향상을 가져오지는 않을 것이라고 주장한다. 장애 남성과 장애 여성은 장애로 인한 차별을 다른 양상으로 경험하고 있으며, 여성으로서의 차별 또한 장애로 인해 다른 차원에서 이루어지기 때문이다.

장애 여성이 당면한 도전들

장애 여성이 장애 남성과 다른 위치에 있다는 것은 여러 가지 상황에서

---

20) 팻이즈라엘 · 프랜 오데트, 「캐나다 장애여성운동 1983~1993」, 『공감』 제2호 (장애여성 공감, 1999).

명백히 드러난다. 나는 장애 여성들과 만나면서 이들이 대체로 20~30세 이후에 비로소 세상에 나왔다고 말하는 것을 들었다. 세상에 나왔다는 것은 말 그대로 외출을 할 수 있게 되었다는 뜻이기도 하고, 처음으로 가족 이외의 사람들과 관계 맺기 시작했다는 뜻이기도 하다. 휠체어라는 게 있다는 것을 스무 살이 되어서야 안 여성도 있고, 12년 동안 아파트에서 한 번도 땅으로 내려서 보지 못한 여성도 있었다.

장애 여성의 교육률과 취업률 또한 모두 장애 남성에 비해 현저히 낮은 수준에 머무르고 있으며, 직업 교육과 사회 복지 서비스 이용률, 무엇보다도 장애인으로서의 존재를 알리는 등록률이 현저히 낮다. 한 장애 여성은 동사무소에 가서 자신이 받을 수 있는 혜택을 알아보았더니 장애 남성과 결혼을 하라는 권유를 받았다고 한다. 결혼한 장애인 위주로 서비스가 구성되고 있기 때문이었다.

장애 여성의 지위와 이들이 필요로 하는 지원, 욕구는 분명히 장애 남성과 다르다. 당연히 당면하는 문제들도 다를 수밖에 없다. 장애 여성은 장애 남성들보다 훨씬 빈번하게 성적 학대와 폭력의 대상이 되고 있다. 이는 상상을 초월할 정도이다. 2000년 강릉의 음촌마을에서 드러난 정신 지체 여성에 대한 7년간의 성폭력은 정신 지체를 가진 여성이 남성들에게 어떻게 성적으로 착취당하고 있는지를 잘 보여주었다. 그러나 이 사건에서 이 여성에게 가해진 성폭력은 거꾸로 성을 밝히며 자신의 욕구를 조절하지 못하는 정신 지체 여성의 특성으로 설명되었다. 동네 남성들은 자신들이 이 정신 지체 여성을 여자로 대해 주었으며 따라서 자선을 베풀었다고 생각하였다. 몇 차례의 강제 낙태와 거의 매일처럼 지속된 성폭력은 인지 능력이 제한된 정신 지체 여성을 쉽게 길들였고, 심지어는 그 부모까지 유린하기에 이르렀다.

성폭력특별법은 장애를 이용한 간음을 강간으로 규정하고 있다. 피해자의 취약함을 이용한 '성 관계'는 여성의 자율적인 동의를 바탕으로 하지 않는 것이기 때문이다. 그럼에도 불구하고 그 과정에는 피해자의 항거 불능을 증명해야 한다는 함정이 도사리고 있다. 즉 장애인을 완벽히 무능력한 사람, 어떤 판단도 할 수 없는 사람으로 증명해야만 강간의 피해 사실이 인정된다는 것이다. 때문에 낮은 지능에 비해 어느 정도 의사 표현이 가능하고 생활 능력도 있는 강릉의 그 피해 여성의 경우는 혼란이 초래되었다. 피해자가 완벽히 무능력하고 항거 불능이 아니라 하더라도 이 사건에서는 피해자가 초등학교 6학년 때 최초로 성폭력을 당했다는 점, 7년 동안 장기적인 성적 착취로 인한 정신적인 피해 때문에 이 여성은 자신이 경험한 일을 폭력으로서 인식하기 어려웠다는 점을 간과해서는 안 된다. 장애 여성 단체들은 이에 적극적으로 문제를 제기하였고, 피해자의 장애 특성과 무능력함을 강조하는 여성 단체의 접근 방식, 즉 성폭력이 피해자의 장애 때문에 일어났다는 인식에 문제를 제기하였다. 이와 동시에 여성으로서 남성에게 장기간 성적 착취를 당하여 노예나 다름없는 상태에 놓여 있던 정신 지체 여성의 문제로 다루어야 한다고 주장하였다. 가해자들은 장애인에 대한 간음을 강간으로 규정하는 성폭력특별법 제8조의 적용을 받아 현재 재판 과정에 있다.

장애 여성에 대한 성폭력은 여성 운동 내의 장애에 대한 인식 부족으로 적절한 대응이 이루어지지 못하고 있으며, 그 실태조차 정확히 파악되지 못하고 있는 실정이다. 의존적인 지위는 장애 여성들로 하여금 가정 내에서의 폭력을 견디지 않으면 안 되는 현실로 받아들이도록 만들고 있다.

이른바 '시설'이라는 것도 비인간적인 거주 시스템으로서 인권 유린의 대표적인 현장이라고 할 수 있다.

여성과 장애인의 취업률이 현저히 낮은 상황에서 장애 여성은 안정적으로 고용되기 어렵고, 고용되었다 하더라도 장애를 가진 몸으로 경쟁적인 직장에서 견디기 어려운 경우가 많다. 결혼 생활 속에서 여성은 남성의 지원을 받는 존재가 아니라 남성을 지원해야 하는 존재라는 점에서 장애 여성들은 더욱 커다란 어려움을 겪고 있다. 실제로 장애 여성은 결혼을 한 비율이 장애 남성보다 낮으며, 이혼율은 장애 남성보다 더 높다.[21] 결혼 이후 사고나 질병으로 여성에게 장애가 발생했을 경우, 남성의 경우보다 이혼율이 더 높다.[22]

장애 여성에 대한 교육 또한 매우 심각하게 낮은 수준이다. 장애인의 의무 교육이 시행된 지 10년도 되지 않는 현실에서 장애 여성들은 장애 남성에 비해 교육률이 더욱 낮아 70퍼센트 이상이 무학이거나 초등 교육만 받았을 뿐이며, 검정 고시를 위해 비공식적인 공부를 하고 있는 경우가 많다.

오랜 세월 동안 교육받지 못하고 일하지 못하고 갇혀 있던 장애 여성들은 이제 비로소 자신들의 존재를 알리기 시작하고, '장애 여성'의 이름으로 자신을 설명하기 시작하고 있다. 한국 사회에서 장애인의 삶을 변화시키기 위해서는 해야 할 일들이 너무나 많다. 언제나 불쌍하고 눈살을 찌푸리게 만드는 모습으로 비쳐지던 장애인들이 이제 동등한 인간으로서 동등한 삶의 질을 누리고 살아야 할, 동등한 인권을 가진 사람으로서 당

---

21) Fine & Asch, *ibid.*.
22) S. Hannaford, *Women, Disability and Society, Interface*, June 1989, pp.10~12.

당히 나서고 있으며, 그 가운데서 장애를 가진 여성들도 자신들의 목소리를 드러내고 있다.

이 글의 서두에서 현대 사회를 살아가면서 조금도 예측할 수 없는 삶의 과정에서 생겨날 수 있는 몸의 변화들을 생각해 보았다. 다양한 몸의 조건을 가진 사람들은 사회 속에서 계속해서 소통하고, 변화된 몸을 통해 깨닫는 삶의 새로운 것들을 나눌 수 있고, 미안하다는 마음을 갖지 않고, 고맙다는 말을 연신 하지 않으면서 스스로 이동할 수 있는 권리를 원하고 있다. 또 장애 여성들은 몸이 허용하는 조건 속에서 노동할 수 있는 시간만큼 노동할 수 있는 직장을 갖고, 여성이라는 것과 몸의 변화, 나이듦에 대해 어떤 비난도 받지 않을 수 있는 권리가 보장되어야 한다. 가진 재산과 관계없이 장애나 몸의 변화를 보상해 줄 설비와 인적 지원을 받으면서 동등한 지역 사회의 구성원으로 살아갈 수 있어야 한다. 차이에 기반한 평등, 평등에 기반한 차이를 보장받을 수 있는 사회만이 다양성이 베풀어 주는 풍요로운 가르침을 접할 수 있을 것이다.

장애 여성으로 산다는 것

박영희

세상 밖으로

　나는 세 살 때 소아마비로 장애를 가지게 되었고, 스무 살부터 휠체어를 사용하고 있다. 내가 처음으로 부모님 곁을 떠나 장거리 여행을 떠나 본 것은 스물다섯 살이 되어서였다.

　어느 날 '사랑의 고리' (천주교 장애 여성 기도 공동체)에 있던 언니 한 분과 나와 펜팔을 하던 인옥 언니가 부산에서 강원도 동해까지 나를 데리러 왔다. 그때까지 나는 한 번도 집을 떠나서 친척집에조차도 가 본 일이 없었기 때문에, 머나먼 부산까지의 여행은 난감한 일이 아닐 수 없었다. 두 언니 모두 편지로만 아는 사이인데 과연 언니들을 따라나서도 될지도 판단이 안 섰다. 언니들은 내가 무얼 걱정하고 있는지를 알겠다는 듯이, 그곳은 다른 사람의 도움이 없이도 편하게 지낼 수 있도록 되어 있고, 언니들이 도와 줄 테니 걱정하지 말라고 나를 설득했다. 게다가 "언제까지 집 안에서만 지낼 거냐"는 어머니의 한 마디가 내가 용기를 내어 여행을 결심하는 데 결정적인 도움이 되었다. 출장중이던 아버지께 허락을 받으려고 전화를 드렸더니, 아버지는 처음엔 무슨 말인가 싶었는지 아무 대답이 없다가, 나중에 아버지 차로 데려가 주겠다고 달래셨다. 하지만 나는 결국 언니들을 따라나섰다. 버스를 타고 동해에서 부산까지 가는 기나긴 시간 동안 나는 내심 불안했다. 과연 낯선 곳에서 내가 어떻게 지낼 수 있을지…….

아홉 시간 동안 버스를 타고 부산에 도착했을 때는 꽤 늦은 시간이어서 택시를 잡기가 힘들었다. 언니들은 택시를 잡기 위해 이리저리 뛰어다니고, 나는 우두커니 앉아서 언니들을 바라보기만 했다. 언니들이 빈 택시에 목적지를 얘기하면 기사가 나를 힐끔 보고는 그냥 가 버리곤 했다. 나는 이런 일이 처음이라 왜 택시 기사들이 나를 보고는 그냥 가는지를 몰랐다. 다른 승객들도 많은데, 타고 내리는 데 시간이 걸리고 휠체어까지 실어야 하는 게 귀찮아서 장애인을 태우기 싫어한다는 것을 나는 첫 외출에서 알게 되었다.

부산에서의 일 주일은 정신없이 지냈다. 25년 동안 만날 수 없었던 사람들을 일 주일 동안 모두 만나고 있는 것만 같았다. '사랑의 고리'에는 나와 같은 장애 여성 회원들이 많이 있었다. 나는 자원 봉사자를 비롯한 다양한 사람들과 많은 얘기를 나누었고, 광안리 바닷가에서 그들과 어울리며 친구가 되기도 했다. 나는 나이도 어리고(대부분 나보다 언니들이었다) 몸집도 작은데다가 나이보다 어리게 보이기도 하기 때문에, 사람들이 나를 어린애처럼 대할 때도 많았다. 나는 집 안에서 의존적으로만 살아왔기 때문에 나이에 비해서는 자신감이 없고 대인 관계도 미숙하여, 수줍음을 타며 자기 표현을 잘 하지 못하고 얌전하기만 한 모습이 영락없는 소녀였다.

집으로 돌아올 때는 동해행 버스를 태워 주는 데까지만 배웅을 받고는 혼자서 왔다. 집에는 몇시에 어느 버스로 도착한다고만 알려줬고 시간에 맞춰 식구들이 나와 주었다. 첫 외출에서 나는 그렇게 혼자 돌아왔고, 지금도 가끔은 혼자 여행을 한다. 고속버스 기사 아저씨들이 늘 걱정스러운 눈길을 보내 오지만 나는 그렇게 혼자 여행할 때가 좋다. 내 주변에는 늘 누군가가 있기 때문에, 가끔은 아무도 없이 혼자가 될 수 있다는 것이 좋아서 고속버스 여행을 즐긴다.

그렇게 외출을 시작하면서 강원도에 사는 동안은 일 년에 한 번씩 부산에 가서 며칠씩 지내고 오기도 했다. '사랑의 고리'에서 언니들과 지내면서 많은 것을 배울 수 있었다. 언니들도 모두 장애 여성들이었다. 그 언니들이 '사랑의 고리'를 장애 여성들의 힘으로 이끌어 가면서 하는 일은, 집 밖으로 나오지 않는 장애 여성들을 직접 방문하거나 편지를 통해 끌어내서 활동할 수 있도록 도와 주는 일이었다. 그 중의 한 사람이 나였던 것이다. 나 역시 '사랑의 고리'에 가 있는 동안에는 언니들과 그런 활동에 함께 나갔다. 장애가 중증일수록 집을 떠나 본다는 생각조차 못하고 사는 장애인들이 많았다. 이런 현실은 내가 첫 외출을 결심하던 15년 전이나 지금이나 별로 달라진 것이 없다.

나도 그때까지는 그랬었다. 일 년에 한 번 성탄절에 성당 가는 것이 나의 유일한 외출이었다. 한번 외출을 하려면 꼭 남동생이 있어야 했다. 성당의 가파른 경사와 여러 문턱들 때문에 동생 없이 외출한다는 것은 상상할 수도 없었다. 외출이 두려웠던 것은, 이런 편의 시설의 문제도 있었지만 그보다는 나를 바라보는 사람들의 시선이 나를 움츠러들게 했기 때문이었다. 동생들과 저녁 식사를 하고 산책을 하다 보면, 신기한 구경거리라도 보려고 식사도 하다 말고 급하게 가게 문 앞까지 뛰어 나왔는지 수저를 든 채로 나를 구경(?)하는 사람들……. "무슨 구경 났느냐"며 신경질적인 반응을 보이는 여동생을 보면서 오히려 내가 괜히 주눅들어 버리곤 했다. 그들에게 내가 대단한 구경거리였던 것만은 틀림이 없다. 20년 전만 하더라도, 휠체어도 흔하지 않았고 장애인도 쉽게 눈에 띄지 않았었으니까.

내가 태어나 자란 곳은 강원도 동해시이다. 나는 그곳에서 자라면서 동네에서 모르는 사람이 없을 정도로 이웃들과 깊은 유대 관계를 유지했다. 특히 사춘기 때 영향을 준 언니가 한 사람 있었다. 우리 옆집에 살던 금철 언니는 방학 때면 매일 우리 집에 와서 레이스 뜨개질을 가르쳐 주기도 하고, 언니의 학교 생활과 친구들 얘기며 이성 문제 등 많은 얘기들을 해 주면서 벗이 되어주었다. 또한 할머니는 늘 나를 업고 당신의 친구들이 모이는 곳에 데리고 다니셨다. 나는 그곳에서만큼은 자유로웠다. 김장철에 엄마들이 서로 김장을 도우러 집집마다 다닐 때면 매번 나한테 주라고 김치를 보내 왔고, 어느 집에서든 떡을 하게 되면 꼭 우리 집에 보내 오곤 했다. 우리 집은 대문을 닫지 않고 살았었다. 그래서 동네 아줌마들이 쉽게 들락거렸고, 그럴 땐 어김없이 속상한 얘기들을 털어놓곤 했다. 시어머니가 손주를 업고 와서 며느리에게 화가 난다는 얘기를 털어놓고 가면, 조금 있다 며느리가 시어머니 때문에 속상한 얘기를 하러오곤 했다. 나는 어린 나이에도 그런 얘기를 서로에게 전하면 안 된다는 것을 알고 있었다. 하긴 우리 집에서조차도 할머니와 어머니 사이에서는 말조심을 해야만 했다. 아무튼 이렇게 친밀한 관계 속에서만 줄곧 살았던 탓에, 나를 이상하게 바라보는 시선은 무척이나 낯설었고 아무래도 자유로워질 수가 없었다.

　때로는 호기심의 시선이 잔인한 폭력이 되기도 한다. 그런 시선을 전혀 의식하지 않고 자유로워지기는 무척 힘든 일이다. 지금도 가끔은 휠체어로 길을 가다 보면, 가던 길을 멈추고 고개까지 돌려가며 신기하다는 듯이 바라보는 시선들이 있다. 그 시선들이 주는 부자유스러움을 견뎌 내기는 아직도 쉽지 않다.

　어렸을 적에는 그런 시선을 마주쳐도 "왜 나를 쳐다보느냐"고 물어 볼 수 없었다. 지금은 많이 달라졌지만 그때까지만 해도 낯선 사람에게 말을 건넨다는 것은 상상조차 안 되는 일이었다. 나는 전형적인 『알프스 소녀 하이디』에 나오는 클라라였다. 멋진 드레스를 입고 휠체어에 우아하게 앉아 긴 머리에 창백한 얼굴로 예쁘게 웃는 클라라…… 누가 뭐라고 한 마디만 해도 눈물을 뚝뚝 흘릴 것처럼 여려 보이는 소녀, 절대 반론하거나 거역할 줄 모르는 순종적인 클라라의 모습은 또한 가장 전형적인 장애 여성의 이미지였다. 스무 살이 넘어서까지도 사람들은 나에게 그런 모습을 원하고 있었다. 그런데 나이가 들어 갈수록 나는 꽤 사교적이고 때로 당돌하기도 한 성격으로 자랐기에 사람들을 당황시키기도 했다. 이제는 내게서 그런 모습은 찾을래야 찾을 수도 없게 되기도 했지만, 사람들도 내게서 더 이상 그런 모습을 기대하지는 않는다. 그러나 세월이 많이 흐른 지금도 사회가 장애 여성들에게서 기대하는 일반적인 이미지는 별로 달라지지 않았다.

　우리 집은 1987년에 부산으로 이사를 했다. 그러면서 나는 더 많은 장애 여성들을 만나게 되었고, 그들의 삶의 모습에서 나의 삶을 보기도 했다. 장애인으로서 여성으로서 집에서든 직장에서든 어디에서고 삶의 버거운 짐을 혼자만 지고 가는 수많은 장애 여성들은 바로 나 자신이었다. 어느 누구에게 원망 한 번 못하고 고스란히 상처를 안은 채 살아가야 하는 그 모습들을 보면서, 나는 그저 한숨만 쉴 수밖에 없었다. 왜 이렇게 장애 여성들이 아파해야 하는 것인지…… 이성을 알게 되고 또 결혼을 하면서 그 '사랑'이라는 이름의 관계를 통해서 비로소 장애를 가진 여성이라는 자기 정체성을 인식하게 되는 장애 여성들도 있다. 부모님이 돌아가신 후 가족 내에서의 위치가 불안해지면서 갈등의 중심 인물이 되어버리는 경우도 볼 수 있었다. 또한 장애가 경미하여 직장을 구하려 해도, 대부분의 장애 여성들은 별다른 학력이 없었기 때문에 단순한 부업거리 외에는 일자리가 없어서 경제적인 문제로 고민하기도 한다. 그런데도 나는 그저 바라볼 수밖에 없었다.

내가 어렸을 때 어른들은 "처녀 귀신은 면해야 한다"는 말을 하며 혀를 차곤 했다. 그때는 그 말이 무슨 뜻인지 몰랐었는데, 같은 장애 여성들의 한숨과 눈물을 보면서 그제서야 알게 되었다. 그 말은 나 같은 중증 장애 여성은 결혼이 어려울 수밖에 없다는 뜻이었다. 이 사회의 의식은, 장애 여성을 한 가족으로(며느리로든 아내로든) 기꺼이 받아들이기에는 너무나 높은 담이었던 것이다. 그 높은 담을 장애 여성 혼자 넘는다는 것은, 자신을 만신창이로 망가뜨릴 수 있을 만큼이나 커다란 모험이고 고통이다. 나로서는 도저히 엄두도 낼 수 없는 일이다.

어렵게나마 결혼을 하게 된 내 주변의 장애 여성들은, 남편의 집안과 여러 가지 갈등을 겪는다. 아이를 낳을 때면 병원에서조차도 장애인에 대한 상식적인 배려가 없어서 겪게 되는 마음 고생들, 가사 문제나 자녀 양육에 따른 부담감, 경제적인 어려움 등으로 고통을 받는다. 그런 현실을 보면서, 결혼은 내가 감당할 수 있는 일이 아니라는 것을 알게 되었다. 그래서 아예 결혼에 대한 기대도 하지 않게 되었고, 그러다 보니 이성에 대한 관심도 없어지게 되었나 보다. 어쩌면 장애인으로서 살아가기 위해 여성성을 접었다고도 할 수 있다. 여성성을 의식하다 보면, 자원 봉사자들의 도움을 받거나 원만한 대인 관계를 형성하는 것이 어려워지기도 하기 때문이다. 통이 크고 활동적인 여자들이 가지는 중성적인 모습처럼 스스로를 마음이 넓고 이해심 많은 그런 여자로, 주변 사람들의 해결사나 상담자 역할을 해주는 모습으로 만들어갔다. 그 덕분에 나는 중증 장애라는 조건에 비해서는 상당히 폭넓은 대인 관계를 형성할 수 있었다.

그럼에도 불구하고 중증 장애라는 조건으로는 이 사회에서 발을 붙일 곳이 없다. 사회의 기준에서 나를 보자면, 장애 1급으로 휠체어를 사용하고 있고, 교육도 제대로 못 받은 상태이며, 부모님으로부터 물려받을 재산도 없으니, 모든 것이 막막할 수밖에 없었다. 게다가 부모님마저 안 계시게 되면 어쩔 것인가 하는 불안감은 나날이 갈수록 심해져 갔다. 내가 형제들과 아무리 우애가 좋다고 하더라도, 다들 결혼하고 나면 가족 내 갈등의 중심 인물이 되지 말라는 법이 없는 것이다.

나는 무엇을 할 수 있을까

내가 또래의 친구들과 다른 삶을 살아야 한다는 것을 인식하기 시작한 것은, 그들로부터 혼자 남겨지는 시간이 점점 많아지면서부터였다. 언제부터인가 나는 스무 살까지만 살아야겠다고 생각하고 있었다. 누가 가르쳐 준 것도 아닌데, 그 나이까지는 일을 하지 않고 살아도 괜찮다고 생각했기 때문이다. 10대 후반에는 죽음에 대해서만 생각했고 현실을 외면하려는 듯이 닥치는 대로 책만 읽었다. 50권짜리 전집을 1권부터 50권까지 읽고는 다시 50권부터 1권까지 읽는 식이었다.

그러다 라디오에 글을 써서 보내고 잡지에도 글을 쓰게 되면서 편지 친구들이 생겼다. 그렇게 '사랑의 고리'도 알게 되었고 다른 장애인들도 알게 되었다. 그렇지만 내가 무엇을 할 수 있는 사람인지에 대한 답은 좀체로 잡히지 않았다.

어느 날 서울의 '명휘원'에서 나왔다는 사람이 장애인들을 찾아 데려가려고 한다고 했다. 직업 교육도 시켜주겠다고 하면서, 이방자 여사의 사진 아래 멋있는 풍경들이 담겨 있는 카탈로그를 보여주었다. 정말 내가 일을 할 수 있을까 하는 불안감과 설레임을 미처 내 보이기도 전에, 신변 처리는 혼자서 할 수 있는 정도여야 한다는 말에 조용한 숨을 내쉬어야 했다. 그 멋지고 좋은 시설도 나 같은 중증 장애인에게는 또 하나의 넘볼 수 없는 성이었다. 그것은 장애인이라고 해서 누구나 장애인 시설에 들어갈 수 있는 것은 아니라는 것을 깨닫는 계기가 되었다. 나는 처음으로 어딘가엔 나도 스스로 일을 할 수 있는 곳이 있지 않을까 싶은 마음이 들어 여기저기 수소문하여 한 곳을 찾아내었다.

1986년 겨울, 장애인들이 전자 조립 일을 하는 곳이 있다고 해서 몇 차례 편지를 보내서 나름대로 열심히 나의 장애를 설명해 주었다. 그쪽에서는 어떤 장애인이라도 일할 수 있다며 오라고 했다. 나는 그 말을 믿고 기대에 부풀어 짐을 모두 싸서 미리 열차로 보내고 남동생과 함께 출발했다. 그러나 그곳은 나의 기대와 너무나 달랐다. 한겨울 찬바람에 비닐들이 몸부림 치며 소리를 내는 비닐 하우스 두 동 안에는 시꺼면 작업대에 여러 가지 다른 장애를 가진 사람들이 옹기종기 붙어 앉아 있었고, 그 중 몇 명은 조립을 하고 있었는데, 모든 것이 열악해 보이기만 했다. 숙소와 세면장과 화장실도 둘러봤지만, 화장실은 재래식으로 장애인들이 어떻게 사용하고 있는지 짐작조차 할 수 없을 정도였다. 어느 것 하나도 나 혼자 사용할 수 있는 것이 없었다. 그리고 원장이라는 사람이 장애인들에게 말 끝마다 욕을 하는 것을 보면서, 도저히 내가 있을 곳이 아니라고 생각되어 돌아오기로 결정했다. 실망이 너무나 컸다. 나는 과연 무엇을 할 수 있는 사람인가, 나의 미래는 어떻게 될 것인가 하는 막막함에 모든 의욕이 사라져 버렸다. 할머니가 늘 말씀하시던 대로 "할머니가 죽을 때 같이 죽자"던 그 길밖에는 없는 것일까?

이런 고민들을 하는 와중에, 1990년에 부산에서 서울로 이사를 오게 되었다. 그 이듬해에는 '장애인 공동체'에 다시 들어가 보겠다고, 가족들에게는 말도 하지 않고 봉사자의 도움을 받아 가 보기도 했다. 가족들에게 말을 하게 되면, 아버지는 틀림없이 반대할 것이고 가족들에게도 자꾸 상처를 주게 될 것 같아서였다. 내가 어디론가 가겠다고 말할 적마다, 가족들은 가지 말라고 말은 하면서도 결국 내가 갈 것이라는 것을 알기에 더 이상 말을 못하곤 했다. 그곳은 정신 지체인들이 사는 곳으로, 그들은 걸어다닐 수는 있기 때문에 편의 시설이 전혀 안 되어 있었다. 내가 들어 간다면 앞으로 고려는 해보겠지만 짧은 기간 안에 고쳐지지는 않을 것이라는 대답이었다. 게다가 장애인들이 스스로 운영하는 것이 아니라 비장애인의 지도를 받고 있었으며, 봉사자들이 모든 것을 해주고 있었다.

난 그 후로 더 이상 어디에 들어가서 살 생각은 접기로 했다. 기존의 시설들은 나의 장애와는 맞지 않았고, 내 기대와도 달랐다. 시설에는 두 종류가 있는데, 장애가 심해서 완전히 의존적인 상태로 사는 곳과 장애인들이 일을 하면서 살긴 하지만 중증 장애인은 받아들이지 않는 곳이다. 나는 어느 쪽에도 들어갈 수 없었다. 장애가 중증이긴 하지만 나의 자유 의지까지 포기해야 하는 삶을 살 수도 없었고, 나의 장애로는 일을 할 수 있는 곳을 찾을 수도 없었다.

그때부터 나는 내가 가진 능력이 무엇인가를 깊이 생각해 보았고, 꼭 노동을 하는 것이 아니더라도 나의 몸으로 할 수 있는 일이 무엇인가를 고민하기 시작했다. 외국의 자료를 통해, 중증 장애인을 위한 직업으로 장애인 재활 센터의 동료 상담원이라는 것이 있다는 내용을 읽었다. 그래서 공부를 해야겠다는 생각이 들었다. 언젠가는 우리 나라에도 장애인들을 위한 이런 직업들이 생길 것이고 또한 그 일이 내가 가지고 있는 능력 중의 하나가 아닐까 싶어서, 일단 공부를 해놓자는 생각을 한 것이다.

나의 학력은 초등학교 2학년이 전부이다. 내 밑으로 동생들이 넷이나 되었기에 어머니 대신 할머니가 나를 매일 학교에 데리고 다니셨는데, 작은집에 일이 생기면서 할머니가 더 이상 나를 데리고 다니지 못하게 되었던 데다가 학교의 단단한 의자에 오랜 시간 앉아 있는 것도 너무나 힘들었던 탓이다. 그래서 기회가 되면 검정 고시 공부라도 해야겠다는 생각은 하고 있던 참이었다.

1990년 부산을 떠나 서울로 오던 날, 부산에서 나의 모든 고통과 아픔을 함께했던 친구가 초등학교용 참고서를 잔뜩 사들고 와서 "너, 공부 시작해라. 너는 공부해야 한다"는 말을 했다. 그 참고서로 몇 달 공부하고 중입 검정 고시를 통과했다. 그러나 초등학교 과정은 혼자 공부해서 시험을 치를 수 있었지만, 중학교 과정의 수학과 영어는 혼자 할 수 있는 일이 아니었다. 여기저기 도움을 청했고 '가톨릭사회복지'에서 방문 수업을 해주는 봉사자들을 만날 수 있었다. 그러나 가족들은 내가 왜 더 공부를 필요로 하는지는 이해하면서도, 자원 봉사자들이 집에 들락거린다거나 집안 대소사를 따져가며 날짜를 조정해야 한다거나 하는 여러 가지 번거로운 일들에 협조해야 하는 것을 어려워했다. 가족들로부터 그런 지원을 받기 위해서는 끊임없이 대화를 하고 설득을 해야만 했다.

그럼에도 불구하고 공부를 해야겠다고 생각했던 것은, 막연하게나마 나의 미래를 위해 나름의 준비를 해두어야 한다고 믿었기 때문이었다. 그러면서 나는 사회 안에서 한 사람의 구성원으로서 살기 위한 힘을 길러 나가고 있었다.

집을 나오면서

1995년 나는 다른 활동을 자제하고 공부에만 전력하다가, 우연찮게 '장애우권익문제연구소'에서 '빗장을 여는 사람들'이라는 모임을 알게 되었다. 그곳에서 장애 여성 운동에 참여하면서, 내가 그 동안 만났던 장애 여성들의 삶이 사회적인 문제라는 것을 인식하기 시작했다. 그리고 장애 여성들의 문제를 사회 문제화하기 위해 내가 할 수 있는 일은 무엇이든지 하겠다는 마음 하나로 열심히 일했다. 많은 인터뷰와 행사들을 치러내는 동안, 장애 여성들을 위해서가 아니라 다름 아닌 나 자신을 위해서 하고 있는 일이라는 자부심도 있었다. 그래서 '1996년 제1회 여성 장애인 대회'를 치렀고, '동아시아 여성 포럼'에도 회원들과 함께 참가했다.

그러는 중에도 여전히 가슴이 답답하고 불편한 구석이 있기도 했는데,

그것은 내가 스스로 일을 준비하고 진행하는 것이 아니라 조직에서 내리는 지시 사항을 쫓아가기에만 바쁘기 때문이라는 생각이 들었다. 장애 여성들의 주체적인 움직임이 아니라는 것을 견딜 수가 없었고, 장애 여성들이 독립적으로 움직일 수 없는 조직의 한계가 힘들어지기 시작했다.

1997년 '국제 여성 장애인 리더십 포럼'에 한국 대표로 다녀오면서, 우리에게 장애 여성 운동을 가르쳐 줄 사람은 아무도 없다는 생각을 하게 되었다. 이제부터 우리가 찾아내고 만들어가야 하며, 내 안으로부터 나오는 문제 의식을 가져야겠다는 결론을 내렸다. 주체적인 활동을 위해 '빗장을 여는 사람들'에서 운영위원 모두가 탈퇴를 했다. 그 과정에서 나의 삶에서는 엄청난 변화가 있었다. 서울시 강동구 고덕동에 방을 얻어 장애 여성 두 사람과 함께 살기 시작한 것이다.

가족들은, 부모님이 연로해지면 내가 당연히 남동생네 식구들과 함께 살게 될 것으로 알고 있었다. 그래서 남동생은 결혼하면서 올케에게 다짐까지 받아두었다고 한다. 그러나 나는 그럴 생각이 없었다. 외아들인 남동생이 부모님을 모시고 살게 되면, 나는 따로 살겠다는 생각을 하고 있었다. 아무리 좋은 관계라도 매일 얼굴을 마주하며 산다는 것은 서로에게 스트레스이고 부담이 된다. 그것은 올케도 힘들고 나 역시도 힘든 일이다. 올케에게도 자신의 생활이 있고, 나에게도 나의 생활이 있다. 나도 내 일에 대한 성취욕이 있기 때문에, 서로에 대한 존중은 각자의 생활 공간이 따로 있을 때 가능하다고 생각했다. 그런 생각을 하던 중에 1996년 12월 어머니가 뇌출혈로 쓰러지시면서 남동생이 부모님을 모시게 되었다. 장애 여성인 영란이와 순천이가 함께 살아보면 어떻겠느냐는 제의를 해 온 건 그때였다.

그 전부터 우리는 서로 같은 고민을 해왔었고, 이제 실천으로 옮겨보자는 데 합의를 했다. 먼저 영란이와 내가 가족들에게 전세금에 대한 보조를 부탁했고, 은행에서 장애인 전세 융자를 받아 전세 자금을 마련할 수 있었다. 많은 사람들이 걱정을 했다. 세 사람 모두 장애 1급이라 아무 대책이 없어 보였으니 당연한 일이기도 했다. 나는 먼저 호적을 분가했다. 내 마음에서부터 가족에 대한 의존에서 벗어나야 한다고 생각했기 때문이다. 그리고 당시로서는 소득이 없는 상태였기 때문에 기초 생활 보호 대상 신청을 했다.

우리는 가족으로부터 경제적인 독립을 위해 여러 가지 시도를 했다. 먼저 우리 셋은 여성 단체에서 마련한 전문 텔레마케터 교육을 받았다. 수료증을 받아 어렵게 재택 근무로 PC학습 판매 텔레마케팅을 하게 되었다. 처음 가져 보는 직업이라 열성을 다 하고 그 과정에서 상처를 받기도 했는데, 어느 날 갑자기 회사는 문을 닫았고 전화비와 인건비를 한 푼도 받지 못하고 말았다. 그 다음엔 이동 전화 회사의 고객 관리 일을 했는데, 일은 많고 그에 비해 임금은 턱없이 낮아서 자신을 소모시키기만 할 뿐이었다. 114 안내 일도 시도하였으나, 타이핑도 느리고 한 달 동안 매일 출근하여 받아야 하는 교육 과정 이수도 불가능했다.

이렇게 여러 가지 일을 해보면서, 우리가 할 수 있는 일이란 다양한 선택의 여지도 없을뿐더러 이 사회가 요구하는 인력으로서 우리 스스로도 준비가 안 되어 있다는 것을 알 수가 있었다. 장애 여성으로서 직업을 가지려 할 때, 취약한 신체 구조와 이동성의 문제가 가장 큰 관건이기도 했지만, 사회에서 장애 여성을 바라보는 이미지가 얼마나 큰 영향을 주는지도 알 수 있었다. 취업할 기회가 있어 담당자와 만나기 위해 자원 봉사자와 함께 가면, 분명 일을 할 사람은 장애 여성인데도 담당자는 마치 봉사자가 보호자이기라도 한 것처럼 결정할 사항에 대해서든 전달해 줄 사항이든 봉사자에게 이야기한다. 그것은 장애 여성을 미숙한 사람으로 인식했기 때문이다. 그런 왜곡된 인식에 부딪치면서 실망도 많이 했지만, 우리 셋은 자기 자신을 위한 투자를 위해 검정 고시 공부와 컴퓨터 공부 등 다양한 공부를 하는 기간으로 활용해 보겠다는 과감한 선택을 했다. 우리 셋은 개성도 제각각이고 많은 부분에서 서로 다르다는 것을 알고 있지만, 그러면서도 상대의 선택을 존중한다. 많이 다치고 깨져나가는 자신의 모습을 보면서 또한 자신의 선택을 지원 받으려는 노력도 한다.

우리가 함께 사는 동안 많은 일들이 있었다. 그 중에 제일 큰 일은 전세 들어 있는 집에 경매 처분이 들어온 것이다. 이사할 때 근저당에 잡혀 있다는 것을 알면서도 들어올 수밖에 없었던 것은, 대문 입구에 계단이 없는 집이 그 집뿐이었기 때문이었다. 휠체어를 사용하는 영란이와 내게는 반드시 필요한 조건이었다. 주인 아들의 보증 각서를 받았기에 안심하고 있었는데, 공증을 받아두지 않아서 법적 효력이 없다는 것이다. 갚아야 할 은행 융자금만 해도 천만 원인데, 임대차보호법에 따르면 근저당 설정 후에 임대한 것이라, 우리가 보호받을 수 있는 금액은 천이백만 원뿐이었다. 이런저런 법적인 내용을 알아보러 다니면서 세상을 살아가려면 많은 것들을 배워두어야 한다는 것을 알기도 했다.

우리가 살면서 절실히 실감하는 것은 주거 문제이다. 다른 집으로 이사해 보려 해도, 서울에서는 대개 임대를 위한 방을 지하에 들이는 가옥 구조라 거의 계단을 이용하도록 되어 있다. 그래서 일반 주택의 임대는 엄두도 낼 수 없다. 임대 아파트에 들어갈 수 있다면 좋겠지만, 현재 단독 세대나 호주가 같은 세대에만 입주 자격이 있고 우리처럼 호주가 다른 가구들은 그 혜택을 받을 수 없게 되어 있다. 사회적으로 취약한 상태에서도 어떻게든 살려는 의지가 있는 장애 여성들이 많이 있다. 그런 장애 여성들이 우리처럼 한 가족으로 살고자 한다면, 그렇게 구성된 가족도 법적인 가족으로 인정하여 가족에게 주는 혜택을 주었으면 한다.

우리 집은 골목의 모퉁이 집이다. 그리고 그 모퉁이쪽으로 욕실이 있다. 그래서 욕실 창문이 길을 향해 나 있다 보니 욕실을 사용할 때는 늘 조심해야 한다. 그런데 늦은 밤에 샤워를 할 때면 밖에서 창문을 열어 보려는 사람들이 있다. 이쪽에서 눈치를 챘는데도 도망가지 않을 때는 정말 분노가 치민다. 장애 여성들끼리만 사는 집이라는 것을 아는 사람의 소행이라는 생각을 하면 더욱 화가 나서, 그걸 어떻게 표현해야 할지 고민하기도 했다. 가스총을 사다 놓을까, 창문 아래쪽 쥐덫을 놓을까…… 장애 여성들끼리 산다고 했을 때 주변 사람들의 시선이 편하지만은 않았다. 어떤 사람은 집에서 살지 왜 나와서 살려고 하는지를 의아해하기도 했고, 또 어떤 사람은 대부분의 장애인들처럼 수용 시설에 모여 사는 것으로 여겼는지, 왜 이렇게 작은 규모냐고 묻거나 어디에 장애인이 한 사람 있는데 이 집에 들어오면 안 되겠느냐고 물어 오기도 했다.

우리는 이런 여러 가지 일들을 겪으면서 우리가 놓여 있는 현실이 어떤지를 정확히 알 수 있었다. 우리는 우리만으로는 살 수가 없다. 지역 사회 안에서 또는 주변의 지인들에게 이런저런 도움을 받게 마련이다. 그런데 가끔은 그런 도움이 우리를 비굴하게 만들기도 하는데, 그럴 때 우리는 그것을 거부할 수도 있다. 그러나 그들은 상처를 받는다. 우리가 거부하리라는 예상을 못했기 때문일 것이다. 우리는 늘 고민한다. 어떻게 하면 우리도 거부할 수 있다는 것을 알게 할 수 있을지.

나는 장애 여성

내가 살아오면서 경험한 암울했던 기억들은, 여자라는 것과 장애인이라는 것이 끊임없는 한계와 제약으로 다가올 때였다. 내가 할 수 있는 것과 할 수 없는 것을 극명하게 드러내는 현실, 그리고 내 주변에서 일어나는 사소하지만은 않은 여러 가지 사건들……

나는 방송통신고등학교에 등교하기 전날이면 고민에 빠진다. 외출 준비를 위해 남의 도움을 받지 않고 씻고, 옷 입고, 화장까지 하려면 두 시간이 필요하다. 오전 8시에 집을 나서려면 6시에는 일어나야 한다는 얘기다. 최대한 빠르게 움직이면 함께 학교에 다니는 명옥씨가 나타날 때까지 모든 준비를 끝낼 수 있는데, 전날 미리 얘기해 놓은 친구 남편도 그 시간에 맞춰 와야 한다. 나를 업어서 차에 태워주기 위해서이다. 학교에 도착해서는 또 사방을 둘러본다. 도와 줄 사람이 없는지……

요즘 나는 전동 휠체어로 '장애여성공감' 사무실로 출퇴근을 하는데, 얼마 전 길에서 휠체어 뒷바퀴가 갑자기 빠졌다. 그때의 난감하기란 말로 표현할 수 없을 정도였다. 휠체어 회사의 직원들은 모두 외근중이었고, 급한 김에 119를 불러서 집에 들어올 수밖에 없었다.

사무실에서 회의가 늦게 끝나는 날은, 함께 일하는 은정이가 퇴근길을 에스코트 해주기도 하고 다른 친구들로부터 걱정하는 전화가 오기도 한다. 그것은 내가 밤늦게 혼자서 전동 휠체어를 타고 길을 다닐 때, 완벽한 무방비 상태의 여성이기 때문이다. 나 역시 두렵다. 내가 장애 여성 운동을 시작하기 전까지는, 세상을 아름답게만 보라고 배웠다. 그러나 세상의 폭력은 약자에게 가해진다는 것을 보았다. 장애 여성은 겉으로 보이는 모습만으로도 접근이 쉬워 보이고 관심의 대상이 될 수 있다는 것이다. 나 역시도 언제나 그 대상이 될 수 있다는 긴장감은 결코 지나친 것이 아니다. 우리 주변의 장애 여성들, 특히 정신 지체 여성들에 대한 성폭력 사건들에서 가해자는 누구든지 될 수 있다. 장애 여성으로서 겉으로 드러나는 나의 조건들이 늘 나를 긴장하게 하기도 하지만, 어쩌면 이런 경험들이 나로 하여금 사회를 변화시켜 가는 데 일조할 수 있도록 이끌어 주고 있을 것이다.

나의 삶에서, 장애 여성이라는 정체성은 어떤 것이라고 뚜렷하게 규정되지는 않는다. 사회적인 나의 위치, 내가 속해 있는 곳에서 나 스스로 느끼고 체험하는 것들, 또 그 해결 방안들 따위가 아마도 한데 뒤섞여 있을 것이다. 내가 끊임없이 나에게 주어지는 제약들에 도전하고 한계들을 거두어 내려고 애쓰고 있는데도 여전히 남아 있는 장애와 여성, 바로 이런 것들이 나의 정체성이다. 나 혼자 휠체어에 올라앉을 수가 없어서 내 몸을 휠체어 높이까지 수직으로 들어올려 주는 리프트를 현관 문 앞에 설치하고는, 또 하나의 한계를 넘어서 남의 도움을 받아야만 했던 일을 하나라도 덜 수 있게 된 것이 너무 기분 좋았다. 내가 넘어야 할 또 다른 과제가 생기면 나는 또 고민할 것이다. 그리고 그것이야말로 내가 장애 여성인 이상은 어쩔 수 없이 계속되어야 하는 내 몫의 삶이다.

노동자로서의 장애 여성

1

장애를 가진 사람이 직업을 갖고 일을 한다고 했을 때 주변 사람들은
저런 몸으로 제대로 일을 할 수 있을까, 그냥 집에서 주는 밥이나 먹고 편
하게 있으면 될 텐데……라는 부정적인 시각을 가지고 나름대로 많은 상
상을 한다.

이런 시각을 갖게 되는 이유 중의 하나는 장애로 인한 활동의 제약이
생산성이나 효율면에서 더 많은 이윤을 창출하고자 하는 자본주의 구조
에 맞지 않는다고 보기 때문일 것이고, 다른 하나는 이 사회가 만들어 낸
장애인에 대한 이미지, 즉 장애인은 장애로 인한 열등감으로 인해 대인
관계가 원만하지 못하고 의존적이며 늘 누군가의 보호가 필요한 존재라
고 인식되기 때문이다. 장애인들은 아무것도 할 수 없는 존재로서 부모나
형제의 경제력에 의존하거나 정부의 지원을 받아서 사는 것이 마땅하며,
시설에 들어가는 것이 오히려 낫다는 인식이 아직까지 많이 남아 있다.
또 시각적으로 눈에 거슬리는 외모와 느린 속도를 가지고 장애인이 비장
애인과 같은 현장에서 동일한 임금과 동일한 권력을 가지고 일을 하는 것

을 사람들은 참기 어려워하며 불편해 한다.

하지만 이러한 주변의 반응들은 장애를 가진 사람이 여성이냐 남성이
냐에 따라 또 다르게 나타난다. 장애를 가진 여성이 일을 한다고 했을 때
오는 반응들은 "남자도 벌어먹고 살기 힘든 세상에 몸 불편한 여자가 무
슨 일을 한다고?" "몸 성성한 비장애인 남자 만나서 결혼하고 애 낳고 살
면 모든 것이 다 해결될 텐데……", 아니면 "여자 몸으로 힘든 세상에 나
와서 무슨 험한 꼴을 당하려고 하느냐? 그 몸을 가지고 벌면 몇 푼이나 번
다고?" 등이다. 반면에 장애 남성은 취업에 있어서 장애 여성의 경우보다
좀더 적극적인 지원을 받는 경우가 많다. 이는 아마도 남성이 생계 부양
을 해야 하기 때문에 직업을 가져야 된다는 전통적인 인식에서 나오는 것
같다.

그러나 역사적으로 볼 때 장애 여성과 장애 남성은 가사나 재택 근무,
시설이나 복지관, 복지 공장 등에서 일을 해왔고, 지금 이 순간에도 다양
한 형태로 일을 하고 있다.

현재 우리 나라 취업 장애인 두 명 중 한 명은 농업이나 단순 노무직에
종사해, 세 명 중 한 명 가량이 전문 직종에서 일하는 비장애인에 비해 취
업 구조가 극히 열악한 상태에서 일하는 것으로 나타났다. 한국직업능력
개발원이 펴낸 「취업 장애인의 체계적 경력 개발을 위한 모형 연구」라는
논문에 따르면, 전체 취업 장애인 중 31.3퍼센트가 농업에 종사해 가장
많았고 단순 노무직 23퍼센트, 기계 장치 조작 등의 기능직 18.2퍼센트,
서비스직 17.9퍼센트 등으로 나타났다. 그러나 전문직 및 사무직은 9.4퍼
센트에 불과했다. 대부분의 비장애인들이 전문직 및 사무직, 기능직 순으
로 종사하는 데 비해 장애인들은 단순 노무직이나 농업, 기능직 순으로

종사하고 있는 것으로 나타났다.[1]

이를 통해 우리는 장애인들의 취업 구조가 얼마나 열악한 실정인지 잘 알 수 있다. 1990년 '장애인고용촉진 등에 관한 법률'이 제정되었지만, 아직도 의무 고용률을 지키지 않는 기업이 대부분이며, 고용을 하더라도 장애 여성은 배제되고 있는 실정이다. 실제로 2000년 시행된 전국 장애인 실태 조사(한국보건사회연구원, 2001년)에서 장애 여성의 취업율은 19.5퍼센트, 장애 남성은 43.5퍼센트로 장애 여성이 장애 남성에 비해 낮은 취업률을 보이는 것으로 나타났다. 이는 5년 전의 통계와 전혀 달라진 것이 없다. 이와 같이 장애 여성의 취업률이 낮은 것은 크게 두 가지로 이유를 나누어볼 수가 있다.

그 첫째는 장애로 말미암아 부딪치는 제도적인 문제이다. 한국 사회는 장애 여성이 직업을 가지고 경제 활동에 참여하는 문제에 대해서는 적극적인 정책이나 제도가 마련되어 있지 않다. 그 이유는 지금까지 장애인 운동과 여성계, 정부의 정책들이 그래 왔듯이 장애인의 성별에 따른 차이와 욕구보다는 장애로 인한 차별과 편견의 해소를 더 선행하는 과제로 인식해 왔기 때문이다. 장애인 의무 고용률 2퍼센트 안에 성비 할당이 되어 있지 않은 것도 이 때문이라고 생각한다. 물론 현재 의무 고용률을 늘리지 않고 2퍼센트 안에 1퍼센트를 장애 여성에게 할당하라고 요구할 경우 많은 장애 남성들의 반발이 일어날 것이라 예상된다. 이는 그만큼 장애 남성들의 노동 환경이 열악한 이유도 있겠지만, 장애 여성의 사회적 위치가 노동자로서 인정받지 못할 만큼 매우 열악하다는 것을 뜻하기도 한다.

장애 여성은 자라면서 장애로 인한 차별만을 경험하는 것은 아니다. 그

1) 『한국일보 점자신문』, 2001년 3월 12일자, 「취업장애인 절반이 '농업·단순 노무직'」기사 참조.

경험 안에는 분명히 여성이기 때문에 겪는 차별들도 존재하고 있다. 그러나 장애 여성의 문제를 여성이기 때문에 기인하는 문제와 장애를 가졌기 때문에 기인하는 문제로 구분 지어서 설명하고 납득시키기는 너무도 어렵다. 여성이라는 것과 장애를 가졌다는 것은 늘 복합적으로 얽혀서 상호 작용을 하며, 그만큼 이중적인 차별을 유발하고 있기 때문이다. 역사적으로 장애 여성은 계속 존재해 왔지만, 장애 여성 문제가 대두되기 시작한 것은 불과 몇 년 되지 않으며, 지금까지 장애 여성과 관련해서 중점적으로 다루어진 문제는 결혼과 임신·출산, 성 폭력, 가정 폭력, 교육 등의 문제였고, 고용을 포함한 전반적인 경제 활동에 대한 부분은 구체적으로 다루어지지 않고 있으며 관련 자료도 미비하다.

대부분의 장애 여성은 교육 기관의 편의 시설 미비와 딸보다는 아들의 교육을 우선시하는 부모님의 잘못된 인식, 학교 생활의 어려움 등으로 인해 일반 정규 교육에서 배제되어 학교 근처에 가 보지도 못하거나, 중도에 학업을 포기하는 경우가 많다. 이러한 장애 여성은 집안에서 가정 살림을 도맡아 하고 있으면서도 단지 돈을 벌지 않는다는 이유로 구박을 당하기 일쑤이고, 심지어 이동이 어려운 중증 장애 여성인 경우에는 시설로 보내지거나 집안에서 여러 종류의 폭력을 경험하며 살고 있다. 또 어떤 경우에는 정신 지체 남성이나 나이 많은 비장애 남성과 강제로 결혼을 당하는 경우도 있다.

장애 여성이 취업하기 어려운 두 번째 이유는 이 사회가 가지고 있는 여성에 대한 잘못된 고정 관념에서 비롯된다고 할 수 있다. 여성과 남성이 엄격하게 구분된 성 역할 속에서 생계 부양을 위한 공적인 생산 활동은 남성이 맡고, 여성은 가정에서 힘들게 일하고 돌아온 남성에게 편안하게 쉴 수 있는 공간을 제공하고 자녀를 잘 키우는 임무를 맡도록 만들어 놓은 가부장적인 사회 구조로 인해 여성은 노동자로서 인정을 받지 못하는 것이다. 얼마 전 우연히 보게 된 한 텔레비전 광고에서는 한 여성이 퇴근해서 돌아올 남편을 기다리며, "여자라서 행복해요!"라고 말하고 있었다. 집에서 예쁘게 차려입고 지친 남성에게 휴식을 주기 위해 맛있는 저녁을 만들어놓고 기다리는 것이 사랑받는 아내, 현모양처가 되는 방법이며, 그것이 곧 여성의 행복이라는 이데올로기를 전파하는 그 광고는, 이런 여성이라면 진정으로 행복하겠다는 착각을 불러일으킬 정도로 실감이났다.

이처럼 여성이 가정을 지키고 가정에서 행복을 찾아야 한다는 논리는 교육 기회의 균등과 여성의 사회 진출의 필연성을 무시한 채 여성의 활동이나 일을 억압하고 방해하는 근거가 되어 여성을 노동 시장에서 소외시키고 불평등한 대우를 받게 한다. 오늘날 여성의 사회 진출이 늘었다고 해도 여성에 대한 성 차별적인 시각은 여전히 존재하고 있으며, 이러한 가부장적인 고정 관념은 여성이 노동하는 과정에서 한층 더 심화된다. 장애 여성이 직업을 원하는 경우에도 마찬가지로 비장애 여성에게 적용되는 성 차별적인 시각이 그대로 적용되며, 오히려 장애를 가진 이유로 그 차별은 더욱 가중된다.

한국청각장애인복지회인 청음회관의 취업 담당자 말에 따르면, 대부분의 청각 장애인들은 생산직에 종사하고 있으며 여성과 남성의 고용 비율이 크게 다르지 않다고 한다. 그러나 컴퓨터 관련직, 사무직과 같은 전문 직종에는 청각 장애 남성의 취업률이 높은 것으로 나타났다. 고용주가 장애 여성을 원할 경우에는 고유 업무 외에도 다른 업무를 같이 병행해 줄 것을 원하고 있으나, 언어 소통이 불가능한 청각 장애 여성에게 이러한 업무를 지시하기에는 너무 번거롭다고 판단되어 취업이 어렵다는 것이다.

같은 상황에서 언어 소통이 가능한 지체 장애 여성일지라도 그 여성이 휠체어를 이용한다면 마찬가지로 취업이 불가능했을 것이다. 그러나 만약 고용주가 장애 여성들에게 여성에게 부과되는 다른 잡무를 시키지 않고 자신의 고유 업무만 할 수 있도록 하며 장애에 맞게 일을 할 수 있는 환경을 조성한다면 반드시 취업이 어렵지만은 않을 것이다. 오히려 그들의 전문성과 능률은 시간이 지날수록 커질 것이라 생각한다. 하지만 대다수 고용주들은 이런 생각을 하기보다는 적은 임금을 가지고 많은 업무를 수행할 장애 여성을 채용하려 하고 있다. 그밖에도 직장에 다니는 여성이라면 남성들의 눈을 찌푸리게 하는 외모가 아니어야 하며, 당연히 커피 심부름과 청소를 군말 없이 해내야 한다는 인식이 장애 여성에게도 그대로 적용된다. 복사나 전화 받기, 문서 정리, 은행 심부름, 타이핑은 여성의 전유물로 여겨지며, 남성의 성적인 놀림도 웃음으로 넘겨야만 성격 좋은 여자로서 인정을 받게 된다. 만약 이를 거부하거나 싫다는 감정 표현을 하게 되면, 성격 좋지 않은 여자, 잘 따지는 여자, 조직성이 부족한 여자, 무서워서 접근하기 어려운 여자로 낙인이 찍히게 된다. 이러한 외모 중심주의와 성별에 따른 역할 분담은 장애 여성이 직업을 선택하는 데 그 폭을 제한하고, 장애 여성 스스로 자신감을 상실하게 만든다.

장애 여성들의 종사상의 지위에 있어서는 무급 가족 종사자인 경우가 31.6퍼센트로 가장 많았으며, 상용 근로자 26.6퍼센트, 자영업자나 고용주 22.6퍼센트, 그리고 임시 근로자나 일용 근로자 19.6퍼센트 등의 순으로 나타났다. 반면 남성 장애인은 자영업자나 고용주인 경우가 45.6퍼센트, 임시 근로자나 일용 근로자 15퍼센트, 그리고 무급 가족 종사자 4.8퍼센트 등으로 나타났다. 직장 규모에서도 여성 장애인이 5인 미만의 사업체에 근무하는 비율은 75.1퍼센트이며, 5~29인 사업체 11.28퍼센트, 30~299인 사업체 11.2퍼센트, 그리고 300인 이상 사업체 2.5퍼센트였다. 남성 장애인은 5인 미만의 사업체 65.7퍼센트, 5~29인 사업체 17퍼센트, 30~299인 사업체 9.9퍼센트, 그리고 300인 이상 사업체 7.4퍼센트였다.(한국장애인고용촉진공단, 1997)

이 통계는 성별에 따라 이와 같은 차이를 보이는 것이 어떤 이유 때문인지 함께 고민해 보자는 뜻에서 제시해 본 것이다. 통계에서도 알 수 있듯이 장애 여성들은 집에서 가족 일을 도와 주는 경우가 많은 부분을 차지한다. 그러나 사람들은 장애 여성들이 일을 하지 않고 있다고 생각한다. 이는 주부들의 가사 노동을 일로 여기지 않고 그들이 늘 놀고 있다고 생각하는 것과 흡사하다고 할 수 있다. 그리고 장애 남성에 비해 임시 근로자나 일용 근로자의 비율이 장애 여성이 높은 것은 장애 여성의 노동 환경이 장기적으로 보장이 되지 않은데다 언제 해고될지 모르는 불안한 고용 상태에 있음을 말해 준다.

나의 주변에 있는 많은 장애 여성들 또한 출퇴근을 하지 않고 집안에서 재택 근무를 하고 있다. 재택 근무로 하는 일은 주로 전화를 받거나 전화를 이용해 업무를 하는 텔레마케팅 같은 일이다. 얼핏 생각하면 재택 근무는 출퇴근이 어려운 장애 여성들에게 아주 적합한 일로 보인다. 그러나 이러한 재택 근무는 대부분 비정규직 형태로 이루어지는 것들이다. 한국 사회에서 비정규직은 선진국의 계약직이나 파트 타임과는 그 성격이 다르다. 노동 시간이나 노동 강도는 정규직 노동자와 같은 반면에, 근로자의 대우나 퇴직, 조직화가 법적으로 보장된 정규직 노동자와 달리 비정규직 노동자들은 근로자로서의 권리를 보호받지 못하고 있는 것이 현재 한국 사회의 현실이다.

기업의 입장에서 비정규직 노동자들은 필요시 아주 값싼 임금으로 동원할 수 있는 인력으로 이들 대부분은 여성이다. 장애 여성들 또한 재택 근무라는 형태 속에서 언제 해고될지 모르는 비정규직 노동자로서 근무를 하고 있는 것이다. 이러한 비정규직 노동자 문제가 해결되지 않는다면 재택 근무를 하는 장애 여성의 노동 환경 또한 계속 열악한 상태로 지속될 수밖에 없을 것이다.

2

직장을 구하기 어려운 장애 여성들은 취직을 했다 하더라도 직장 생활을 하는 데 많은 어려움을 겪는다. 장애 여성들이 어렵게 구한 직장에서 오래 버티지 못하고 오래지 않아 직장을 옮기는 데는 여러 가지 이유가 있지만, 여기서는 주로 나의 경험을 토대로 이야기하려고 한다.

나는 30대 초반의 나이로 지체 2급의 장애를 가진 여성이다. 나는 다른 보장구 없이도 보행이 가능하며, 여러 차례 직장을 옮긴 경험이 있다. 이제는 이력서에 내가 다녔던 직장을 다 적는 것도 기억하기 어려울 정도로 많은 직장에 다녀 봤고, 처음 취업이 되었을 때의 설렘과 두려움의 감정도 잘 기억이 나지 않는다. 처음 입사한 회사는 금융업을 하는 대기업이었는데, 장애인 의무 고용률을 지키기 위해 장애인을 채용했던 것으로 기억이 난다. 대기업이니만큼 급여도 좋고 직원 복지도 꽤 잘 되어 있는 편이었다. 그러나 경제적인 형편상 회사 근처로 이사를 하지 못하고 부천에서 여의도로 매일 출퇴근을 해야 했던 나는 전철을 이용하는 데 많은 어려움을 겪었다. 엘리베이터나 승강기가 설치되어 있지 않아 계단을 오르내릴 때마다 손잡이를 붙잡아야만 했던 나는, 다른 비장애인들에 비해 출퇴근에 드는 시간이 무려 두 배 정도나 걸렸던 탓에 늘 남들보다 일찍 나서야만 제시간에 도착할 수가 있었다.

그러나 날마다 그러기는 아주 피곤한 일이었고, 피곤해서 늦잠이라도 자면 다음날은 어김없이 지각을 하고 말았다. 또한 전철 안에 사람들이 너무 많아서 매일 서서 출퇴근하는 것이 무척 힘이 들었다. 여름에는 등이 땀으로 흠뻑 젖을 정도였으니, 출퇴근은 나에게는 전쟁이나 다름없었던 것 같다. 이러한 이동의 어려움은 내가 직장 생활을 하면서 장애로 겪은 첫 번째 어려움이었다.

내가 근무하게 된 부서는 차장과 남직원 한 명을 제외하고는 모두 다섯 명의 여성들로 구성되어 있었다. 매일 아침 여직원들은 돌아가면서 차장의 컵을 씻고 잔에 마실 물을 가득 채워 자리에 갖다 놓는 것으로 일을 시작하였다. 그리고 차장이 커피를 원하거나 우리 부서에 다른 간부들이 방문했을 때는 제일 나이 많은 언니와 남직원을 제외한 나머지 네 명의 여직원들이 커피를 타야 했다. 물론 장애 여성이라고 해서 예외는 아니었다.

늘 반짝반짝하게 윤이 나 있는 사무실 바닥은 내가 걸어다니기에는 오히려 미끄러운 상태였다. 그래서 컵을 씻거나 커피를 타서 차장 자리에 갖다 놓을 때마다 나는 넘어지지나 않을까 하는 조바심에 늘 조심스러웠다. 그때는 그러한 일을 하는 것이 조금 부담스럽기는 했지만, 신입 사원인데다 거절하면 장애인이라고 티 낸다고 할까봐 당연히 해야 하는 일로 받아들였다. 그러나 시간이 지나면서 관리자인 차장보다 늘 많은 업무에 시달리는 여직원들이 바쁜 와중에도 커피를 타서 대접해야 하는 현실에 나도 모르는 이상한 감정이 치솟곤 했다. 나중에 와서야 그것이 성 차별인 줄 알았지만, 그때는 언니들이 그렇게 하니까 옳은 것으로만 알았고, 내가 안하면 다른 여성이 내 몫까지 해야 하는 것에 무척 미안한 마음이 들었다.

그러던 어느 날 드디어 일이 터지고 말았다. 커피를 타서 옮기던 내가 바닥이 너무 미끄러워 그만 넘어지고 만 것이다. 얼굴이 시뻘개진 나는 쥐구멍이라도 있으면 당장 들어가고 싶은 심정이었다. 다른 직원들이 달려와 빨리 수습이 되긴 했지만, 나는 내가 해야 할 일을 제대로 수행하지 못한 데 자존심이 상해 하루종일 얼굴을 들 수가 없었다. 물론 이 일이 있고 난 후 다시는 커피 타는 일을 하지 않아도 되었지만, 다른 여직원들이 다 하는데 나만 하지 않는 것이 늘 마음에 걸렸다. 지금 생각하면 그때 누군가 나에게 "여직원들이 이러한 잡무까지 해야 되는 것은 부당한 성 차별이다. 네가 장애가 없다 하더라도 해서는 안 되는 일이다"라고 말해 주었다면, 괜한 감정 소비로 시간을 낭비하지는 않았을 텐데 하는 아쉬움이 남는다. 지금 이 순간에도 그때의 나와 같은 경험을 하는 장애 여성들이 있다면 자신의 고유 업무 이외에 여성에게만 주어지는 이러한 잡무는 당당하게 거절하라고 말하고 싶다.

장애인이기 때문에 비장애인보다 더욱더 열심히 일을 해야만 장애를 극복한 대단한 사람이라고 인정을 받는 것, 이것이 바로 한국 사회에서 장애인이 직장에서 살아남는 방법이다. 장애 여성들은 여성이기 때문에 주어지는 일들을 스스로는 부당하다고 생각할지라도, 장애로 인해 도움을 받고 일하는 것이 미안해 가능한 한 자기에게 주어지는 일은 무엇이든 거절하지 않고 열심히 해내려 한다. 그것은 이미 직장 생활에서 장애인으로서 자신의 능력을 시험해야 한다는 것과 동시에 여성 차별이라는 이중의 벽에 부딪히게 되는 장애 여성 노동자의 현실을 말해 주는 것이다.

직장 동료들은 나를 보고 장애인이라고 느껴지지 않는다고 늘 얘기를 했다. 모든 환경이 비장애인들의 기준에 맞춰진 조직에서 생활하기 위해서 나는 늘 장애라는 사실을 감춰야만 했다. 몇 번째인지 잘 기억은 나지 않지만, 나는 직장을 옮겨 설계 사무소에 취업을 하게 되었다. 대학에서 실내 디자인을 전공한 나는 처음으로 내 전공을 살릴 수 있는 일을 하게 되어 무척 기뻐했던 것으로 기억이 난다. 더구나 나 외에 청각 장애 여성이 같이 근무를 하게 되어 더욱 반가운 마음이 들었다. 둘 다 장애가 있는데다 같은 여성이어서 뭔가 통할 것 같은 예감이 들었기 때문이다. 그 청각 장애 여성은 사람들이 말하는 입 모양을 보고 무슨 말을 하는지 대략 알아들을 수 있었다. 그래서 늘 사람들에게 말을 할 때 입을 손으로 가리지 말아 달라는 부탁을 하곤 했다. 그러나 사람들은 자주 그 사실을 잊어버리고 회의를 할 때나 대화를 할 때 무의식적으로 손을 입에다 갖다 대곤 했다. 그래서 나는 회의가 있을 때마다 그녀 옆에 앉아 회의 내용을 노트에 적어 주었다.

그녀는 나에 비해 성격이 매우 활달해서 남직원들과 잘 어울렸는데, 남직원들은 간혹 친근감의 표현으로 장난을 걸면서 일부러 입을 가리고 얘기를 하거나, 뒤에서 얘기를 하고는 무슨 말을 했는지 가르쳐 주지 않고 놀려 대는 경우가 있었다. 그럴 때마다 그녀는 웃으면서 넘기고는 했는데, 나는 그 모습을 보면서 그들의 행동이 그녀에게 상처를 주는 것이라고는 생각하지 못했다. 그러던 어느 날 퇴근길에 차를 같이 마시며 얘기를 하던 끝에 그런 행동들에 그녀가 상처를 받고 있었다는 것을 알게 되었다. 같은 장애 여성으로서 미처 그런 생각을 못했던 나 자신이 원망스러웠다. 그리고 다양한 장애로 겪게 되는 각기 다른 문제들을 직장이라는 거대한 조직 안에서 어떻게 풀어나아가야 될지 다시 한 번 고민하게 되었다. 그 당시 20대 후반쯤 되었던 나에게 그것은 이후 계속될 장애 여성과 이들의 노동에 대한 고민의 본격적인 출발이었다.

설계 사무실을 다니면서 가장 힘들었던 것은 야근이었다. 거의 매일 반복되는 야근은 나의 체력으로는 너무 무리가 따르는 일이었다. 급기야는 매일 아침 전철을 이용하기가 어려워 택시로 출퇴근하는 날이 잦아지면서 나의 월급은 택시비로 대부분 지출되기 시작했다. 더구나 여직원들은 자신의 고유 업무 외에도 남직원들의 보조자로서 전화를 받거나 문서 타이핑하는 일을 했다. 프로젝트가 끝나고 좀 한가한 경우에도 여직원들은 타이핑을 하느라 쉴 틈이 없었고, 남직원들이 마시고 난 빈 컵을 아침마다 모아서 씻는 일을 했다. 대부분의 여직원은 그것에 불만을 갖고 있었지만, 어느 누구도 공식적으로 얘기를 꺼내지는 않았다. 물론 나도 마찬가지였다. 자칫 잘못해서 상사의 비위를 거스르면 직장 생활이 어렵다는 것을 알고 있었기 때문이다. 더구나 나이 많은 여성들의 취업이 어렵다는 사실을 잘 알고 있던 터라 웬만하면 참고 넘어가야 된다는 생각이 나를 지배했던 것 같다. 만일 여성들이 직장에서 권력을 가지고 있었다면 그냥 참지만은 않았을 것이다. 그러나 대개 직장에서 여성들은 승진의 기회가 적어 아무리 오래 직장 생활을 한다 해도 하위직에 머물러 있는 경우가 많다. 그러니 부당한 일이 생겨도 제대로 된 항의 한 번 하지 못하고 그냥 참고 마는 경우가 다반사다.

나는 올해 3월 7일까지 모 은행 콜센터에서 비정규직 노동자로 마지막 직장 생활을 했다. 비정규직으로 일을 하게 된 것은 처음이었고, 그 당시에는 비정규직이 노동자로서 어떤 위치를 갖는지 정확히 몰랐기 때문에, 막연하게 근무 시간만 정확하게 지키면 된다고 생각했다. 그러나 시간이 지날수록 비정규직 노동자가 갖는 불안한 고용 현실에 대해 뼈저리게 실감하게 되었다. 매월 평가제를 두어 낮은 점수를 세 번 이상 받으면 언제든지 해고당할 수 있었다. 그 평가는 정규직 노동자들에 의해 이루어졌다. 노동 강도나 시간 또한 정규직들과 다를 바가 없었다. 오히려 관리직을 담당하는 정규직들보다 노동 강도는 훨씬 높았고, 교육이라는 명목 아래 제시간에 출퇴근을 하지 못하는 일도 많았다.

그러나 임금이나 대우면에서는 정규직 노동자들에 비해 형편없이 낮았고, 해고의 위험 때문에 근로자로서 권리를 내세우기도 어려웠다. 자연스럽게 정규직 노동자와 비정규직 노동자 사이에는 권력 관계가 성립되었다. 똑같은 시간 동안 일을 하면서도 그 고용 형태가 정규직이냐 비정규직이냐에 따라 그 사람의 지위가 결정된다는 사실을 받아들이기는 너무도 힘들었다. 장애 여성이면서 비정규직 노동자인 나의 정체성을 생각하면서 이 땅에서 살아가기에 너무나 힘이 없는 나의 위치를 다시 한 번 생각하게 되었다.

처음 입행 당시에는 45명 정도의 장애 여성이 있었다. 이 중에는 목발을 이용하는 장애 여성도 있었고, 시각 장애를 가진 여성, 한쪽 팔에 장애가 있는 여성, 얼굴에 화상을 입은 장애 여성 등 다양한 장애를 가진 여성들이 있었다. 한 직장에서 이처럼 다양한 장애 여성을 만나기란 그리 쉬운 일이 아니었기 때문에, 나로서는 무척 기분이 좋았던 것으로 기억이 된다. 다만 휠체어를 이용하는 장애 여성이 없어서 아쉬운 마음이 들었다. 이처럼 많은 장애 여성을 채용할 수 있었던 것은 은행 창구에서 고객과 직접 대면하는 일이 아니라 전화를 통해 은행 업무와 관련된 상담을 해주는 일이었기 때문에 가능했다고 생각한다. 만약 은행 창구에서 고객과 직접 대면하는 일이었다면 장애 여성을 채용하지는 않았을 것이다.

45명 정도의 장애 여성들은 석 달간의 교육 기간을 거치는 동안 그 인원이 점차 줄어들었다. 이유는 여러 가지였다. 적성에 맞지 않아서 그만둔 장애 여성도 있었고, 업무 성적이 좋지 않다는 이유로 계약 연장이 되지 않은 장애 여성도 있었다. 시각 장애를 가진 한 여성은 자신의 의지보다는 단말기의 화면을 보는 것이 어려워 그만두기도 했다. 결국 20여 명 정도만 남아서 근무를 하게 되었는데, 이러한 과정을 지켜보면서 장애 여성의 노동 현실을 다시 한 번 절실히 느끼게 되었다. 다양한 장애에 걸맞은 지원은 따르지 않고 비장애인과의 완전한 경쟁에서 살아남는 장애 여성만이 직장 생활을 할 수 있다는 것이 좌절감으로 이어진 것이다. 만약 그 시각 장애 여성에게 확대해서 볼 수 있는 단말기를 제공했더라면, 업무 성적이 좋지 않은 장애 여성에게 좀 더 시간을 주었더라면 어떻게 되었을까? 기회는 평등하게 주었지만, 결과적인 평등을 위해서는 어떤 지원도 하지 않은 것이라고 할 때, 결국 모든 것을 장애 여성 당사자가 감당해야 된다는 논리는 장애 여성 고용 정책에 있어 바뀌지 않으면 안 되는 부분이다.

3

우리 눈에 드러나지 않는 곳에서 수많은 장애 여성들이 노동자로서 일하고 있다. 요즘에도 나는 장애 여성을 고용한다는 기업주들 이야기를 꽤 자주 듣는다. 그들은 이렇게 말한다고 한다. 장애 여성은 더 성실하고, 더 섬세하며, 더 꼼꼼히 일을 잘 한다고. 그러면서 그들은 자기들이 장애 복지에 관심이 있고 장애 여성들의 처지를 이해하기 때문에, 일부러 그들에게 기회를 주기 위해 그들을 고용하려 한다는 말을 꼭 한다고 한다. 그렇다면 왜 장애 여성에게 더 많은 임금을 주고 더 좋은 조건으로 고용하지 않을까? 만약 이런 질문을 그 고용주들에게 한다면 그들은 뭐라고 말할까? 그때는 장애 여성은 아무래도 생산성이 떨어져서 더 좋은 대우를 해주기는 곤란하다고 설명할 것 같다.

내가 알고 있는 한 장애 여성은 자동차 세일즈를 하고 있다. 언젠가 그녀가 신문에 낸 광고를 보고 차를 구입하기 위해 전화를 건 남성은 그녀가 여성임을 알고 무척 놀라워하며 이렇게 말했다고 한다. "여자라고는 전혀 생각하지 못했어요. 당연히 남자로 생각했어요." 그 남성 고객은 그녀가 장애인이라는 것을 미리 알고 있었음에도 불구하고 그녀를 막상 만났을 때 그녀의 장애를 보고는 다시 한 번 놀랐다고 한다.

장애가 있는 여성 노동자는 일상적으로 그런 편견에 부딪치며 살고 있다. 남성과 여성, 비장애인과 장애인이라는 경계로 구분되어 있는 노동시장에서 장애 여성은 여성을 고용하려면 비장애 여성을, 장애인을 고용하려면 장애 남성을 선택하는 논리에 의해 경계의 바깥으로 밀려나고 있다. 장애인과 여성 어느 한쪽으로도, 그리고 그 두 개를 단순히 합하는 것만으로도 설명되지 않는 장애 여성의 노동 현실에 더 가까이 가기 위해서는 노동자로서 살아가는 장애 여성들의 구체적인 경험들이 다양하게 파헤쳐져야 한다.